中国特色现代化会计人才培养系列教材

总主编　姚凤民

财智睿读

税　法

主　编◎姚凤民　高艳荣

副主编◎李志凤　胡曼曼　　雷　雨

　　　　欧永豪　丘晓琳玲　周思达

中国财经出版传媒集团

经济科学出版社
Economic Science Press

·北京·

图书在版编目（CIP）数据

税法/姚凤民，高艳荣主编；李志凤等副主编.
北京 ： 经济科学出版社，2024.12. -- （中国特色
现代化会计人才培养系列教材）. -- ISBN 978 -7 -
5218 -6611 -7

Ⅰ. D922.224

中国国家版本馆 CIP 数据核字第 2024GM5200 号

责任编辑：李　林
责任校对：郑淑艳
责任印制：范　艳

税　法
SHUIFA

主　编　姚凤民　高艳荣
副主编　李志凤　胡曼曼　　雷　雨
　　　　欧永豪　丘晓琳玲　周思达
经济科学出版社出版、发行　新华书店经销
社址：北京市海淀区阜成路甲 28 号　邮编：100142
总编部电话：010 -88191217　发行部电话：010 -88191522
网址：www.esp.com.cn
电子邮箱：esp@ esp.com.cn
天猫网店：经济科学出版社旗舰店
网址：http://jjkxcbs.tmall.com
北京季蜂印刷有限公司印装
787 ×1092　16 开　22.25 印张　411000 字
2024 年 12 月第 1 版　2024 年 12 月第 1 次印刷
ISBN 978 -7 -5218 -6611 -7　定价：55.00 元
（图书出现印装问题，本社负责调换。电话：010 -88191545）
（版权所有　侵权必究　打击盗版　举报热线：010 -88191661
QQ：2242791300　营销中心电话：010 -88191537
电子邮箱：dbts@esp.com.cn）

总 序

　　中国史前人类创造计量记录符号的现实目标，是中国会计产生的历史起点①。可见，会计与人类社会的发展共生共存共进，会计学是人类历史上较为古老的知识体系，其知识谱系与方法的演进体现了人类生产的进阶与文明的进步。因此，会计人才的培养在任何时期都承载着其特有的历史使命。当今随着 AI、大数据、云计算、区块链的赋能，会计逐步转向共享会计、智慧会计、数字会计，社会需要越来越多适应新时代要求的会计人才，这对会计人才培养提出了新要求、新挑战、新使命。如何提高会计人才培养质量，满足社会需求，已成为新时代我国会计教育所面临的重要任务。

　　会计教育的本质并非是单一的知识点传授，更是一种思维能力、跨学科能力、综合应用能力的培养；会计不仅仅是专业培养，更是一种职业教育，是技术含量非常高的、专业化的职业。面对当下复杂市场交易的世界以及数智技术的发展，会计人才培养应以提高系统能力与创新能力为目标，培养学生综合的会计思维与能力、数据思维与能力等，从而帮助其具备决策与创造价值的能力。会计人才能力培养的核心是会计相关课程，而课程的载体是教材，教材成为了人才培养的纽带。因此，编写能够满足社会需求和适应数智时代要求的教材是新时代给我们提出的新命题。一直以来，大多数会计类教材内容完整全面但略为繁杂，对民办高校本科学生来说存在着一些瓶颈性的学习困境。如何使"曼妙而充满魅力"的会计科学知识通过教材让教师简而精地教，让学生轻松愉快地学，同时增进学生对主动深入学习会计知识的浓厚兴趣，逐步引导其具有系统能力与创新能力，这应是当下会计教育实践中所追求的。

　　基于此，广州华商学院会计学院始终关注会计自动化和智能化、信息化和数据化、共享化和标准化的变革趋势与技术发展方向，在不断优化课程设置的基础上，组织编写了《中国特色现代化会计人才培养系列教材》。该系列教材的编写本着以下原则与理念：

　　1. 教材呈现内容更新。在教材内容上与时俱进，反映制度最新的变化以及领域最新的内容，例如反映最新的会计准则及会计法、公司法，适应新的会计准则要求和实际业务需求；反映企业数据资源相

---

① 郭道扬：《中国会计通史》第一册，中国财政经济出版社 2023 年版，第 3 页。

关会计处理，适应数字经济发展的需要；反映税法的最新变化，提升学生到岗后的宏观环境适应能力等。教材内容多维度呈现了会计专业领域的"现代化"元素。

2. 教材突出秉纲执本。"秉纲而目自张，执本而末自从"，本次教材的编写本着少而精的原则，突出重点，纲举目张。通过压缩教材内容"厚度"或"容量"，为学生留有更多的自主学习时间；通过教材内容的精，围绕能力提升而教，促使学生的提升自主学习能力。另外，本系列教材内容融入了思政元素，培养学生的家国情怀、诚信职业道德与法治意识。

3. 教材内容深入浅出。本系列教材通过知识逻辑结构图、引导案例、延伸阅读等方式体现循序渐进，由浅入深，尽量做到通俗易懂与生动有趣。特别是通过引导案例解读抽象的内容，变得更易掌握内容的逻辑或勾稽关系，更容易正确理解和把握其内容实质。

4. 教材突出基本训练。强化知识的掌握与技能的提升是教材的基本目标，教材不仅是知识传授的载体与纽带，更应该强化基本训练。本系列教材配备了学习指导书或相当数量的习题，训练的题目具有多样性、启发性，有助于学生理解应用基本知识和掌握解决问题的方法，有助于培养学生思维能力与习惯。

5. 教材形式的数字化。本系列教材在传统教材内容的基础上，通过设置二维码资源，添加视频、图片等多媒体元素，学生可通过扫描二维码的方式，链接到相关的视频等资源，增强学习体验，提高学习效果。同时，通过在教材页面设置二维码集聚相关知识内容，学生可扫码进行自主扩充学习。本系列教材中，《财务共享服务》《智能会计信息系统 – 基于用友 YonBIP 和用友 U8 V15.0》两种教材被开创性地打造为数字教材，实现了教材形式以及教与学的创新与突破。

西汉刘安《淮南子·说林训》中所言"授人以鱼不如授人以渔"。教材不仅传授给受教者既有知识，更重要的是传授给受教者方法与能力。本系列教材尽可能地介绍清楚问题和概念的来龙去脉，尽可能地解释清楚解决问题的思路和方法，以提高学生的创新意识与探索精神。

以上是华商学院会计学院编写本套系列教材的理念与原则，本套系列教材的编写也是会计学院各位教师经多年深耕教学教研的结晶或众缘成就。受制于各种因素的影响，编写者可能做得并不是非常到位，存在着些许不足与遗憾，但也为编写者进一步完善教材提供了动力。我们希望使用这套系列教材的师生和读者多提宝贵意见，不断完善本套教材。最后，相信我们的会计教育工作者，无愧于新时代的召唤，会为我国的会计教育做出更大的贡献。

是为总序。

广州华商学院会计学院

2024 年 12 月

前　言

　　税收作为国家财政收入的核心支柱，其重要性不言而喻。而税法，则是构建有序税收环境的基石，涵盖了规范税收行为的一系列法律法规与制度体系。在我国，社会主义税收秉持着"取之于民，用之于民"的根本原则，如同无形的丝线，紧密且深入地交织于人们的日常生活之中。

　　近年来，我国税制改革持续向纵深推进，在此背景下，促使学生迅速且精准地把握税制改革的详细内容，熟练驾驭新税制下各税种的计算方法、缴纳流程以及纳税申报程序等关键知识，已成为教学环节中的重中之重。本教材精准锚定高等院校的教学特质，致力引导学生深入洞悉税制改革的具体举措，熟练掌控各税种的计算方法以及纳税申报的全流程。本教材坚守应用型人才培养的核心理念，编写立足以下原则：

　　时效引领，政策前沿追踪。本书全力收纳最新政策动态，政策收录时间截至 2024 年 12 月，确保读者能够第一时间接触到前沿的税收法规资讯，始终站在税收知识的时代前沿。

　　实践赋能，操作能力进阶。教材融入大量鲜活实例，助力学生无缝衔接专业理论与实践操作的关键要领，切实增强其涉税业务处理的熟练度与精准度。

　　内容全景，体系完备覆盖。本教材对税法的基础原理以及新税制下各税种的税制构成要素进行了详尽阐释。各章节均精心配备了明确的学习要求，为教师的课堂教学与学生的自主学习提供了清晰的指引与便利。

　　思政铸魂，德才兼修并重。本教材深度融合专业教育与思政教育，将育人理念巧妙融入教材文本、生动引入课堂教学、引导学生在专业学习中厚植爱国情怀、强化敬业精神，充分彰显了新时代教育的价值追求与育人担当。

资源多元，教学保障有力。为全方位助力教学活动，本教材配备了丰富多样的教学资源，包括教学课件电子版、税法思政案例以及配套习题等，为教师打造高效、生动的课堂教学提供了全方位的支持。

本教材由广州华商学院姚凤民教授、高艳荣教授担任主编，李志凤老师、胡曼曼老师、雷雨老师、欧永豪老师、丘晓琳玲老师、周思达老师担任副主编。在此深致谢意！本教材在编写出版过程中，得到了经济科学出版社领导和编辑老师的大力支持，同时广州华商学院会计学院的领导与老师也给本书提出了很多宝贵意见，在此一并表示衷心的感谢！

由于作者水平有限，加之税收法律规定变化较快，教材内容难免有疏漏之处，恳请读者提出改进意见，以便我们进一步修订和完善。

编者

2024 年 12 月

目　录

第一章
税 法 概 述

【学习目标】

知识目标：通过本章的学习，理解和掌握税收的概念、特征、职能；了解我国税法的制定机关和我国现行的税收法律制度。

能力目标：通过学习税法概述，培养学生掌握税收的法律关系、掌握税法分类；理解并掌握税法的构成要素的能力。

育人目标：通过学习税法概述，培养学生的法治意识和社会责任感，使其认识到依法纳税的重要性，以及企业在促进社会公平和经济发展中的作用。

第一节　税收概述

一、税收的概念

税收是指以国家为主体，实现国家职能，凭借政治权利，按照法律规定的标准和程序，强制、无偿地参与社会产品或国民收入分配，取得财政收入的一种特定分配形式。可以从以下四个方面理解税收的含义：

1. 税收的本质。国家征税只是从社会产品价值量中分割一部分，集中到政府手中，因此税收的本质是分配。

2. 征税的主体。除了国家之外，任何机构和团体都无权征税。

3. 税收的依据。国家征税的依据是其政治权力，这种政治权力凌驾于财产权力之上，没有国家的政治权力为依托，征税就无法实现。

4. 征税的目的。国家征税是为了实现其公共职能，提供社会公共产品，满足社会公共需要。

二、税收的特征

税收与其他财政收入相比，税收具有强制性、无偿性和固定性三个特征。

1. 强制性。税收的强制性是指国家凭借其政治权力以法律的形式对税收征纳双方的权利与义务进行制约，既不按照纳税主体个人意志自愿缴纳，也不按照征税主体的意愿随意征税，而是按照法律规定进行征税。

2. 无偿性。税收的无偿性是指国家征税以后，税款一律纳入国家财政预算，由财政统一分配，而不直接向具体的纳税人返还或支付报酬。税收的无偿性是对纳税人而言的，其享有的公共利益与其缴纳的税款并非一一对等；但就纳税人的整体而言则是对等的，政府使用税款的目的是向社会全体成员包括具体纳税人提供社会需要的公共产品和公共服务。因此，税收的无偿性表现为对个体的无偿性、对整体的有偿性。

3. 固定性。税收的固定性是指国家征税时预先规定了统一的征税标准，包括纳税人、征税对象、税率、纳税期限、纳税地点等。这些标准一经确定，在一定时间内是相对稳定的。未经严格的立法程序，任何主体对征税标准不得随意变更或修改，但随着经济的发展变化，税收可依法进行调整。

以上税收的三个特征是税收所固有的，缺一不可。

1-1　税收的分类

第二节　税法概述

一、税法的概念

所谓税法，是指由国家制定的，用以调整国家与纳税人之间在税收征纳活动方面的权利与义务关系的法律规范的总称。它是国家依法征税、纳税人依法纳税的行为规范，是国家法律的重要组成部分，旨在保障国家利益和纳税人的合法权益，维护社会经济秩序和税收征纳秩序，保证国家的财政收入。税法的含义可从以下几个方面理解：

首先，税法的调整对象是税收关系，包括税收体制关系、税收征纳关系、税收管理关系等。

其次，税法是调整税收关系的一系列税收法律规范的总称。

最后，税法是由国家权力机关或其授权的行政机关制定的。目前我国的立法机关是国家最高权力机关（全国人民代表大会）或其授权机关（国务院、地方人民代表大会、财政部、国家税务总局等）。

税法与税收密不可分，税法是税收的法律表现形式，税收则是税法所确定的具体内容。税收以税法作为其依据和保障，税收活动应遵循税法的相应规定进行，同时税法的内容反映了国家和社会在一定时期内对税收收入和税收活动的客观需要，对税收的有序进行和税收目的的实现起着法律保障作用。

二、税法的特点

税法的特点，是指税法带有共性的特征，这种特征可以从以下四个方面加以限定：

1. 从立法过程来看，税法属于制定法，而不属于习惯法。现代国家的税法都是经过一定的立法程序制定出来的，即税法是由国家制定而不是由习惯法或司法判例认可的。

2. 从法律性质看，税法属于义务性法规，而不属于授权性法规。义务性法规是相对授权性法规而言的，是指直接要求人们从事或不从事某种行为的法规，即直接规定人们某种义务的法规。税法是直接规定人们从事或不从事某种行为的法规，具有强制性。

1-2 税收法律关系

3. 从内容看，税法属于综合法，而不属于单一法。税法是由实体法、程序法、争讼法等构成的综合法律体系，其内容涉及课税的基本原则、征纳双方的权利义务、税收管理规则、法律责任、解决税务争议的法律规范等。

4. 从目前世界各国的实际情况看，税法的结构大致有宪法加税收法典、宪法加税收基本法和税收单行法律法规、宪法加税收单行法律法规等不同的类型。

第三节　税法的构成要素

税法要素又称课税要素，是税法具有的共同的基本构成要素的总称。各国税收制度、税法内容不尽相同，但税收实体法中总有一些共同的要素，主要包括总则、纳税义务人、征税对象、税率、纳税环节、纳税期限、纳税地点、减税免税、罚则等项目，其中，纳税人、征税对象及税率是最基本的要素。

1-3 我国现行税法体系

一、总则

总则主要包括立法依据、立法目的与适用原则等。

二、纳税义务人

纳税义务人又称纳税人、纳税主体，是指税法规定的直接负有纳税义务的单位和个人。其解决的是国家对谁征税的问题。

纳税人有两种基本形式：自然人和法人。自然人和法人是两个相对称的法律概念。自然人是基于自然规律而出生的，有民事权利和义务的主体，包括本国公民，也包括外国人和无国籍人。例如，个人、个体工商户、个人独资企业、合伙企业等都属于自然人的范畴。法人是自然人的对称，主要有四种：机关法人、事业法人、企业法人和社团法人。

与纳税义务人有关的概念有负税人、代扣代缴义务人和代收代缴义务人。

（一）负税人

负税人是指实际负担税款的单位和个人。在实际生活中，有的税收由纳税人自己负担，纳税人本身就是负税人，这种税被称作直接税，如个人所得税、企业所得税等；有的税收虽然由纳税人缴纳，但实际上是由他人负担的，纳税人和负税人不一致，这种税被称作间接税，如增值税、消费税等。

（二）代扣代缴义务人

代扣代缴义务人是指虽不承担纳税义务，但依照有关规定，在向纳税人支付收入、结算货款、收取费用时有义务代扣代缴其应纳税款的单位和个人。例如，企业代扣职工工资、薪金所得的个人所得税等。如果代扣代缴义务人按规定履行了代扣代缴义务，税务机关将支付一定的手续费；反之，未按规定代扣代缴税款，造成应纳税款流失或将已扣缴的税款私自截留挪用、不按时缴入国库，一经税务机关发现，将要承担相应的法律责任。

（三）代收代缴义务人

代收代缴义务人是指虽不承担纳税义务，但依照有关规定，在向纳税人收取商品或劳务收入时，有义务代收代缴其应纳税款的单位和个人。例如，消费税条例规定，委托加工的应税消费品，由受托方在向委托方交货时代收代缴委托方应该缴纳的消费税。

三、征税对象

征税对象又叫课税对象、征税客体，解决的是对什么征税的问题，是征纳税双方权利义务共同指向的客体或标的物，是区别一种税与另一种税的重要标志。征税对象是税法最基本的要素，因为它体现着征税的最基本界限，决定着某一种税的基本征税范围。同时，征税对象也决定了各个不同税种的名称。例如，消费税、房产税、个人所得税等，这些税种因征税对象不同、性质不同，税种名称也就不同。

与征税对象相关的两个基本概念是税目和税基。

（一）税目

税目是反映征税对象的具体征税项目，反映具体的征税范围，是对征税对象质的界定。设置税目的目的首先是明确具体的征税范围，凡列入税目的即为应税项目，未列入税目的，则不属于应税项目。其次，划分税目也是贯彻国家税收调节政策的需要，国家可根据不同项目的利润水平以及国家经济政策等制定高低不同的税率，以体现不同的税收政策。

并非所有税种都需规定税目，有些税种不分课税对象的具体项目，一律按征税对象的应税数额采用同一税率计征税款，因此一般无须设置税目，如企业所得税。有些税种具体课税对象比较复杂，需要规定税目，如消费税、个人所得税等，一般都规定有不同税目。

（二）税基

税基又叫计税依据，是据以计算征税对象应纳税款的直接数量依据。它解决对征税对象课税的计算问题，是对课税对象的量的规定。例如，企业所得税应纳税额的基本计算方法是应纳税所得额乘以适用税率，其中，应纳税所得额是以计算所得税应纳税额的数量基础，为所得税的税基。

四、税率

税率是对征税对象的征收比例或征收程度。税率是计算税额的尺度，也是衡量税负轻重与否的重要标志。我国现行的税率主要有以下几种。

（一）比例税率

比例税率是指对同一征税对象，不分数额大小，规定相同的征收比例。如我国的增值税、城市维护建设税、企业所得税等采用的是比例税率。比例税率在适用中又可分为三种具体形式：

1. 单一比例税率是指同一征税对象的所有纳税人都适用同一比例税率。如我国现行的企业所得税 25% 的税率规定。

2. 差别比例税率是指同一征税对象的不同纳税人适用不同的比例征税。我国现行税法又分别按产品、行业和地区的不同将差别比例税率划分为以下两种类型：一是产品差别比例税率，即对不同产品分别适用不同的比例税率，同一产品采用同一比例税率，如消费税、关税等；二是地区差别比例税率，即区分不同的地区分别适用不同的比例税率，同一地区采用同一比例税率，如城市维护建设税按地区差别分别确定 7%、5% 和 1% 的不同税率。

3. 幅度比例税率是指对同一征税对象，税法只规定最低税率和最高税率，具体税率授权地方根据本地实际情况在该幅度内予以确定。如我国现行资源税对原油的征税，就是执行 5% ~ 10% 的幅度比例税率。

比例税率具有计算简单，税负透明度高，有利于保证财政收入，有利于纳税人公平竞争，不妨碍商品流转额或非商品营业额扩大等优点，符合税收效率原则。但比例税率不能针对不同的收入水平实施不同的税收负担，在调节纳税人的收入水平方面难以体现税收的公平原则。

（二）定额税率

定额税率是指按征税对象确定的计算单位，直接规定一个固定的税额的税率。征税对象的计量单位可以是重量、数量、面积、体积等自然单位。按定额税率征税，税额的多少只同征税对象的数量有关，同价格无关。定额税率计税简便，适用于从量计征的税种。目前采用定额税率的有耕地占用税、城镇土地使用税、车船税等。

（三）累进税率

累进税率是指把计税依据按一定标准划分为若干等级，从低到高分别规定逐级递增的税率。

累进税率一般在所得税中适用，可以充分体现对纳税人收入多的多征、收入少的少征、无收入的不征的税收原则，从而有效地调节纳税人的收入，正确处理税收负担的纵向公平问题。

1—4 累进税率的三种形式

五、纳税环节

纳税环节是指税法规定的征税对象在从生产到消费的流转过程中应当缴纳税款的环节。一种商品从生产到消费要经历生产、批发、零售等诸多流转环节，各环节都存在销售额，都可能成为纳税环节。但考虑到税收对经济的影响、财政收入的需要以及税收征管的能力等因素，国家常常对在商品流转过程中所征税种规定了不同的纳税环节。按照某种税征税环节的多少，可以将税种划分为一次课征制或多次课征制。例如，增值税实行生产、批发、零售各个环节纳税，而所得税则实行单一的分配环节纳税。

六、纳税期限

纳税期限是指税法规定的关于税款缴纳时间，即纳税时限方面的限定。纳税人每次发生纳税义务后不可能马上去缴纳税款。税法规定了每种税的纳税期限，即每隔固定时间汇总一次纳税义务的时间。如增值税条例规定，增值税的具体纳税期限分别为 1 日、3 日、5 日、10 日、15 日、1 个月或者 1 个季度。纳税人的具体纳税期限，由主管税务机关根据纳税人应纳税额的大小分别核定；不能按照固定期限纳税的，可以按次纳税。

税法关于纳税时限的规定，涉及两个相关概念。

（一）纳税义务发生时间

纳税义务发生时间是指应税行为发生的时间。如增值税条例规定采取预收货款方式销售货物的，其纳税义务发生时间为货物发出的当天。

（二）缴库期限

缴库期限是指税法规定的纳税期满后，纳税人将应纳税款缴入国库的期限。例如，《中华人民共和国增值税暂行条例》（以下简称《增值税暂行条例》）规定，纳税人以 1 个月或者 1 个季度为 1 个纳税期的，自期满之日起 15 日内申报纳税；以 1 日、3 日、5 日、10 日或者 15 日为 1 个纳税期的，自期满之日起 5 日内预缴税款，于次月 1 日起 15 日内申报纳税并结清上月应纳税款。

七、纳税地点

纳税地点是指根据各个税种纳税对象的纳税环节和有利于对税款

的源泉控制而规定的纳税人（包括代征、代扣、代缴义务人）的具体申报缴纳税收的地方。

八、减税免税

减税免税是指对某些纳税人和征税对象采取减少征税或者免予征税的特殊规定。减税是对应纳税额少征一部分税款，而免税是对应纳税额全部免征税款。减税免税可以分为税基式减免、税率式减免和税额式减免三种形式。

（1）税基式减免是指通过直接缩小计税依据的方式来实现的减税免税。其涉及的概念有起征点、免征额、项目扣除、跨期结转等。

起征点是指征税对象达到一定数额开始征税的起点，对征税对象数额未达到起征点的不征税，达到起征点的按全部数额征税。免征额是在征税对象的全部数额中免予征税的数额，对免征额的部分不征税，仅对超过免征额的部分征税。项目扣除则是指在征税对象中扣除一定项目的数额，以其余额作为依据计算税额。跨期结转是指将以前纳税年度的经营亏损从本纳税年度经营利润中扣除。

（2）税率式减免是指通过直接降低税率的方式实现的减税免税。其涉及的概念包括重新确定税率、选用其他税率、零税率。

（3）税额式减免是指通过直接减少应纳税额的方式实现的减税免税。其涉及的概念包括全部免征、减半征收、核定减免率、另定减征额等。

九、罚则

罚则主要是指对纳税人违反税法的行为采取的处罚措施。

第四节　税法原则

一、税法的基本原则

税法的基本原则是一定社会经济关系在税收法制中的体现，是国家税收法治的理论基础。税法的基本原则可以概括为税收法律主义、税收公平主义、税收合作信赖主义与实质课税原则。

（一）税收法律主义

税收法律主义也称税收法定性原则，是指税法主体的权利义务必须由法律加以规定；税法的各个构成要素必须且只能由法律予以明确规定；征纳主体的权利和义务只以法律规定为依据，没有法律依据，任何主体不得征税或减免税收。税收法律主义的要求是双向的：一方面，法律要求纳税人必须依法纳税；另一方面，课税只能在法律的授权下进行，超越法律规定的课征是违法和无效的。

税收法律主义可以概括为：（1）课税要素法定原则，即课税要素必须由法律直接规定；（2）课税要素明确原则，即有关课税要素的规定必须尽量地明确而不出现歧义、矛盾，在基本内容上不出现漏洞；（3）依法稽征原则，即税务行政机关必须依据法律的规定稽核征收，而无权变动法定课税要素和法定征收程序。

（二）税收公平主义

税收公平主义是指税收负担必须根据纳税人的负担能力分配，负担能力相等，税负相同；负担能力不等，税负不同。例如，《中华人民共和国个人所得税法》中对劳务报酬所得畸高的，实行加成征收的规定，对所得高的提高税负，量能课征，就体现了税法基本原则中的税收公平主义原则。

（三）税收合作信赖主义

税收合作信赖主义也称公众信任原则，是指征纳双方的关系是相互信赖、相互合作的，而不是对抗的。一方面，纳税人应按照税务机关的决定及时缴纳税款，税务机关有责任向纳税人提供完整的税收信息资料，征纳双方应建立起密切的税收信息联系和沟通渠道。另一方面，没有充足的依据，税务机关不能对纳税人是否依法纳税有所怀疑，纳税人有权要求税务机关予以信任，纳税人也应信赖税务机关的决定是公正和准确的，税务机关作出的行政解释和事先裁定，可以作为纳税人缴税的根据。当这种解释或裁定存在错误时，纳税人并不承担法律责任，纳税人因此而少缴的税款也不必缴纳滞纳金。

（四）实质课税原则

实质课税原则是指应当依据纳税人真实负担能力决定其税负，不能仅考核其表面是否符合课税要件。即在判断某个具体的人或事件是否满足课税要件，是否应承担纳税义务时，不能受其外在形式的蒙蔽，而要深入探求其实质。例如，纳税人借转让定价而减少计税所得，税务机关有权重新估定计税价格，而不是纳税人申报的计税价格。实质课税原则有利于防止纳税人避税与偷税，增强税法适用的公正性。

二、税法适用原则

税法适用原则是指税务行政机关和司法机关运用税收法律规范解决具体问题所必须遵循的准则。其作用在于在使法律规定具体化的过程中，提供方向性的指导，判定税法之间的相互关系，合理解决法律纠纷，保障法律顺利实现，以达到税法认可的各项税收政策目标，维护税收征纳双方的合法权益。税法适用原则并不违背税法基本原则，而且在一定程度上体现着税法基本原则。但是与税法基本原则相比，税法适用原则含有更多的法律技术性准则，更具体化。税法的适用原则主要包括：法律优位原则，法律不溯及既往原则，新法优于旧法原则，特别法优于普通法原则，实体从旧、程序从新原则，程序优于实体原则。

（一）法律优位原则

法律优位原则也称行政立法不得抵触法律原则，其基本含义是法律的效力高于行政法规的效力。具体来说，税收法律的效力高于税收行政法规的效力，税收行政法规的效力高于税收行政规章的效力。

（二）法律不溯及既往原则

法律不溯及既往原则是绝大多数国家所遵循的法律程序技术原则，是指一部新法实施后，对新法实施之前人们的行为不得适用新法，而只能沿用旧法。法律不溯及既往原则有利于维护税法的稳定性和可预测性，使纳税人能在知道纳税结果的前提下作出相应的经济决策，能更好地发挥税收的调节作用。

（三）新法优于旧法原则

新法优于旧法原则也称后法优于先法原则，是指新法、旧法对同一事项有不同规定时，新法的效力优于旧法。新法优于旧法原则有利于避免因法律修订带来新法、旧法对同一事项有不同的规定而给法律适用带来的混乱，为法律的更新与完善提供法律适用上的保障。新法优于旧法原则在税法中普遍适用，但是当新税法与旧税法处于普通法与特别法的关系时，可以例外。

（四）特别法优于普通法原则

特别法优于普通法原则是指对同一事项两部法律分别有一般规定

和特别规定时，特别规定的效力高于一般规定的效力。当对某些税收问题需要作出特殊规定，但是又不便于普遍修订税法时，即可以通过特别法的形式予以规范。凡是特别法中作出规定的，即排斥普通法的适用。不过这种排斥仅就特别法中的具体规定而言，并不是说随着特别法的出现，原有的居于普通法地位的税法即告废止。

【特别提示】

特别法优于普通法原则打破了税法效力等级（法律优位原则）的限制，即居于特别法地位的级别较低的税法，其效力可以高于作为普通法的级别较高的税法。

（五）实体从旧、程序从新原则

实体从旧、程序从新原则是指实体税法不具备溯及力，而程序性税法在特定条件下具备一定的溯及力。对于一项新税法公布实施之前发生的纳税义务在新税法公布实施之后进入税款征收程序的，原则上新税法具有约束力。在一定条件下允许"程序从新"，是因为程序税法规范的是程序性问题，不应以纳税人的实体性权利义务发生的时间为准，判定新的程序性税法与旧的程序性税法之间的效力关系。并且，程序性税法主要涉及税款征收方式的改变，其效力发生时间的适当提前，并不构成对纳税人权利的侵犯，也不违背税收合作信赖主义。

（六）程序优于实体原则

程序优于实体原则是关于税收争讼法的原则，是指在诉讼发生时税收程序法优于税收实体法适用。纳税人通过税务行政复议或税务行政诉讼寻求法律保护的前提条件之一，是必须事先履行税务行政执法机关认定的纳税义务，而不管这项纳税义务实际上是否完全发生。否则，税务行政复议机关或司法机关对纳税人的申诉不予受理。程序优于实体原则的作用在于确保国家课税权的实现，不因争议的发生而影响税款的及时、足额入库。

【本 章 小 结】

在本章中，我们需要深入学习、理解和掌握税收的概念、特征、职能；了解我国税法的制定机关和我国现行的税收法律制度；掌握税收的法律关系、掌握税法分类；理解并掌握税法的构成要素。

【本章重要术语】

1-5 视野拓展

税法 税收 税收法定原则 税收适用原则 税收法律关系 税法要素

第二章
增 值 税

【学习目标】

知识目标：通过学习《中华人民共和国增值税法》（以下简称《增值税法》），掌握增值税的基本概念、税制要素，包括征税对象、税率、税前扣除项目以及税收优惠政策等，理解增值税的计算方法和申报流程。

能力目标：通过学习增值税法，培养学生分析和解决企业增值税问题的能力，包括增值税计算申报和税收筹划等税务处理等操作技能。

育人目标：通过学习增值税法，培养学生的法治意识和社会责任感，使其认识到依法纳税的重要性，以及企业在促进社会公平和经济发展中的作用。

第一节 增值税概述

一、增值税的概念

增值税是以商品和劳务在流转过程中产生的增值额作为征税对象而征收的一种流转税。按照我国增值税法的规定，增值税是对在我国境内销售货物或者加工、修理修配劳务，销售服务、无形资产、不动产以及进口货物的单位和个人，就其销售货物、劳务、服务、无形资产、不动产的增值额和货物进口金额为计税依据而课征的一种流转税。增值税法是指国家制定的用以调整增值税征收与缴纳之间权利和义务关系的法律规范。增值税之所以能够在世界上众多国家推广，是因为其可以有效地防止商品在流转过程中的重复征税问题，并使其具备保持税收中性、普遍征收、税收负担由最终消费者承担、实行税款抵扣制度、实行比例税率、实行价外税制度等特点。

2-1 增值税发展历程

二、增值税特点

(一) 征税范围广，税源充裕

增值税是对商品生产、流通过程中或提供劳务、应税服务时实现的增值额进行征税。因此增值税可以课征于社会经济活动的各个部门、领域和环节，从而带来稳定的税收收入。

(二) 避免重复征税，保持税收中性

增值税仅仅是对商品、劳务或服务在该流通环节的增值额进行征税，而对转移到销售额中在以前环节已征过税的部分不再征税，从而有效地解决了重复征税问题，具有税收中性效应。

(三) 实行价外税，税负易转嫁

增值税税金不包含在销售价格内，把税款与商品价格分开，使企业的成本核算不受税收影响，这样可以更清楚地体现增值税的转嫁性，不是经营者创造了税收，而是消费者负担了税收。

(四) 全链条抵扣

现行增值税征税范围已覆盖各个行业，所以增值税的进项税额抵扣制度在各个行业之间可正常运行，真正实现了全链条抵扣。

第二节 纳税义务人

一、纳税义务人和扣缴义务人

(一) 纳税义务人

在中华人民共和国境内（以下简称境内）销售货物、劳务、服务、无形资产、不动产的单位和个人，为增值税纳税人。

单位是指企业、行政单位、事业单位、军事单位、社会团体及其他单位。

个人是指个体工商户和其他个人。

单位以承包、承租、挂靠方式经营的，承包人、承租人、挂靠人

（以下统称承包人）以发包人、出租人、被挂靠人（以下统称发包人）名义对外经营并由发包人承担相关法律责任的，以该发包人为纳税人。否则，以承包人为纳税人。

采用承包、承租、挂靠经营方式的，区分以下两种情况界定纳税人：

1. 同时满足以下两个条件的，以发包人为纳税人：（1）以发包人名义对外经营；（2）由发包人承担相关法律责任。

2. 不同时满足上述两个条件的，以承包人为纳税人。

纳税人应当按照国家统一的会计制度进行增值税会计核算。

资管产品运营过程中发生的增值税应税销售行为，以资管产品管理人为增值税纳税人。

（二）扣缴义务人

1. 境外单位或个人在境内销售应税劳务而在境内未设有经营机构的，其应纳税款以代理人为扣缴义务人；没有代理人的，以购买者为扣缴义务人。

2. 境外单位或者个人在境内发生应税行为，在境内未设有经营机构的，以购买方为增值税扣缴义务人。财政部和国家税务总局另有规定的除外。

扣缴义务人按照下列公式计算应扣缴税额：

$$应扣缴税额 = 接受方支付的价款 \div (1 + 税率) \times 税率$$

二、一般纳税人和小规模纳税人的登记

增值税实行凭增值税专用发票（含其他符合规定的发票）抵扣税款的制度，客观上要求纳税人具备健全的会计核算制度和能力。在实际经济生活中我国增值税纳税人众多，会计核算水平参差不齐，大量的小企业和个人还不具备使用专用发票抵扣税款的条件，为了既简化增值税的计算和征收，也有利于减少税收征管漏洞，税法将增值税纳税人按会计核算水平和经营规模分为一般纳税人和小规模纳税人，分别采取不同的登记管理办法。登记后的一般纳税人适用一般计税方法（另有规定的除外），小规模纳税人适用简易计税方法。

（一）一般纳税人的登记条件

根据《增值税一般纳税人登记管理办法》的规定，增值税纳税人（以下简称纳税人），年应税销售额超过财政部、国家税务总局规定的小规模纳税人标准（以下简称规定标准）的，除按规定选择按照小规模纳税人纳税的以外，应当向主管税务机关办理一般纳税人

登记。

年应税销售额是指纳税人在连续不超过 12 个月或 4 个季度的经营期内累计应征增值税销售额，包括纳税申报销售额、稽查查补销售额、纳税评估调整销售额。销售服务、无形资产或者不动产（以下简称应税行为）有扣除项目的纳税人，其应税行为年应税销售额按未扣除之前的销售额计算。纳税人偶然发生的销售无形资产、转让不动产的销售额，不计入应税行为年应税销售额。年应税销售额未超过规定标准的纳税人，会计核算健全，能够提供准确税务资料的，可以向主管税务机关办理一般纳税人登记。会计核算健全是指能够按照国家统一的会计制度规定设置账簿，根据合法、有效凭证进行核算。纳税人应当向其机构所在地主管税务机关办理一般纳税人登记手续。纳税人登记为一般纳税人后，不得转为小规模纳税人，国家税务总局另有规定的除外。

（二）不得办理一般纳税人登记的情况

1. 根据政策规定，选择按照小规模纳税人纳税的（应当向主管税务机关提交书面说明）。

2. 年应税销售额超过规定标准的其他个人。

（三）办理一般纳税人登记的程序

1. 纳税人向主管税务机关填报《增值税一般纳税人登记表》，如实填写固定生产经营场所等信息，并提供税务登记证件。

2. 纳税人填报内容与税务登记信息一致的，主管税务机关当场登记。

3. 纳税人填报内容与税务登记信息不一致，或者不符合填列要求的，税务机关应当场告知纳税人需要补正的内容。

（四）登记的时限

纳税人应在年应税销售额超过规定标准的月份（或季度）的所属申报期结束后 15 日内按照规定办理相关手续；未按规定时限办理的，主管税务机关应当在规定时限结束后 5 日内制作《税务事项通知书》，告知纳税人应当在 5 日内向主管税务机关办理相关手续；逾期仍不办理的，次月起按销售额依照增值税税率计算应纳税额，不得抵扣进项税额，直至纳税人办理相关手续为止。纳税人自一般纳税人生效之日起，按照增值税一般计税方法计算应纳税额，并可以按照规定领用增值税专用发票，财政部、国家税务总局另有规定的除外。生效之日是指纳税人办理登记的当月 1 日或者次月 1 日，由纳税人在办理登记手续时自行选择。

2-2 综合保税区增值税一般纳税人资格管理

三、小规模纳税人的登记

小规模纳税人是指年应征增值税销售额在规定标准以下，并且会计核算不健全，不能按规定报送有关税务资料的增值税纳税人。

小规模纳税人的具体认定标准为年应征增值税销售额 500 万元及以下。

已登记为增值税一般纳税人的单位和个人，转登记日前连续 12 个月（以 1 个月为 1 个纳税期）或者连续 4 个季度（以 1 个季度为 1 个纳税期）累计销售额未超过 500 万元的一般纳税人，在 2020 年 12 月 31 日前，可选择转登记为小规模纳税人。转登记纳税人按规定再次登记为一般纳税人后，不得再转登记为小规模纳税人。

第三节　征税范围

在中华人民共和国境内销售货物或者加工、修理修配劳务（以下简称劳务），销售服务、无形资产、不动产以及进口货物的单位和个人，为增值税的纳税人。纳税人应当依照《中华人民共和国增值税暂行条例》《中华人民共和国增值税暂行条例实施细则》《关于全面推开营业税改征增值税试点的通知》等规定缴纳增值税。

一、征税范围的一般规定

（一）销售或者进口货物

货物是指有形动产，包括电力、热力、气体在内。销售货物是指有偿转让货物的所有权。

（二）销售劳务

劳务是指纳税人提供的加工、修理修配劳务。加工是指受托加工货物，即委托方提供原料及主要材料，受托方按照委托方的要求制造货物并收取加工费的业务；修理修配是指受托对损伤和丧失功能的货物进行修复，使其恢复原状和功能的业务。

销售劳务也称为提供劳务，是指有偿提供劳务。单位或者个体工商户聘用的员工为本单位或者雇主提供劳务的不包括在内。

（三）销售服务

应税服务包括交通运输服务、邮政服务、电信服务、建筑服务、金融服务、现代服务、生活服务。具体征税范围如下：

1. 交通运输服务。

具体包括陆路运输服务、水路运输服务、航空运输服务和管道运输服务。

纳税人发生下列服务时的征税范围界定：

（1）陆路运输服务，包括铁路运输服务和其他陆路运输服务。其他陆路运输服务包括公路运输、缆车运输、索道运输、地铁运输、城市轻轨运输等。

（2）出租车公司向使用本公司自有出租车的出租车司机收取的管理费用，按照"陆路运输服务"缴纳增值税。

（3）水路运输的程租、期租业务，属于水路运输服务。

程租业务是指运输企业为租船人完成某一特定航次的运输任务并收取租赁费的业务。

期租业务是指运输企业将配备有操作人员的船舶承租给他人使用一定期限，承租期内听候承租方调遣，不论是否经营，均按天向承租方收取租赁费，发生的固定费用均由船东负担的业务。

（4）航空运输的湿租业务属于航空运输服务。湿租业务是指航空运输企业将配备有机组人员的飞机承租给他人使用一定期限，承租期内听候承租方调遣，不论是否经营，均按一定标准向承租方收取租赁费，发生的固定费用均由承租方承担的业务。

（5）航天运输服务按照"航空运输服务"缴纳增值税。

（6）纳税人已售票但客户逾期未消费取得的运输逾期票证收入，按照"交通运输服务"缴纳增值税。

（7）在运输工具舱位承包业务中，发包方以其向承包方收取的全部价款和价外费用为销售额，按照"交通运输服务"缴纳增值税。承包方以其向托运人收取的全部价款和价外费用为销售额，按照"交通运输服务"缴纳增值税。运输工具舱位承包业务是指承包方以承运人身份与托运人签订运输服务合同，收取运费并承担承运人责任，然后以承包他人运输工具舱位的方式，委托发包方实际完成相关运输服务的经营活动。

（8）在运输工具舱位互换业务中，互换运输工具舱位的双方均以各自换出运输工具舱位确认的全部价款和价外费用为销售额，按照"交通运输服务"缴纳增值税。运输工具舱位互换业务是指纳税人之间签订运输协议，在各自以承运人身份承揽的运输业务中，互相利用对方交通运输工具的舱位完成相关运输服务的经营活动。

（9）无运输工具承运业务按照"交通运输服务"缴纳增值税。无运输工具承运业务是指经营者以承运人身份与托运人签订运输服务合同，收取运费并承担承运人责任，然后委托实际承运人完成运输服务的经营活动。

2. 邮政服务。

邮政服务是指中国邮政集团公司及其所属邮政企业提供邮件寄递、邮政汇兑和机要通信等邮政基本服务的业务活动。包括邮政普遍服务、邮政特殊服务和其他邮政服务。

（1）邮政普遍服务是指函件、包裹等邮件寄递，以及邮票发行、报刊发行和邮政汇兑等业务活动。

（2）邮政特殊服务是指义务兵平常信函、机要通信、盲人读物和革命烈士遗物的寄递等业务活动。

（3）其他邮政服务是指邮册等邮品销售、邮政代理等业务活动。

3. 电信服务。

电信服务是指利用有线、无线的电磁系统或者光电系统等各种通信网络资源，提供语音通话服务，传送、发射、接收或者应用图像、短信等电子数据和信息的业务活动。包括基础电信服务和增值电信服务。

（1）基础电信服务是指利用固网、移动网、卫星、互联网，提供语音通话服务的业务活动，以及出租或者出售带宽、波长等网络元素的业务活动。

（2）增值电信服务是指利用固网、移动网、卫星、互联网、有线电视网络，提供短信和彩信服务、电子数据和信息的传输及应用服务、互联网接入服务等业务活动。

4. 建筑服务。

建筑服务是指各类建筑物、构筑物及其附属设施的建造、修缮、装饰，线路、管道、设备、设施等的安装以及其他工程作业的业务活动。包括工程服务、安装服务、修缮服务、装饰服务和其他建筑服务。

（1）工程服务是指新建、改建各种建筑物、构筑物的工程作业，包括与建筑物相连的各种设备或者支柱、操作平台的安装或者装设工程作业，以及各种窑炉和金属结构工程作业。

（2）安装服务是指生产设备、动力设备、起重设备、运输设备、传动设备、医疗实验设备以及其他各种设备、设施的装配、安置工程作业包括与被安装设备相连的工作台、梯子、栏杆的装设工程作业，以及被安装设备的绝缘、防腐、保温、油漆等工程作业。固定电话、有线电视、宽带、水、电、燃气、暖气等经营者向用户收取的安装费、初装费、开户费、扩容费以及类似收费，按照"安装服务"缴纳增值税。

（3）修缮服务是指对建筑物、构筑物进行修补、加固、养护、改善，使之恢复原来的使用价值或者延长其使用期限的工程作业。

（4）装饰服务是指对建筑物、构筑物进行修饰装修，使之美观或者具有特定用途的工程作业。

（5）其他建筑服务。如钻井（打井）、拆除建筑物或者构筑物、平整土地、园林绿化、疏浚（不包括航道疏浚）、建筑物平移、搭脚手架、爆破、矿山穿孔、表面附着物（包括岩层、土层、沙层等）剥离和清理等工程作业。

5. 金融服务。

金融服务是指经营金融保险的业务活动。包括贷款服务、直接收费金融服务、保险服务和金融商品转让。

纳税人发生下列服务时的征税范围界定：

（1）各种占用、拆借资金取得的收入，包括金融商品持有期间（含到期）利息（保本收益、报酬、资金占用费、补偿金等）收入、信用卡透支利息收入、买入返售金融商品利息收入、融资融券收取的利息收入，以及融资性售后回租、押汇、罚息、票据贴现、转贷等业务取得的利息及利息性质的收入，按照"贷款服务"缴纳增值税。

保本收益、报酬、资金占用费、补偿金是指合同中明确承诺到期本金可全部收回的投资收益。金融商品持有期间（含到期）取得的非保本的上述收益，不属于利息或利息性质的收入，不征收增值税。

融资性售后回租是指承租方以融资为目的，将资产出售给从事融资性售后回租业务的企业后，从事融资性售后回租业务的企业将该资产出租给承租方的业务活动。

（2）以货币资金投资收取的固定利润或者保底利润，按照"贷款服务"缴纳增值税。

（3）直接收费金融服务，包括提供货币兑换、账户管理、电子银行、信用卡、信用证、财务担保、资产管理、信托管理、基金管理、金融交易场所（平台）管理、资金结算、资金清算、金融支付等服务。

（4）保险服务包括人身保险服务和财产保险服务。

（5）金融商品转让是指转让外汇、有价证券、非货物期货和其他金融商品所有权的业务活动。其他金融商品转让包括基金、信托、理财产品等各类资产管理产品和各种金融衍生品的转让。纳税人购入基金、信托、理财产品等各类资产管理产品持有至到期，不属于金融商品转让。

（6）纳税人转让因同时实施股权分置改革和重大资产重组而首次公开发行股票并上市形成的限售股，以及上市首日至解禁日期间由上述股份孳生的送、转股，以该上市公司股票上市首日开盘价为买入价，按照"金融商品转让"缴纳增值税。

6. 现代服务。

现代服务是指围绕制造业、文化产业、现代物流产业等提供技术性、知识性服务的业务活动。包括研发和技术服务、信息技术服务、文化创意服务、物流辅助服务、租赁服务、鉴证咨询服务、广播影视服务、商务辅助服务和其他现代服务。

（1）研发和技术服务包括研发服务、合同能源管理服务、工程勘察勘探服务、专业技术服务。

研发服务，也称技术开发服务是指就新技术、新产品、新工艺或者新材料及其系统进行研究与试验开发的业务活动。

合同能源管理服务是指节能服务公司与用能单位以契约形式约定节能目标，节能服务公司提供必要的服务，用能单位以节能效果支付节能服务公司投入及其合理报酬的业务活动。

工程勘察勘探服务是指在采矿、工程施工前后，对地形、地质构造、地下资源蕴藏情况进行实地调查的业务活动。

专业技术服务是指气象服务、地震服务、海洋服务、测绘服务、城市规划、环境与生态监测服务等专项技术服务。

（2）信息技术服务。

信息技术服务是指利用计算机、通信网络等技术对信息进行生产、收集、处理、加工、存储、运输、检索和利用，并提供信息服务的业务活动。包括软件服务、电路设计及测试服务、信息系统服务、业务流程管理服务和信息系统增值服务。

（3）文化创意服务。

文化创意服务包括设计服务、知识产权服务、广告服务和会议展览服务。

设计服务是指把计划、规划、设想通过文字、语言、图画、声音、视觉等形式传递出来的业务活动。包括工业设计、内部管理设计、业务运作设计、供应链设计、造型设计、服装设计、环境设计、平面设计、包装设计、动漫设计、网游设计、展示设计、网站设计、机械设计、工程设计、广告设计、创意策划、文印晒图等。

知识产权服务是指处理知识产权事务的业务活动。包括对专利、商标、著作权、软件、集成电路布图设计的登记、鉴定、评估、认证、检索服务。

广告服务是指利用图书、报纸、杂志、广播、电视、电影、幻灯、路牌、招贴、橱窗、霓虹灯、灯箱、互联网等各种形式为客户的商品、经营服务项目、文体节目或者通告、声明等委托事项进行宣传和提供相关服务的业务活动。包括广告代理和广告的发布、播映、宣传、展示等。

会议展览服务是指为商品流通、促销、展示、经贸洽谈、民间交流、企业沟通、国际往来等举办或者组织安排的各类展览和会议的业务活动。

（4）物流辅助服务。

物流辅助服务包括航空服务、港口码头服务、货运客运场站服务、打捞救助服务、装卸搬运服务、仓储服务和收派服务。

（5）租赁服务。租赁服务包括融资租赁服务和经营租赁服务。

融资租赁服务是指具有融资性质和所有权转移特点的租赁活动。即出租人根据承租人所要求的规格、型号、性能等条件购入有形动产或者不动产租赁给承租人，合同期内租赁物所有权属于出租人，承租人只拥有使用权，合同期满付清租金后，承租人有权按照残值购入租赁物，以拥有其所有权。不论出租人是否将租赁物销售给承租人，均属于融资租赁。按照标的物的不同，融资租赁服务可分为有形动产融资租赁服务和不动产融资租赁服务。

经营租赁服务是指在约定时间内将有形动产或者不动产转让他人使用且租赁物所有权不变更的业务活动。按照标的物的不同，经营租赁服务可分为有形动产经营租赁服务和不动产经营租赁服务。水路运输的光租业务、航空运输的干租业务，属于经营租赁。

纳税人发生下列服务时的征税范围界定：

①融资性售后回租不按照"租赁服务"缴纳增值税。

②将建筑物、构筑物等不动产或者飞机、车辆等有形动产的广告位出租给其他单位或者个人用于发布广告，按照"经营租赁服务"缴纳增值税。

③车辆停放服务、道路通行服务（包括过路费、过桥费、过闸费等）等按照"不动产经营租赁服务"缴纳增值税。

④水路运输的光租业务、航空运输的干租业务，属于经营租赁。

光租业务是指运输企业将船舶在约定的时间内出租给他人使用，不配备操作人员，不承担运输过程中发生的各项费用，只收取固定租赁费的业务活动。

干租业务是指航空运输企业将飞机在约定的时间内出租给他人使用，不配备机组人员，不承担运输过程中发生的各项费用，只收取固定租赁费的业务活动。

（6）鉴证咨询服务。鉴证咨询服务包括认证服务、鉴证服务和咨询服务。

认证服务是指具有专业资质的单位利用检测、检验、计量等技术，证明产品、服务、管理体系符合相关技术规范、相关技术规范的强制性要求或者标准的业务活动。

鉴证服务是指具有专业资质的单位受托对相关事项进行鉴证，发表具有证明力的意见的业务活动。包括会计鉴证、税务鉴证、法律鉴证、职业技能鉴定、工程造价鉴证、工程监理、资产评估、环境评估、房地产土地评估、建筑图纸审核、医疗事故鉴定等。

咨询服务是指提供信息、建议、策划、顾问等服务的活动。包括金融、软件、技术、财务、税收、法律、内部管理、业务运作、流程管理、健康等方面的咨询。翻译服务和市场调查服务按照咨询服务缴纳增值税。

（7）广播影视服务。广播影视服务包括广播影视节目（作品）的制作服务、发行服务和播映（含放映，下同）服务。

（8）商务辅助服务。商务辅助服务包括企业管理服务、经纪代理服务、货物运输代理服务、人力资源服务、安全保护服务等。

企业管理服务是指提供总部管理、投资与资产管理、市场管理、物业管理、日常综合管理等服务的业务活动。

经纪代理服务是指各类经纪、中介、代理服务。包括金融代理、知识产权代理、货物运输代理、代理报关、法律代理、房地产中介、职业中介、婚姻中介、代理记账、拍卖等。

货物运输代理服务是指接受货物收货人、发货人、船舶所有人、船舶承租人或者船舶经营人的委托，以委托人的名义，为委托人办理货物运输、装卸、仓储和船舶进出港口、引航、靠泊等相关手续的业务活动。

人力资源服务是指提供公共就业、劳务派遣、人才委托招聘、劳动力外包等服务的业务活动。

安全保护服务是指提供保护人身安全和财产安全，维护社会治安等的业务活动。包括场所住宅保安、特种保安、安全系统监控以及其他安保服务。

纳税人发生下列服务时的征税范围界定：

①拍卖行受托拍卖取得的手续费或佣金收入，按照"经纪代理服务"缴纳增值税。

②纳税人提供的安全保护服务，属于人力资源服务，比照劳务派遣服务政策执行。

③纳税人提供武装守护押运服务，按照"安全保护服务"缴纳增值税。

（9）其他现代服务。其他现代服务是指除研发和技术服务、信息技术服务、文化创意服务、物流辅助服务、租赁服务、鉴证咨询服务、广播影视服务和商务辅助服务以外的现代服务。

纳税人发生下列服务时的征税范围界定：

①纳税人为客户办理退票而向客户收取的退票费、手续费等收

入，按照"其他现代服务"缴纳增值税。

②纳税人对安装运行后的机器设备提供的维护保养服务，按照"其他现代服务"缴纳增值税。

7. 生活服务。

生活服务是指为满足城乡居民日常生活需求提供的各类服务活动。包括文化体育服务、教育医疗服务、旅游娱乐服务、餐饮住宿服务、居民日常服务和其他生活服务。

（1）文化体育服务。文化体育服务包括文化服务和体育服务。

文化服务是指为满足社会公众文化生活需求提供的各种服务。包括：文艺创作、文艺表演、文化比赛，图书馆的图书和资料借阅，档案馆的档案管理，文物及非物质遗产保护，组织举办宗教活动、科技活动、文化活动，提供游览场所。

体育服务是指组织举办体育比赛、体育表演、体育活动，以及提供体育训练、体育指导、体育管理的业务活动。

（2）教育医疗服务。教育医疗服务包括教育服务和医疗服务。

教育服务是指提供学历教育服务、非学历教育服务、教育辅助服务的业务活动。学历教育服务包括初等教育、初级中等教育、高级中等教育、高等教育等。非学历教育服务包括学前教育、各类培训、演讲、讲座、报告会等。教育辅助服务包括教育测评、考试、招生等服务。

医疗服务是指提供医学检查、诊断、治疗、康复、预防、保健、接生、计划生育、防疫服务等方面的服务，以及与这些服务有关的提供药品、医用材料器具、救护车、病房住宿和伙食的业务。

（3）旅游娱乐服务。旅游娱乐服务包括旅游服务和娱乐服务。

旅游服务是指根据旅游者的要求，组织安排交通、游览、住宿、餐饮、购物、文娱、商务等服务的业务活动。

娱乐服务是指为娱乐活动同时提供场所和服务的业务。具体包括：歌厅、舞厅、夜总会、酒吧、台球、高尔夫球、保龄球、游艺（包括射击、狩猎、跑马、游戏机、蹦极、卡丁车、热气球、动力伞、射箭、飞镖）。

（4）餐饮住宿服务。餐饮住宿服务包括餐饮服务和住宿服务。

餐饮服务是指通过同时提供饮食和饮食场所的方式为消费者提供饮食消费服务的业务活动。

住宿服务是指提供住宿场所及配套服务等的活动。包括宾馆、旅馆、旅社、度假村和其他经营性住宿场所提供的住宿服务。

（5）居民日常服务。居民日常服务是指主要为满足居民个人及其家庭日常生活需求提供的服务，包括市容市政管理、家政、婚庆、养老、殡葬、照料和护理、救助救济、美容美发、按摩、桑拿、氧吧、足疗、沐浴、洗染、摄影扩印等服务。

（6）其他生活服务。其他生活服务是指除文化体育服务、教育医疗服务、旅游娱乐服务、餐饮住宿服务和居民日常服务之外的生活服务。

纳税人发生下列服务时的征税范围界定：

①提供餐饮服务的纳税人销售的外卖食品，按照"餐饮服务"缴纳增值税。

②纳税人在游览场所经营索道、摆渡车、电瓶车、游船等取得的收入，按照"文化体育服务"缴纳增值税。

③纳税人现场制作食品并直接销售给消费者，按照"餐饮服务"缴纳增值税。

④纳税人提供植物养护服务，按照"其他生活服务"缴纳增值税。

（四）销售无形资产

销售无形资产是指转让无形资产所有权或者使用权的业务活动。无形资产是指不具实物形态，但能带来经济利益的资产，包括技术、商标、著作权、商誉、自然资源使用权和其他权益性无形资产。

其中，技术包括专利技术和非专利技术。自然资源使用权包括土地使用权、海域使用权、探矿权、采矿权、取水权和其他自然资源使用权。其他权益性无形资产包括基础设施资产经营权、公共事业特许权、配额、经营权（包括特许经营权、连锁经营权、其他经营权）、经销权、分销权、代理权、会员权、席位权、网络游戏虚拟道具、域名、名称权、肖像权、冠名权、转会费等。

（五）销售不动产

销售不动产是指转让不动产所有权的业务活动。不动产是指不能移动或者移动后会引起性质、形状改变的财产，包括建筑物、构筑物等。

建筑物包括住宅、商业营业用房、办公楼等可供居住、工作或者进行其他活动的建造物。构筑物包括道路、桥梁、隧道、水坝等建造物。

转让建筑物有限产权或者永久使用权的，转让在建的建筑物或者构筑物所有权的，以及在转让建筑物或者构筑物时一并转让其所占土地的使用权的，按照销售不动产缴纳增值税。

在境内销售货物、提供应税劳务、销售应税服务、销售无形资产、转让不动产是指有偿销售货物、有偿提供应税劳务、有偿销售应税服务，以及有偿转让无形资产或不动产。

"境内"是指：

（1）销售货物的起运地或者所在地在境内；

（2）提供的应税劳务发生在境内；

（3）服务（租赁不动产除外）或者无形资产（自然资源使用权除外）的销售方或者购买方在境内；

（4）所销售或者租赁的不动产在境内；

（5）所销售自然资源使用权的自然资源在境内。

二、视同销售行为

单位或者个体工商户的下列行为，视同销售货物或者发生应税行为：

1. 将货物交付其他单位或者个人代销。

2. 销售代销货物。

3. 设有两个以上机构并实行统一核算的纳税人，将货物从一个机构移送其他机构用于销售，但相关机构设在同一县（市）的除外。

"用于销售"是指受货机构发生以下情形之一的经营行为：一是向购货方开具发票；二是向购货方收取货款。

4. 将自产或者委托加工的货物用于非增值税应税项目。

5. 将自产、委托加工的货物用于集体福利或者个人消费。

6. 将自产、委托加工或者购进的货物作为投资，提供给其他单位或者个体工商户。

7. 将自产、委托加工或者购进的货物分配给股东或者投资者。

8. 将自产、委托加工或者购进的货物无偿赠送其他单位或者个人。

9. 单位或者个体工商户向其他单位或者个人无偿提供服务、无偿转让无形资产或者不动产，但用于公益事业或者以社会公众为对象的除外。

10. 财政部和国家税务总局规定的其他情形。

上述十种情况应该确定为视同发生应税销售行为，均要征收增值税。其确定的目的主要有三个：一是保证增值税税款抵扣制度的实施，不致因发生上述行为而造成各相关环节税款抵扣链条的中断，如上述第 1～第 2 的两种情况就是这种原因。二是避免因发生上述行为而造成应税销售行为之间税收负担不平衡的矛盾，防止上述行为逃避纳税的现象。三是体现增值税计算的配比原则，即购进货物、劳务、服务、无形资产、不动产已经在购进环节实施了进项税额抵扣，这些购进货物、劳务、服务、无形资产、不动产应该产生相应的销售额，同时就应该产生相应的销项税额，否则就会产生不配比情况。例如上述第 4～第 9 项中的几种情况就属于此种原因。

视同销售货物的行为可以归纳如表 2 – 1 所示。

表 2 – 1　　　　　　　视同货物销售行为的判定

货物种类	内部使用			外部使用
	应税行为	免税行为，简易增税行为	集体福利和个人福利	对外捐献，对外分配，对外投资
自产的货物	×	×	视同销售	视同销售
委托加工的货物	×	×	视同销售	视同销售
购买的货物	可抵扣进项税额	可抵扣进项税额	不可抵扣进项税额	不可抵扣进项税额
其他方式取得的货物	可抵扣进项税额	可抵扣进项税额	不可抵扣进项税额	不可抵扣进项税额

三、混合销售

一项销售行为如果既涉及货物又涉及服务，称为混合销售。从事货物的生产、批发或者零售的单位和个体工商户的混合销售，按照销售货物缴纳增值税；其他单位和个体工商户的混合销售，按照销售服务缴纳增值税。

上述从事货物的生产、批发或者零售的单位和个体工商户，包括以从事货物的生产、批发或者零售为主，并兼营销售服务的单位和个体工商户在内。

混合销售行为成立的行为标准有两点：一是其销售行为必须是一项；二是该项行为必须既涉及货物销售又涉及应税行为。

我们在确定混合销售是否成立时，其行为标准中的上述两点必须是同时存在的，如果一项销售行为只涉及销售服务，不涉及货物，这种行为就不是混合销售行为；反之，如果涉及销售服务和涉及货物的行为，不是同时存在于一项销售行为之中，这种行为也不是混合销售行为。

四、兼营行为

兼营指纳税人兼有销售货物、提供应税劳务、发生应税行为适用不同税率或者征收率的行为。兼营行为应当分别核算适用不同税率或者征收率的销售额，未分别核算销售额的，均从高适用税率或者征收率。

五、征税范围的特殊规定

增值税的征税范围除了上述的一般规定以外，还对经济实务中某些特殊项目或行为是否属于增值税的征税范围，作出了具体界定。

（1）罚没物品征与不征增值税的处理。

①执罚部门和单位查处的属于一般商业部门经营的商品，具备拍卖条件的，由执罚部门或单位协商同级财政部门同意后，公开拍卖。其拍卖收入作为罚没收入由执罚部门和单位如数上缴财政，不予征收增值税。对经营单位购入拍卖物品再销售的应照章征收增值税。

②执罚部门和单位查处的属于一般商业部门经营的商品，不具备拍卖条件的，由执罚部门、财政部门、国家指定销售单位会同有关部门按质论价，交由国家指定销售单位纳入正常销售渠道变价处理。执罚部门按商定价格所取得的变价收入作为罚没收入如数上缴财政，不予征收增值税。国家指定销售单位将罚没物品纳入正常销售渠道销售的，应照章征收增值税。

③执罚部门和单位查处的属于专管机关管理或专管企业经营的财物，如金银（不包括金银首饰）、外币、有价证券、非禁止出口文物，应交由专管机关或专营企业收兑或收购。执罚部门和单位按收兑或收购价所取得的收入作为罚没收入如数上缴财政，不予征收增值税。专管机关或专营企业经营上述物品中属于应征增值税的货物，应照章征收增值税。

（2）纳税人取得的财政补贴收入，与其销售货物、劳务、服务、无形资产、不动产的收入或者数量直接挂钩的，应按规定计算缴纳增值税。纳税人取得的其他情形的财政补贴收入，不属于增值税应税收入，不征收增值税。

（3）融资性售后回租业务中，承租方出售资产的行为不属于增值税的征税范围，不征收增值税。

（4）药品生产企业销售自产创新药的销售额，为向购买方收取的全部价款和价外费用，其提供给患者后续免费使用的相同创新药，不属于增值税视同销售范围。创新药是指经国家食品药品监督管理部门批准注册、获批前未曾在中国境内外上市销售，通过合成或者半合成方法制得的原料药及其制剂。

（5）根据国家指令无偿提供的铁路运输服务、航空运输服务，属于用于公益事业的服务，不征收增值税。

（6）存款利息不征收增值税。

（7）被保险人获得的保险赔付不征收增值税。

（8）房地产主管部门或者其指定机构、公积金管理中心、开发企业以及物业管理单位代收的住宅专项维修资金，不征收增值税。

（9）纳税人在资产重组过程中，通过合并、分立、出售、置换等方式，将全部或者部分实物资产以及与其相关联的债权、负债和劳动力一并转让给其他单位和个人，不属于增值税的征税范围。

（10）单用途商业预付卡（以下简称单用途卡）业务按照以下规定执行：

①单用途卡发卡企业或者售卡企业（以下统称售卡方）销售单用途卡，或者接受单用途卡持卡人充值取得的预收资金，不缴纳增值税。售卡方可按照规定，向购卡人、充值人开具增值税普通发票，不得开具增值税专用发票。

②售卡方因发行或者销售单用途卡并办理相关资金收付结算业务取得的手续费、结算费、服务费、管理费等收入，应按照现行规定缴纳增值税。

③持卡人使用单用途卡购买货物或服务时，货物或者服务的销售方应按照现行规定缴纳增值税，且不得向持卡人开具增值税发票。

④销售方与售卡方不是同一个纳税人的，销售方在收到售卡方结算的销售款时，应向售卡方开具增值税普通发票，并在备注栏注明"收到预付卡结算款"，不得开具增值税专用发票。售卡方从销售方取得的增值税普通发票，作为其销售单用途卡或接受单用途卡充值取得预收资金不缴纳增值税的凭证，留存备查。

（11）支付机构预付卡（以下称多用途卡）业务按照以下规定执行：

①支付机构销售多用途卡取得的等值人民币资金，或者接受多用途卡持卡人充值取得的充值资金，不缴纳增值税。支付机构可按照上述第（10）项的规定，向购卡人、充值人开具增值税普通发票，不得开具增值税专用发票。

②支付机构因发行或者受理多用途卡并办理相关资金收付结算业务取得的手续费、结算费、服务费、管理费等收入，应按照现行规定缴纳增值税。

③持卡人使用多用途卡，向与支付机构签署合作协议的特约商户购买货物或服务，特约商户应按照现行规定缴纳增值税，且不得向持卡人开具增值税发票。

④特约商户收到支付机构结算的销售款时，应向支付机构开具增值税普通发票，并在备注栏注明"收到预付卡结算款"，不得开具增值税专用发票。支付机构从特约商户取得的增值税普通发票，作为其销售多用途卡或接受多用途卡充值取得预收资金不缴纳增值税的凭证，留存备查。

第四节 税率与征收率

一、增值税税率

增值税的税率分别为 13%、9%、6% 和零税率。

(一) 13% 税率的适用范围

纳税人销售货物、劳务、有形动产租赁服务或者进口货物，除按规定适用 9% 税率的货物以外，适用 13% 的基本税率。

采取填埋、焚烧等方式进行专业化处理后产生货物，且货物归属委托方的，受托方属于提供"加工劳务"，其收取的处理费用适用 13% 的税率。

(二) 9% 税率的适用范围

纳税人销售交通运输、邮政、基础电信、建筑、不动产租赁服务，销售不动产，转让土地使用权，销售或者进口下列货物，税率为 9%：

1. 粮食等农产品、食用植物油等。

（1）农产品。

农产品是指种植业、养殖业、林业、牧业、水产业生产的各种植物、动物的初级产品。具体征税范围暂继续按照《农业产品征税范围注释》及现行相关规定执行，包括挂面、干姜、姜黄、玉米胚芽、动物骨粒等。

麦芽、复合胶、人发不属于《农业产品征税范围注释》中规定的农业产品范围，适用 13% 的增值税税率。

按照《食品安全国家标准——巴氏杀菌乳》生产的巴氏杀菌乳和按照《食品安全国家标准——灭菌乳》生产的灭菌乳，均属于初级农业产品，可依照《农业产品征收范围注释》中的鲜奶按 9% 的税率征收增值税；按照《食品安全国家标准调制乳》生产的调制乳，不属于初级农业产品，应按照 13% 的税率征收增值税。

淀粉不属于农业产品的范围，应按照 13% 的税率征收增值税。

（2）食用植物油。

花椒油、橄榄油、核桃油、杏仁油、葡萄籽油和牡丹籽油按照食用植物油适用 9% 的税率征收增值税。环氧大豆油、氢化植物油不属于食用植物油征收范围，适用 13% 的增值税税率。

肉桂油、桉油、香茅油不属于《农业产品征税范围注释》中规定的农业产品，适用13%的增值税税率。

2. 自来水、暖气、冷气、热水、煤气、石油液化气、天然气、二甲醚、沼气、居民用煤炭制品。

3. 图书、报纸、杂志、音像制品、电子出版物等。

国内印刷企业承印的经新闻出版主管部门批准印刷且采用国际标准书号编序的境外图书，属于《中华人民共和国增值税暂行条例》第二条规定的"图书"，适用9%的增值税税率。

4. 饲料、化肥、农药、农机、农膜等。

饲料是指用于动物饲养的产品或其加工品，包括豆粕、宠物饲料、饲用鱼油、矿物质微量元素舔砖、饲料级磷酸二氢钙产品等。

农机是指用于农业生产（包括林业、牧业、副业、渔业）的各种机器和机械化与半机械化农具，以及小农具，包括农用水泵、农用柴油机、不带动力的手扶拖拉机、三轮农用运输车、密集型烤房设备、频振式杀虫灯、自动虫情测报灯、黏虫板、卷帘机、农用挖掘机、养鸡设备系列、养猪设备系列产品、动物尸体降解处理机、蔬菜清洗机等。农机零部件不属于本货物的征收范围。

（三）6%税率的适用范围

纳税人销售增值电信服务、金融服务、现代服务（不动产租赁除外）、生活服务以及销售无形资产（转让土地使用权除外），税率为6%。下列情形也按6%的税率征收增值税：

1. 纳税人通过省级土地行政主管部门设立的交易平台转让补充耕地指标，按照"销售无形资产"缴纳增值税，税率为6%。

2. 纳税人受托对垃圾、污泥、污水、废气等废弃物进行专业化处理，采取填埋、焚烧等方式进行专业化处理后未产生货物的，受托方属于提供"现代服务"中的"专业技术服务"，其收取的处理费用适用6%的增值税税率。

3. 纳税人受托对垃圾、污泥、污水、废气等废弃物进行专业化处理，采取填埋、焚烧等方式进行专业化处理后产生货物，且货物归属受托方的，受托方属于提供"专业技术服务"，其收取的处理费用适用6%的增值税税率。受托方将产生的货物用于销售时，适用货物的增值税税率。

（四）零税率的适用范围

纳税人出口货物，税率为零，国务院另有规定的除外。

境内单位和个人跨境销售国务院规定范围内的服务、无形资产，税率为零。

根据《关于全面推开营业税改征增值税试点的通知》的相关规定，销售服务、无形资产适用的零税率政策如下：

1. 中华人民共和国境内（以下简称境内）的单位和个人销售的下列服务和无形资产，适用增值税零税率。

（1）国际运输服务。国际运输服务是指：①在境内载运旅客或者货物出境。②在境外载运旅客或者货物入境。③在境外载运旅客或者货物。

发生国际运输服务适用零税率的具体政策如下：

①按照国家有关规定应取得相关资质的国际运输服务项目，纳税人取得相关资质的，适用增值税零税率政策，未取得的，适用增值税免税政策。

②境内的单位或个人提供程租服务，如果租赁的交通工具用于国际运输服务和港澳台运输服务，由出租方按规定申请适用增值税零税率。

③境内的单位和个人向境内单位或个人提供期租、湿租服务，如果承租方利用租赁的交通工具向其他单位或个人提供国际运输服务和港澳台运输服务，由承租方适用增值税零税率。境内的单位或个人向境外单位或个人提供期租、湿租服务，由出租方适用增值税零税率。

④境内单位和个人以无运输工具承运方式提供的国际运输服务，由境内实际承运人适用增值税零税率；无运输工具承运业务的经营者适用增值税免税政策。

（2）航天运输服务。

（3）向境外单位提供的完全在境外消费的下列服务：①研发服务。②合同能源管理服务。③设计服务。④广播影视节目（作品）的制作和发行服务。⑤软件服务。⑥电路设计及测试服务。⑦信息系统服务。⑧业务流程管理服务。⑨离岸服务外包业务。离岸服务外包业务，包括信息技术外包服务（ITO）、技术性业务流程外包服务（BPO）、技术性知识流程外包服务（KPO），其所涉及的具体业务活动，按照《销售服务、无形资产、不动产注释》相对应的业务活动执行。⑩转让技术。

2. 境内单位和个人发生的与香港、澳门、台湾地区有关的应税行为，除另有规定外，参照上述规定执行。

增值税税率如表2-2所示。

表2-2　　　　　增值税税率（自2019年4月1日起）

税率		适用范围
基本税率	13%	销售或进口适用低税率或零税率以外的货物、提供加工、修理修配劳务
		销售有形动产租赁服务

续表

税率		适用范围
税率低	9%	销售或进口粮食等农产品、食用植物油和食用盐
		销售或进口自来水、暖气、冷气、热水、煤气、石油液化气、天然气、溜气和居民煤炭用品、二甲醚
		销售或进口图书报纸和杂志、音像制品和电子出版物
		销售或进口饲料、化肥、农药、农机和农膜
		销售交通运输服务、邮政服务、基础电信服务、建筑服务、不动产租赁服务
		销售不动产转让土地使用权
	6%	销售增值电信服务、金融服务、现代服务（租赁服务除外），生活服务
		销售无形资产（土地使用权除外）
零税率		销售出口货物、境内单位和个人提供境外应税服务以及无形资产

二、增值税征收率

增值税征收率是指特定纳税人发生应税销售行为在某一生产流通环节应纳税额与销售额的比率。增值税征收率适用于两种情况：一是小规模纳税人；二是一般纳税人发生应税销售行为按规定可以选择简易计税方法计税的。

（一）征收率的一般规定

1. 纳税人发生按简易计税方法计税的情形，除按规定适用5%征收率的以外，其应税销售行为均适用3%的征收率。

2. 下列情况适用5%征收率：

（1）小规模纳税人销售自建或者取得的不动产。

（2）一般纳税人选择简易计税方法计税的不动产销售。

（3）房地产开发企业中的小规模纳税人，销售自行开发的房地产项目。

（4）其他个人销售其取得（不含自建）的不动产（不含其购买的住房）。

（5）一般纳税人选择简易计税方法计税的不动产经营租赁。

（6）小规模纳税人出租（经营租赁）其取得的不动产（不含个人出租住房）。

（7）其他个人出租（经营租赁）其取得的不动产（不含住房）。

（8）个人出租住房，应按照 5% 的征收率减按 1.5% 计算应纳税额。

（9）一般纳税人和小规模纳税人提供劳务派遣服务选择差额纳税的。

（10）一般纳税人在 2016 年 4 月 30 日前签订的不动产融资租赁合同，或以 2016 年 4 月 30 日前取得的不动产提供的融资租赁服务，选择适用简易计税方法的。

（11）一般纳税人收取试点前开工的一级公路、二级公路、桥、闸通行费，选择适用简易计税方法的。

（12）一般纳税人提供人力资源外包服务，选择适用简易计税方法的。

（13）纳税人转让 2016 年 4 月 30 日前取得的土地使用权，选择适用简易计税方法的。

（14）房地产开发企业中的一般纳税人购入未完工的房地产老项目（2016 年 4 月 30 日之前的建筑工程项目）继续开发后，以自己名义立项销售的不动产，属于房地产老项目，可以选择适用简易计税方法按照 5% 的征收率计算缴纳增值税。

（二）征收率的特殊规定

根据增值税法相关规定，适用 3% 征收率的某些一般纳税人和小规模纳税人可以减按 2% 计征增值税。

1. 一般纳税人销售自己使用过的属于《中华人民共和国增值税暂行条例》第十条规定不得抵扣且未抵扣进项税额的固定资产，按照简易办法依照 3% 征收率减按 2% 征收增值税。

纳税人销售自己使用过的固定资产，适用简易办法依照 3% 征收率减按 2% 征收增值税政策的，可以放弃减税，按照简易办法依照 3% 征收率缴纳增值税，并可以开具增值税专用发票。所称自己使用过的固定资产是指纳税人根据财务会计制度已经计提折旧的固定资产。

2. 小规模纳税人（除其他个人外，下同）销售自己使用过的固定资产，减按 2% 的征收率征收增值税。

3. 纳税人销售旧货，按照简易办法依照 3% 征收率减按 2% 征收增值税。

旧货是指进入二次流通的具有部分使用价值的货物（含旧汽车、旧摩托车和旧游艇），但不包括自己使用过的物品。

上述纳税人销售自己使用过的固定资产、物品和旧货适用按照简易办法依照 3% 征收率减按 2% 征收增值税的，按下列公式确定销售额和应纳税额：

$$销售额 = 含税销售额 \div (1 + 3\%)$$
$$应纳税额 = 销售额 \times 2\%$$

该规定不包括二手车经销业务，对从事二手车经销业务的纳税人销售其收购的二手车，自 2020 年 5 月 1 日至 2023 年 12 月 31 日减按 0.5% 的征收率征收增值税，其销售额的计算公式为：

$$销售额 = 含税销售额 \div (1 + 0.5\%)$$

纳税人应当开具二手车销售统一发票。购买方索取增值税专用发票的，应当再开具征收率为 0.5% 的增值税专用发票。

销售已自用物品的增值税处理如表 2-3 所示。

表 2-3　　　　　　　　销售已自用物品的增值税处理

销售行为		税率或征收率	
		一般纳税人	小规模纳税人
销售固定资产	含税	3%减按2%	3%减按2%
	不含税	适用税率	
销售非固定资产物品		适用税率	3%

增值税的征收率如表 2-4 所示。

表 2-4　　　　　　　　增值税的征收率

纳税人	应税行为	征收率	备注
小规模纳税人	销售货物	3%	
	销售旧物	3%	减按2%
	销售已用固定资产	3%	减按2%
	销售出租不动产	5%	
	个人出租住房	5%	减按1.5%
一般纳税人	销售自产特殊货物	3%	36个月不变
	代销寄售货物	3%	寄售业和典当业
	销售旧物	3%	减按2%
	销售已自用固定资产（含税）	3%	减按2%
	特殊建筑服务	3%	清包工项目，甲供工程项目、"营改增"前项目
	销售不动产	5%	"营改增"前自建或取得的不动产
	不动产经营租赁服务	5%	"营改增"前取得
	高速公路车辆通行费	3%	"营改增"前开工的高速公路

三、兼营行为的税率选择

试点纳税人发生应税销售行为适用不同税率或者征收率的，应当分别核算适用不同税率或者征收率的销售额，未分别核算销售额的，按照以下方法适用税率或者征收率：

1. 兼有不同税率的应税销售行为，从高适用税率。

2. 兼有不同征收率的应税销售行为，从高适用征收率。

3. 兼有不同税率和征收率的应税销售行为，从高适用税率。

4. 纳税人销售活动板房、机器设备、钢结构件等自产货物的同时提供建筑、安装服务，不属于《关于全面推开营业税改征增值税试点的通知》第四十条规定的混合销售，应分别核算货物和建筑服务的销售额，分别适用不同的税率或者征收率。

第五节 应纳税额的计算

增值税的计税方法主要包括两种，分别是：一般计税方法、简易计税方法。

一、一般计税方法

（一）一般计税方法的计算公式

我国采用的一般计税方法是间接计算法，即先按当期销售额和适用税率计算出销项税额，然后将当期准予抵扣的进项税额进行抵扣，从而间接计算出当期增值额部分的应纳税额。

增值税一般纳税人发生应税销售行为的应纳税额，除适用简易计税方法外的，均应该等于当期销项税额抵扣当期进项税额后的余额。其计算公式为：

当期应纳税额 = 当期销项税额 − 当期进项税额

增值税一般纳税人当期应纳税额的多少，取决于当期销项税额和当期进项税额这两个因素。

（二）销项税额的计算

销项税额是指纳税人发生应税销售行为时，按照销售额与规定税率计算并向购买方收取的增值税税额。销项税额的计算公式为：

$$销项税额 = 销售额 \times 适用税率$$

从销项税额的定义和公式中我们可以知道，它是由购买方在购买货物、劳务、服务、无形资产、不动产时，一并向销售方支付的税额。对于属于一般纳税人的销售方来说，在没有抵扣其进项税额前，销售方收取的销项税额还不是其应纳增值税税额。

销项税额的计算取决于销售额和适用税率两个因素。在适用税率既定的前提下，销项税额的大小主要取决于销售额的大小。本书将销售额的确认分为以下四种情况。

1. 一般销售行为的销售额计算方法。

销售额是指纳税人发生应税销售行为时收取的全部价款和价外费用。特别需要强调的是，尽管销项税额也是销售方向购买方收取的，但是由于增值税采用价外计税方式，用不含增值税（以下简称不含税）价作为计税依据，因而销售额中不包括向购买方收取的销项税额。

价外费用是指价外收取的各种性质的费用，但下列项目不包括在内：

（1）受托加工应征消费税的消费品所代收代缴的消费税。

（2）同时符合以下条件的代垫运输费用：

①承运部门的运输费用发票开具给购买方的。

②纳税人将该项发票转交给购买方的。

（3）同时符合以下条件并代为收取的政府性基金或者行政事业性收费：

①由国务院或者财政部批准设立的政府性基金，由国务院或者省级人民政府及其财政、价格主管部门批准设立的行政事业性收费。

②收取时开具省级以上（含省级）财政部门监（印）制的财政票据。

③所收款项全额上缴财政。

（4）以委托方名义开具发票代委托方收取的款项。

（5）销售货物的同时代办保险等而向购买方收取的保险费，以及向购买方收取的代购买方缴纳的车辆购置税、车辆牌照费。

凡随同应税销售行为向购买方收取的价外费用，无论其会计制度如何核算，均应并入销售额计算应纳税额。应当注意，根据国家税务总局的规定：对增值税一般纳税人（包括纳税人自己或代其他部门）向购买方收取的价外费用和逾期包装物押金，应视为含增值税（以下简称含税）收入，在征税时应换算成不含税收入再并入销售额。

按照会计准则的规定，由于对价外收费一般都不在营业收入科目中核算，而在"其他应付款""营业外收入"等科目中核算。这样，企业在会计实务中时常出现对价外收费虽在相应科目中作会计核算，但却未核算其销项税额。有的企业则既不按会计核算要求进行收入核算，又不按规定核算销项税额，而是将发生的价外收费直接冲减有关费用科目。因此，应严格核查各项价外收费，进行正确的会计核算和税额核算。

对于一般纳税人发生的应税销售行为，采用销售额和销项税额合并定价（含增值税价格）方法的，按下列公式计算销售额：

$$销售额 = 含税销售额 \div (1 + 税率)$$

公式中的税率为发生应税销售行为时按增值税法律法规所规定的适用税率。

销售额应以人民币计算。纳税人以人民币以外的货币结算销售额的，应当折合成人民币计算。折合率可以选择销售额发生的当天或者当月1日的人民币汇率中间价。纳税人应当事先确定采用何种折合率，确定后1年内不得变更。

2. 特殊销售行为的计算方法。

（1）采取折扣的方式销售。

①折扣销售是指销货方在发生应税销售行为时，因购货方购货数量较大等原因而给予购货方的价格优惠，如：购买5件商品，销售价格折扣10%；购买10件商品，折扣20%等。根据增值税法律制度的规定，纳税人发生应税销售行为并向购买方开具增值税专用发票后，由于购货方在一定时期内累计购买货物、劳务、服务、无形资产、不动产达到一定数量，或者由于市场价格下降等原因，销货方给予购货方相应的价格优惠或补偿等折扣、折让行为，销货方可按现行《增值税专用发票使用规定》的有关规定开具红字增值税专用发票。这里需要解释的是：

②销售折扣不同于折扣销售。销售折扣（现金折扣）是指销货方在发生应税销售行为后，为了鼓励购货方及早偿还货款而协议许诺给予购货方的一种折扣优待，如：10天内付款，货款折扣2%；20天内付款，折扣1%；30天内全价付款。由于销售折扣发生在应税销售行为之后，是一种融资性质的理财费用，因此，销售折扣不得从销售额中减除。企业在确定销售额时应把折扣销售与销售折扣严格区分开。

③销售折扣又不同于销售折让。销售折让是指企业因售出商品的质量不合格等原因而在售价上给予的减让。对增值税而言，销售折让其实是指纳税人发生应税销售行为后因为劳动成果质量不合格等原因在售价上给予的减让。销售折让与销售折扣相比较，虽然都是在应税销售行为销售后发生的，但因为销售折让是由于应税销售行为的品种和质量引起销售额的减少，因此，对销售折让可以以折让后的货款为销售额。

④折扣销售仅限于应税销售行为价格的折扣，如果销货者将自

2-3 习题
例2-1及答案

2-4 习题
例2-2及答案

产、委托加工和购买的应税销售行为用于实物折扣的，则该实物款额不能从应税销售行为的销售额中减除，且该实物应按《增值税暂行条例实施细则》和《关于全面推开营业税改征增值税试点的通知》"视同销售货物"中的"赠送他人"计算征收增值税。

纳税人发生应税销售行为，如将价款和折扣额在同一张发票上的"金额"栏分别注明的，可按折扣后的销售额征收增值税。未在同一张发票"金额"栏注明折扣额，而仅在发票的"备注"栏注明折扣额的，折扣额不得从销售额中减除；未在同一张发票上分别注明的，以价款为销售额，不得扣减折扣额。

纳税人发生应税销售行为因销售折让、中止或者退回的，应扣减当期的销项税额（一般计税方法）或销售额（简易计税方法）。

折扣方式的增值税处理如表2-5所示。

表2-5　　　　　　　　　　　折扣方式的增值税处理

打折方式	打折原因	税务处理
折扣销售（商业折扣）	鼓励多买：价格优惠	销售额和折扣额在同一张发票上分别注明的，可承认扣减销售额；否则，不得扣减
实物折扣销售	鼓励多买：数量优惠	按取得的销售额计算
销售退回或折让销售	因品种、规格或质量问题而放弃应收款项	可扣减销售额
销售折扣（现金折扣）	鼓励早付款：价格优惠	不得抵扣销售额

2-5　习题
例2-3及答案

2-6　习题
例2-4及答案

2-7　习题
例2-5及答案

（2）以旧换新的方式销售。

以旧换新是指纳税人在销售自己的货物时，有偿收回旧货物的行为。根据增值税法律法规的规定，采取以旧换新方式销售货物的，应按新货物的同期销售价格确定销售额，不得扣减旧货物的收购价格。之所以这样规定，既是因为销售货物与收购货物是两个不同的业务活动，销售额与收购额不能相互抵减，也是为了严格增值税的计算征收制度，防止出现销售额不实、减少纳税的现象。

但是，考虑到金银首饰以旧换新业务的特殊情况，对金银首饰以旧换新业务，可以按销售方实际收取的不含增值税的全部价款征收增值税。

（3）还本销售的方式销售。

还本销售是指纳税人在销售货物后，销售方在一定期限后一次或分次退还给购货方全部或部分价款。这种方式实际上是一种筹资行为，是以货物换取资金的使用价值，到期还本不付息的方法。税法规定，采取还本销售方式销售货物，其销售额就是货物的销售价格，不得从销售额中减除还本支出。

（4）以物易物的方式销售。

以物易物是指购销双方不是以货币结算，而是以同等价款的货物（包括应税劳务和应税行为）相互结算，实现货物购销的一种方式。以物易物中交易双方都应作购销处理，以各自发出的货物核算销售额并计算销项税额，以各自收到的货物按规定核算购货额并计算进项税额。在以物易物活动中应分别开具合法的票据，若收到的货物不能取得相应的增值税专用发票或其他合法票据的，不能抵扣进项税额。

（5）包装物押金的税务处理。

包装物是指纳税人包装本单位货物的各种物品。纳税人销售货物时另收取包装物押金，目的是促使购货方及早退回包装物以便周转使用。

根据增值税法律法规的规定，纳税人为销售货物而出租出借包装物收取的押金，单独记账核算的，时间在 1 年以内，又未过期的，不并入销售额征税，但对因逾期未收回包装物不再退还的押金，应按所包装货物的适用税率计算销项税额。

"逾期"是指按合同约定实际逾期或以 1 年为期限，对收取 1 年以上的押金，无论是否退还均并入销售额征税。当然，在将包装物押金并入销售额征税时，需要先将该押金换算为不含税价，再并入销售额征税。纳税人为销售货物出租出借包装物而收取的押金，无论包装物周转使用期限长短，超过 1 年（含 1 年）以上仍不退还的均并入销售额征税。

但是，对销售除啤酒、黄酒外的其他酒类产品而收取的包装物押金，无论是否返还以及会计上如何核算，均应并入当期销售额征税。对销售啤酒、黄酒所收取的押金，按上述一般押金的规定处理。

另外，包装物押金不应混同于包装物租金，纳税人在销售货物同时收取包装物租金的，在包装物租金收取时就应该考虑销项税额的征纳问题。

（6）直销的税务处理。

直销企业先将货物销售给直销员，直销员再将货物销售给消费者的，直销企业的销售额为其向直销员收取的全部价款和价外费用。直销员将货物销售给消费者时，应按照现行规定缴纳增值税。

直销企业通过直销员向消费者销售货物，直接向消费者收取货款，直销企业的销售额为其向消费者收取的全部价款和价外费用。

（7）贷款服务的销售额。

贷款服务，以提供贷款服务取得的全部利息及利息性质的收入为销售额。

2-8 习题
例2-6 及答案

2-9 习题
例2-7 及答案

2-10 习题
例2-8 及答案

银行提供贷款服务按期计收利息的，结息日当日计收的全部利息收入，均应计入结息日所属期的销售额，按照现行规定计算缴纳增值税。

证券公司、保险公司、金融租赁公司、证券基金管理公司、证券投资基金以及其他经人民银行、银保监会、证监会批准成立且经营金融保险业务的机构发放贷款后，自结息日起90天内发生的应收未收利息按现行规定缴纳增值税，自结息日起90天后发生的应收未收利息暂不缴纳增值税，待实际收到利息时按规定缴纳增值税。

自2018年1月1日起，资管产品管理人运营资管产品提供的贷款服务以2018年1月1日起产生的利息及利息性质的收入为销售额。

（8）直接收费金融服务的销售额。

直接收费金融服务以提供直接收费金融服务收取的手续费、佣金、酬金、管理费、服务费、经手费、开户费、过户费、结算费、转托管费等各类费用为销售额。

（9）发卡机构、清算机构和收单机构提供银行卡跨机构资金清算服务，按照以下规定执行：

①发卡机构以其向收单机构收取的发卡行服务费为销售额，并按照此销售额向清算机构开具增值税发票。

②清算机构以其向发卡机构、收单机构收取的网络服务费为销售额，并按照发卡机构支付的网络服务费向发卡机构开具增值税发票，按照收单机构支付的网络服务费向收单机构开具增值税发票。

清算机构从发卡机构取得的增值税发票上记载的发卡行服务费，一并计入清算机构的销售额，并由清算机构按照此销售额向收单机构开具增值税发票。

③收单机构以其向商户收取的收单服务费为销售额，并按照此销售额向商户开具增值税发票。

（10）拍卖行受托拍卖文物艺术品，委托方按规定享受免征增值税政策的，拍卖行可以以自己名义就代为收取的货物价款向购买方开具增值税普通发票，对应的货物价款不计入拍卖行的增值税应税收入。

3. 按差额确定销售额。

原营业税征税范围内的部分业务目前仍存在无法通过抵扣机制来避免重复征税的问题，因此，对这些项目采取差额征税的方式。具体项目如下：

（1）金融商品转让的销售额。

金融商品转让，按照卖出价扣除买入价后的余额为销售额。转让金融商品出现的正负差，按盈亏相抵后的余额为销售额。若相抵后出现负差，可结转下一纳税期与下期转让金融商品销售额相抵，但年末时仍出现负差的，不得转入下一个会计年度。纳税人 2016 年 1～4 月转让金融商品出现的负差，可结转下一纳税期，与 2016 年 5～12 月转让金融商品销售额相抵。金融商品转让不得开具增值税专用发票。

金融商品的买入价，可以选择按照加权平均法或者移动加权平均法进行核算，选择后 36 个月内不得变更。

单位将其持有的限售股在解禁流通后对外转让的，按照以下规定确定买入价：上市公司实施股权分置改革时，在股票复牌之前形成的原非流通股股份，以及股票复牌首日至解禁日期间由上述股份孳生的送、转股，以该上市公司完成股权分置改革后股票复牌首日的开盘价为买入价；公司首次公开发行股票并上市形成的限售股，以及上市首日至解禁日期间由上述股份孳生的送、转股，以该上市公司股票首次公开发行（IPO）的发行价为买入价；因上市公司实施重大资产重组形成的限售股，以及股票复牌首日至解禁日期间由上述股份孳生的送、转股，以该上市公司因重大资产重组股票停牌前一交易日的收盘价为买入价。

（2）经纪代理服务的销售额。

经纪代理服务，以取得的全部价款和价外费用，扣除向委托方收取并代为支付的政府性基金或者行政事业性收费后的余额为销售额。向委托方收取的政府性基金或者行政事业性收费，不得开具增值税专用发票。

纳税人提供人力资源外包服务，按照经纪代理服务缴纳增值税，其销售额不包括受客户单位委托代为向客户单位员工发放的工资和代理缴纳的社会保险、住房公积金。向委托方收取并代为发放的工资和代理缴纳的社会保险、住房公积金，不得开具增值税专用发票，可以开具普通发票。

一般纳税人提供人力资源外包服务，可以选择适用简易计税方法，按照 5% 的征收率计算缴纳增值税。

（3）融资租赁和融资性售后回租业务的销售额。

经人民银行、原银监会或者商务部批准从事融资租赁业务的试点纳税人（包括经上述部门备案从事融资租赁业务的试点纳税人），提供融资租赁服务，以取得的全部价款和价外费用，扣除支付的借款利息（包括外汇借款和人民币借款利息）、发行债券利息和车辆购置税后的余额为销售额。

经人民银行、原银监会或者商务部批准从事融资租赁业务的试点纳税人，提供融资性售后回租服务，以取得的全部价款和价外费用（不含本金），扣除对外支付的借款利息（包括外汇借款和人民币借款利息）、发行债券利息后的余额作为销售额。

试点纳税人 2016 年 4 月 30 日前签订的有形动产融资性售后回租合同，在合同到期前提供的有形动产融资性售后回租服务，可继续按照有形动产融资租赁服务缴纳增值税。试点纳税人提供有形动产融资性售后回租服务，向承租方收取的有形动产价款本金，不得开具增值税专用发票，可以开具普通发票。

继续按照有形动产融资租赁服务缴纳增值税的试点纳税人，经人民银行、原银监会或者商务部批准从事融资租赁业务的，根据 2016 年 4 月 30 日前签订的有形动产融资性售后回租合同，在合同到期前提供的有形动产融资性售后回租服务，可以选择以下方法之一计算销售额：

①以向承租方收取的全部价款和价外费用，扣除向承租方收取的价款本金，以及对外支付的借款利息（包括外汇借款和人民币借款利息）、发行债券利息后的余额为销售额。可扣除的价款本金，必须为书面合同约定的当期应当收取的本金，无书面合同或者书面合同没有约定的，为当期实际收取的本金。

②以向承租方收取的全部价款和价外费用，扣除支付的借款利息（包括外汇借款和人民币借款利息）、发行债券利息后的余额为销售额。

经商务部授权的省级商务主管部门和国家经济技术开发区批准的从事融资租赁业务的试点纳税人，2016 年 5 月 1 日后实收资本达到 1.7 亿元的，从达到标准的当月起按照上述规定执行；2016 年 5 月 1 日后实收资本未达到 1.7 亿元但注册资本达到 1.7 亿元的，在 2016 年 7 月 31 日前仍可按照上述规定执行，2016 年 8 月 1 日后开展的融资租赁业务和融资性售后回租业务不得按照上述规定执行。

（4）航空运输企业的销售额。

航空运输业销售额中不包括代收的机场建设费和代售其他航空运输企业客票而代收转付的价款。

①纳税人中的一般纳税人提供客运场站服务，以其取得的全部价款和价外费用，扣除支付给承运方运费后的余额为销售额。

②纳税人提供旅游服务，可以选择以取得的全部价款和价外费用，扣除向旅游服务购买方收取并支付给其他单位或者个人的住宿费、餐饮费、交通费、签证费、门票费和支付给其他接团旅游企业的旅游费用后的余额为销售额。

选择上述办法计算销售额的试点纳税人，向旅游服务购买方收取并支付的上述费用，不得开具增值税专用发票，可以开具普通发票。

（5）纳税人提供建筑服务适用简易计税方法的，以取得的全部价款和价外费用扣除支付的分包款后的余额为销售额。

2-11 习题
例 2-9 及答案

（6）房地产开发企业中的一般纳税人销售其开发的房地产项目（选择简易计税方法的房地产老项目除外），以取得的全部价款和价外费用，扣除受让土地时向政府部门支付的土地价款后的余额为销售额。"向政府部门支付的土地价款"包括土地受让人向政府部门支付的征地和拆迁补偿费用、土地前期开发费用和土地出让收益等。

（7）纳税人转让不动产缴纳增值税差额扣除的有关规定。

纳税人转让不动产，按照有关规定差额缴纳增值税的，如因丢失等原因无法提供取得不动产时的发票，可向税务机关提供其他能证明契税计税金额的完税凭证等资料，进行差额扣除。

纳税人以契税计税金额进行差额扣除的，按照下列公式计算增值税应纳税额：

①2016 年 4 月 30 日及以前缴纳契税的：

$$增值税应纳税额 = [全部交易价格(含增值税) - 契税计税金额(含营业税)] \div (1 + 5\%) \times 5\%$$

②2016 年 5 月 1 日及以后缴纳契税的：

$$增值税应纳税额 = [全部交易价格(含增值税) \div (1 + 5\%) - 契税计税金额(不含增值税)] \times 5\%$$

纳税人同时保留取得不动产时的发票和其他能证明契税计税金额的完税凭证等资料的，应当凭发票进行差额扣除。

（8）试点纳税人按照上述（2）的规定从全部价款和价外费用中扣除的价款，应当取得符合法律、行政法规和国家税务总局规定的有效凭证。否则，不得扣除。

上述凭证是指：

①支付给境内单位或者个人的款项，以发票为合法有效凭证。

②支付给境外单位或者个人的款项，以该单位或者个人的签收单据为合法有效凭证，税务机关对签收单据有疑义的，可以要求其提供境外公证机构的确认证明。

③缴纳的税款，以完税凭证为合法有效凭证。

④扣除的政府性基金、行政事业性收费或者向政府支付的土地价款，以省级以上（含省级）财政部门监（印）制的财政票据为合法有效凭证。

⑤国家税务总局规定的其他凭证。

纳税人取得的上述凭证属于增值税扣税凭证的，其进项税额不得从销项税额中抵扣。

实行差额计税的增值税事项，如表 2 - 6 所示。

2-12 习题
例 2-10 及答案

2-13 习题
例 2-11 及答案

2-14 习题
例 2-12 及答案

2-15 习题
例 2-13 及答案

2-16 习题
例 2-14 及答案

表 2-6　　　　　　　实行差额计税的增值税事项

应税行为	具体事项	税务处理
销售服务	金融商品转让业务	按盈亏相抵后的余额为销售额。年内可结转复差
	经济代理服务	可扣除向委托方收取并代为支付的政府性基金或者行政事业性收费
	融资租赁业务	可扣除支付的借款（包括外汇借款和人民币借款）利息、发行债券利息和车辆购置税
	融资性售后回租业务	可扣除对外支付的借款利息（包括外汇借款和人民币借款利息）、发行债券利息
	客运站场服务	可扣除支付给承运方运费
	建筑服务	可扣除支付的分包款
销售不动产	房地产开发企业中的一般纳税人销售其开发的房地产	可扣除受让土地时间政府部门支付的土地价款

4. 视同销售行为的销售额确定。

纳税人发生视同销售货物或者视同发生应税行为的情形，价格明显偏低或者偏高且不具有合理商业目的的，或者发生视同销售服务、无形资产或者不动产而无销售额的，主管税务机关有权按照下列顺序确定销售额：

（1）按照纳税人最近时期销售同类货物或者应税行为的平均价格确定。

（2）按照其他纳税人最近时期销售同类货物或者应税行为的平均价格确定。

（3）按照组成计税价格确定。组成计税价格的公式为：

$$组成计税价格 = 成本 \times (1 + 成本利润率)$$

成本利润率由国家税务总局确定。

（三）进项税额的计算

进项税额是指纳税人购进货物、加工修理修配劳务、服务、无形资产或者不动产，所支付或者负担的增值税额。进项税额是与销项税额相对应的另一个概念。在开具增值税专用发票的情况下，它们之间的对应关系是，销售方收取的销项税额，就是购买方支付的进项税额。增值税的核心就是用纳税人收取的销项税额抵扣其支付的进项税额，其余额为纳税人实际应缴纳的增值税税额。进项税额作为可抵扣的部分，对于纳税人实际纳税多少就产生了举足轻重的作用，然而，并不是纳税人支付的所有进项税额都可以从销项税额中抵扣。为体现增值税的配比原则，即购进项目金额与发生应税销售行为的销售额之间应有配比性，当纳税人购进的货物、劳务、服务、无形资产、不动产等行为不是用于增值税应税项目，而是用于简易计税方法计税项目、免税项目或用于集体福利、个人消费等情况时，其支付的进项税额就不能从销项税额中抵扣。增值税法律法规对不能抵扣进项税额的项目作了严格的规定，如果违反规定，随意抵扣进项税额就将以逃避缴纳税款论处。因此，严格把握哪些进项税额可以抵扣，哪些进项税额不能抵扣是十分重要的，这些方面也是纳税人在缴纳增值税实务中差错出现最多的地方。

一般纳税人应在"应交税费"科目下设置"应交增值税"明细科目。在"应交增值税"明细账中，应设置"进项税额"等专栏。"进项税额"专栏，记录一般纳税人购进货物、劳务、服务、无形资产、不动产而支付的、准予从销项税额中抵扣的增值税额。一般纳税人购进货物、劳务、服务、无形资产、不动产支付的进项税额，用蓝字登记；退回、中止或者折让应冲销的进项税额，用红字登记。

1. 准予从销项税额中抵扣的进项税额。

根据《中华人民共和国增值税暂行条例》和《关于全面推开营业税改征增值税试点的通知》，准予从销项税额中抵扣的进项税额，限于下列增值税扣税凭证上注明的增值税税额和按规定的扣除率计算的进项税额。

（1）从销售方取得的增值税专用发票（含税控《机动车销售统一发票》，下同）上注明的增值税额。

（2）从海关取得的海关进口增值税专用缴款书上注明的增值税额。

（3）从境外单位或者个人购进服务、无形资产或者不动产，为税务机关或者扣缴义务人取得的解缴税款的完税凭证上注明的增值税额。

（4）纳税人购进农产品，按下列规定抵扣进项税额：

①纳税人购进农产品，取得一般纳税人开具的增值税专用发票或海关进口增值税专用缴款书的，以增值税专用发票或海关进口增值税专用缴款书上注明的增值税税额为进项税额。

②从按照简易计税方法依照3%的征收率计算缴纳增值税的小规模纳税人处取得增值税专用发票的，以增值税专用发票上注明的金额和9%的扣除率计算进项税额。

③取得（开具）农产品销售发票或收购发票的，以农产品销售发票或收购发票上注明的农产品购买价和9%的扣除率计算进项税额。

④购进农产品进项税额的计算公式为：

$$进项税额 = 购买价 \times 扣除率$$

2－17 习题
例2－15及答案

2－18 习题
例2－16及答案

⑤对烟叶税纳税人按规定缴纳的烟叶税，准予并入烟叶产品的买价计算增值税的进项税额，并在计算缴纳增值税时予以抵扣。购进烟叶准予抵扣的增值税进项税额，按照收购烟叶实际支付的价款总额和烟叶税及法定扣除率计算。计算公式为：

$$烟叶税应纳税额 = 收购烟叶实际支付的价款总额 \times 税率（20\%）$$

$$准予抵扣的进项税额 = \left(\begin{array}{c}收购烟叶实际\\支付的价款总额\end{array} + \begin{array}{c}烟叶税\\应纳税额\end{array}\right) \times 扣除率$$

⑥纳税人从批发、零售环节购进适用免征增值税政策的蔬菜、部分鲜活肉蛋而取得的普通发票，不得作为计算抵扣进项税额的凭证。

⑦纳税人购进用于生产销售或委托加工13%税率货物的农产品，允许加计扣除，按照10%的扣除率计算进项税额。具体操作方法可分为以下两个环节：

一是在购进农产品当期，所有纳税人按照购进农产品抵扣进项税额的一般规定，凭票据实抵扣或者凭票计算抵扣。

二是将购进农产品用于生产销售或委托加工13%税率货物的纳税人，在生产领用农产品当期，根据领用的农产品加计1%抵扣进项税额。

纳税人购进农产品既用于生产销售或委托受托加工13%税率货物又用于生产销售其他货物服务的，应当分别核算用于生产销售或委托受托加工13%税率货物和其他货物服务的农产品进项税额。未分别核算的，统一以增值税专用发票或海关进口增值税专用缴款书上注明的增值税额为进项税额，或以农产品收购发票或销售发票上注明的农产品购买价和9%的扣除率计算进项税额。

上述购进农产品抵扣进项税额的办法，不适用于《农产品增值税进项税额核定扣除试点实施办法》中购进的农产品。

（5）增值税一般纳税人在资产重组过程中，将全部资产、负债和劳动力一并转让给其他增值税一般纳税人，并按程序办理注销税务登记的，其在办理注销登记前尚未抵扣的进项税额可结转至新纳税人处继续抵扣。

（6）自2019年4月1日起，停止执行纳税人取得不动产或者不动产在建工程的进项税额分2年抵扣的规定。此前按照上述规定尚未抵扣完毕的待抵扣进项税额，可自2019年4月税款所属期起从销项税额中抵扣。

（7）收费公路通行费增值税抵扣规定。

纳税人支付的道路、桥、闸通行费，按照以下规定抵扣进项税额：

①纳税人支付的道路通行费，按照收费公路通行费增值税电子普

2-19　习题
例2-17及答案

2-20　习题
例2-18及答案

通发票上注明的增值税税额抵扣进项税额。

②纳税人支付的桥、闸通行费，暂凭取得的通行费发票上注明的收费金额按照下列公式计算可抵扣的进项税额：

$$\text{桥、闸通行费可抵扣进项税额} = \text{桥、闸通行费发票上注明的金额} \div (1+5\%) \times 5\%$$

（8）自 2018 年 1 月 1 日起，纳税人租入固定资产、不动产，既用于一般计税方法计税项目，又用于简易计税方法计税项目、免征增值税项目、集体福利或者个人消费的，其进项税额准予从销项税额中全额抵扣。

（9）提供保险服务的纳税人以实物赔付方式承担机动车辆保险责任的，自行向车辆修理劳务提供方购进的车辆修理劳务，其进项税额可以按规定从保险公司销项税额中抵扣。纳税人提供的其他财产保险服务，比照上述规定执行。

（10）国内旅客运输服务进项税额的抵扣规定。

"国内旅客运输服务"，限于与本单位签订了劳动合同的员工，以及本单位作为用工单位接受的劳务派遣员工发生的国内旅客运输服务。

纳税人允许抵扣的国内旅客运输服务进项税额，是指纳税人 2019 年 4 月 1 日及以后实际发生，并取得合法有效增值税扣税凭证注明的或依据其计算的增值税税额。以增值税专用发票或增值税电子普通发票为增值税扣税凭证的，为 2019 年 4 月 1 日及以后开具的增值税专用发票或增值税电子普通发票。

纳税人未取得增值税专用发票的，暂按照以下规定确定进项税额：

①纳税人购进国内旅客运输服务，以取得的增值税电子普通发票上注明的税额为进项税额的，增值税电子普通发票上注明的购买方"名称""纳税人识别号"等信息，应当与实际抵扣税款的纳税人一致，否则不予抵扣。

②取得注明旅客身份信息的航空运输电子客票行程单的，为按照下列公式计算进项税额：

$$\text{航空旅客运输进项税额} = (\text{票价} + \text{燃油附加费}) \div (1+9\%) \times 9\%$$

③取得注明旅客身份信息的铁路车票的，为按照下列公式计算的进项税额：

$$\text{铁路旅客运输进项税额} = \text{票面金额} \div (1+9\%) \times 9\%$$

④取得注明旅客身份信息的公路、水路等其他客票的，按照下列公式计算进项税额：

$$\text{公路、水路等其他旅客运输进项税额} = \text{票面金额} \div (1+3\%) \times 3\%$$

增值税进项税额抵扣的条件及三种特殊情形如表 2 - 7 所示。

表 2－7　　　　　增值税进项税额抵扣的条件及三种特殊关系

购进事项	扣除凭证	税务处理
购进货物、服务、劳务、不动产或无形资产	增值税专用发票	注明的增值税税额
	机动车销售统一发票	注明的增值税税额
	进口增值税专用缴款书	注明的增值税税额
	完税凭证	注明的增值税税额
购进农产品	收购发票或普通销售发票	农产品购买价×扣除率
不动产及其在建工程	增值税专用发票	分两年扣除（2016 年 5 月 1 日～2019 年 3 月 31 日）
		一次扣除（2019 年 4 月 1 日后）
国内旅客运输服务	取得增值税电子普通发票	注明的增值税税额
	航空运输电子客票行程单	（票价＋燃油附加费）÷（1＋9%）×9%
	铁路车票	票面金额÷（1＋9%）×9%
	其他客票	票面金额÷（1＋3%）×3%

2. 不准予抵扣的进项税额。

纳税人购进货物或者接受应税劳务或应税行为，取得的增值税扣税凭证不符合法律、行政法规或者国务院税务主管部门有关规定的，其进项税额不得从销项税额中抵扣。所称增值税扣税凭证是指增值税专用发票、海关进口增值税专用缴款书、农产品收购发票和农产品销售发票以及从税务机关或者境内代理人取得的解缴税款的税收缴款凭证。

按《中华人民共和国增值税暂行条例》和《营业税改征增值税试点实施办法》及"营改增"相关规定，下列项目的进项税额不得从销项税额中抵扣：

（1）用于简易计税方法计税项目、免征增值税项目、集体福利或者个人消费的购进货物、加工修理修配劳务、服务、无形资产和不动产。

其中涉及的固定资产、无形资产、不动产，仅指专用于上述项目的固定资产、无形资产（不包括其他权益性无形资产）、不动产。但是发生兼用于上述不允许抵扣项目情况的，该进项税额准予全部抵扣。

纳税人购进其他权益性无形资产，无论是专用于简易计税方法计税项目、免征增值税项目、集体福利或者个人消费，还是兼用于上述不允许扣项目，均可以抵扣进项税额。

纳税人的交际应酬消费属于个人消费，即交际应酬消费不属于生产经营中的生产投入和支出。

（2）非正常损失的购进货物，以及相关的加工修理修配劳务和交通运输服务。

（3）非正常损失的在产品、产成品所耗用的购进货物（不包括固定资产）、加工修理修配劳务和交通运输服务。

（4）非正常损失的不动产，以及该不动产所耗用的购进货物、设计服务和建筑服务。

2-21　习题
例2-19及答案

（5）非正常损失的不动产在建工程所耗用的购进货物、设计服务和建筑服务。纳税人新建、改建、扩建、修缮、装饰不动产，均属于不动产在建工程。

（6）购进的贷款服务、餐饮服务、居民日常服务和娱乐服务。

（7）纳税人接受贷款服务向贷款方支付的与该笔贷款直接相关的投融资顾问费、手续费、咨询费等费用，其进项税额不得从销项税额中抵扣。

2-22　习题
例2-20及答案

（8）财政部和国家税务总局规定的其他情形。

本条第4项、第5项所称货物是指构成不动产实体的材料和设备，包括建筑装饰材料和给排水、采暖、卫生、通风、照明、通信、煤气、消防、中央空调、电梯、电气、智能化楼宇设备及配套设施。

不动产、无形资产的具体范围，按照《营业税改征增值税试点实施办法》所附的《销售服务、无形资产或者不动产注释》执行。固定资产是指使用期限超过12个月的机器、机械、运输工具以及其他与生产经营有关的设备、工具、器具等有形动产。

2-23　习题
例2-21及答案

非正常损失是指因管理不善造成货物被盗、丢失、霉烂变质，以及因违反法律法规造成货物或者不动产被依法没收、销毁、拆除的情形。

（9）适用一般计税方法的纳税人，兼营简易计税方法计税项目、免征增值税项目而无法划分不得抵扣的进项税额，按照下列公式计算不得抵扣的进项税额：

2-24　习题
例2-22及答案

$$\begin{array}{l} 不得抵扣的 \\ 进项税额 \end{array} = \begin{array}{l} 当期无法划分的 \\ 全部进项税额 \end{array} \times \left(\begin{array}{l} 当期简易计税方法 \\ 计税项目销售额 \end{array} + \right.$$

$$\left. \begin{array}{l} 免征增值税 \\ 项目销售额 \end{array} \right) \div \begin{array}{l} 当期全部 \\ 销售额 \end{array}$$

主管税务机关可以按照上述公式，依据年度数据对不得抵扣的进项税额进行清算。

（10）已抵扣进项税额的固定资产、无形资产或者不动产，发生《营业税改征增值税试点实施办法》第二十七条规定的非正常损失情形的，按照下列公式计算不得抵扣的进项税额：

不得抵扣的进项税额＝固定资产、无形资产或者不动产净值×适用税率

固定资产、无形资产或者不动产净值是指纳税人根据财务会计制

度计提折旧或摊销后的余额。

（11）有下列情形之一者，应当按照销售额和增值税税率计算应纳税额，不得抵扣进项税额，也不得使用增值税专用发票：

①一般纳税人会计核算不健全，或者不能够提供准确税务资料的。

②应当办理一般纳税人资格登记而未办理的。

（12）一般纳税人注销时存货及留抵税额处理问题一般纳税人注销或被取消辅导期一般纳税人资格，转为小规模纳税人时，其存货不作进项税额转出处理，其留抵税额也不予以退税。

增值税进项税额不得抵扣的情形如表2-8所示。

表2-8　　　　　　　　增值税进项税额不得抵扣的情形

涉税事项	范围
不合格抵扣凭证	如虚假、虚开、过时等
用于增值税的简易计税项目	如公交服务动漫服务等
用于免征增值税项目	如自产自销农产品、境外服务、货物出口服务等
用于最终消费	集体福利、个人消费
非正常损失的货物	含相关加工修理修配劳务和交通运输服务
非正常损失的不动产及其在建工程	含所耗用的购进货物、设计服务和建筑服务
生活消费服务	餐饮服务居民日常服务和娱乐服务
贷款服务	投融资顾问费、手续费、咨询费等直接相关费用
"营改增"前的留抵税额	"营改增"试点之日前的增值税期末留抵税额

3. 扣减发生期进项税额的规定。

由于增值税实行以当期销项税额抵扣当期进项税额的"购进扣税法"，当期购进的货物或接受应税劳务或应税行为如果事先并未确定将用于不得抵扣进项税额项目，其进项税额会在当期销项税额中予以抵扣。但已抵扣进项税额的购进货物或接受应税劳务或应税行为如果事后改变用途，用于不得抵扣进项税额项目，应当将该项购进货物或接受应税劳务或应税行为的进项税额从当期的进项税额中扣减，无法确定该项进项税额的，按当期实际成本计算应扣减的进项税额。

所称"从当期发生的进项税额中扣减"是指已抵扣进项税额的购进货物或接受应税劳务或应税行为是在哪一个时期发生上述情况的，就从这个发生期内纳税人的进项税额中扣减，而无须追溯到这些购进货物或接受应税劳务或应税行为抵扣进项税额的那个时期。另外，对无法准确确定该项进项税额的，"按当期实际成本计算应扣减的进项税额"。该做法是指其扣减进项税额的计算依据不是按该货物或应税劳务或应税行为的原进价，而是按发生上述情况的当期该货物或应税劳务或应税行为的"实际成本"与征税时该货物或应税劳务或应税行为适用的税率计算应扣减的进项税额。

$$实际成本 = 进价 + 运费 + 保险费 + 其他有关费用$$

前述实际成本的计算公式，如果属于进口货物是完全适用的；如果是国内购进的货物，主要包括进价和运费两大部分。

如果一般纳税人会计核算不健全，或者不能够提供准确税务资料的，应当按照销售额和增值税税率计算应纳税额，不得抵扣进项税额，也不得使用增值税专用发票；如已抵扣进项税额的购进货物或接受应税劳务或应税行为事后改变用途，用于不得抵扣进项税额项目的，应按销售额比例划分作为进项税额转出处理。

增值税进项税额调整的情形如表 2 - 9 所示。

表 2 - 9　　　　　　　增值税进项税额调整的情形

涉税事项	范围	税务处理
当期不足抵扣的进项税额		结转下期进项税额继续抵扣
销售折让，中止或者退回的进项税额	退还给购买方的	从当期销项税额中扣减
	自购买方收回的	从当期进项税额中扣减
无法准确划分的进项税额	不得抵扣的	当期无法划分的全部进项税额 × (当期简易计税方法计税项目销售额 + 免征增值税项目销售额) ÷ 当期全部销售额
	准予抵扣的	当期无法划分的全部进项税额 - 不得抵扣的进项税额
发生用途改变的已抵扣进项税额	货物（不含固定资产）、劳务，服务	从当期进项税额中扣减
	固定资产、无形资产或者不动产	按（固定资产、无形资产或者不动产净值）× 适用税率，从当期进项税额计算扣减
发生用途改变的不得抵扣其未抵扣的进项税额	固定资产、无形资产、不动产	按（固定资产、无形资产、不动产净值）÷ (1 + 适用税率) × 适用税率，从当期销项税额中扣减
商业企业平销返利的进项税额	货物	当 [期取得的返还资金 ÷ (1 + 增值税税率)] × 增值税税率，从当期销项税额中扣减

4. 异常增值税扣税凭证的管理。

（1）符合下列情形之一的增值税专用发票，列入异常凭证范围：

①纳税人丢失、被盗税控专用设备中未开具或已开具未上传的增值税专用发票。

②非正常户纳税人未向税务机关申报或未按规定缴纳税款的增值税专用发票。

③增值税发票管理系统稽核比对发现"比对不符""缺联""作废"的增值税专用发票。

④经国家税务总局、省税务局大数据分析发现，纳税人开具的增值税专用发票存在涉嫌虚开、未按规定缴纳消费税等情形的。

⑤属于《国家税务总局关于走逃（失联）企业开具增值税专用发票认定处理有关问题的公告》（国家税务总局公告 2016 年第 76 号）第二条第（一）项规定情形的增值税专用发票。即商贸企业购进、销售货物名称严重背离的；生产企业无实际生产加工能力且无委托加工，或生产能耗与销售情况严重不符，或购进货物并不能直接生产其销售的货物且无委托加工的；以及直接走逃失踪不纳税申报，或虽然申报但通过填列增值税纳税申报表相关栏次，规避税务机关审核比对，进行虚假申报的。

（2）增值税一般纳税人申报抵扣异常凭证，同时符合下列情形的，其对应开具的增值税专用发票列入异常凭证范围：

①异常凭证进项税额累计占同期全部增值税专用发票进项税额 70%（含）以上的。

②异常凭证进项税额累计超过 5 万元的。

纳税人尚未申报抵扣、尚未申报出口退税或已作进项税额转出的异常凭证，其涉及的进项税额不计入异常凭证进项税额的计算。

（3）增值税一般纳税人取得的增值税专用发票列入异常凭证范围的，应按照以下规定处理：

①尚未申报抵扣增值税进项税额的，暂不允许抵扣。已经申报抵扣增值税进项税额的，除另有规定外，一律作进项税额转出处理。

②尚未申报出口退税或者已申报但尚未办理出口退税的，除另有规定外，暂不允许办理出口退税。适用增值税免抵退税办法的纳税人已经办理出口退税的，应根据列入异常凭证范围的增值税专用发票上注明的增值税额作进项税额转出处理；适用增值税免退税办法的纳税人已经办理出口退税的，税务机关应按照现行规定将列入异常凭证范围的增值税专用发票对应的已退税款追回。

纳税人因骗取出口退税停止出口退（免）税期间取得的增值税专用发票列入异常凭证范围的，按照上述第（1）项规定执行。

③消费税纳税人以外购或委托加工收回的已税消费品为原料连续生产应税消费品，尚未申报扣除原料已纳消费税税款的，暂不允许抵扣；已经申报抵扣的，冲减当期允许抵扣的消费税税款，当期不足冲减的应当补缴税款。

④纳税信用 A 级纳税人取得异常凭证且已经申报抵扣增值税、

办理出口退税或抵扣消费税的，可以自接到税务机关通知之日起 10 个工作日内，向主管税务机关提出核实申请。经税务机关核实，符合现行增值税进项税额抵扣、出口退税或消费税抵扣相关规定的，可不作进项税额转出、追回已退税款、冲减当期允许抵扣的消费税税款等处理。纳税人逾期未提出核实申请的，应于期满后按照上述第（1）、第（2）、第（3）项规定作相关处理。

⑤纳税人对税务机关认定的异常凭证存有异议的，可以向主管税务机关提出核实申请。经税务机关核实，符合现行增值税进项税额抵扣或出口退税相关规定的，纳税人可继续申报抵扣或者重新申报出口退税；符合消费税抵扣规定且已缴纳消费税税款的，纳税人可继续申报抵扣消费税税款。

（4）经国家税务总局、省税务局大数据分析发现存在涉税风险的纳税人，不得离线开具发票，其开票人员在使用开票软件时，应当按照税务机关指定的方式进行人员身份信息实名验证。

（5）新办理增值税一般纳税人登记的纳税人，自首次开票之日起 3 个月内不得离线开具发票，按照有关规定不使用网络办税或不具备风险条件的特定纳税人除外。

（四）计算应纳税额时销项税额不足抵扣进项税额的处理

计算应纳税额时进项税额不足抵扣的，有两种处理方式：

1. 结转抵扣。

由于增值税实行购进扣税法，有时企业当期购进的货物、劳务、服务、无形资产、不动产很多，在计算应纳税额时会出现当期销项税额小于当期进项税额而不足抵扣的情况。根据税法规定，当期销项税额不足抵扣进项税额的部分可以结转下期继续抵扣。

2. 退还增量留抵税额。

根据《关于深化增值税改革有关政策的公告》第八条的规定，自 2019 年 4 月 1 日起，试行增值税期末留抵税额退税制度。主要内容如下：

（1）对于同时符合下列条件（以下称符合留抵退税条件）的纳税人，可以向主管税务机关申请退还增量留抵税额：

①自 2019 年 4 月税款所属期起，连续 6 个月（按季纳税的，连续 2 个季度）增量留抵税额均大于零，且第 6 个月增量留抵税额不低于 50 万元。

②纳税信用等级为 A 级或者 B 级。

③申请退税前 36 个月未发生骗取留抵退税、出口退税或虚开增值税专用发票情形的。

④申请退税前 36 个月未因偷税被税务机关处罚两次及以上的。

⑤自 2019 年 4 月 1 日起未享受即征即退、先征后返（退）政策的。

（2）本公告所称增量留抵税额，是指与 2019 年 3 月底相比新增加的期末留抵税额。

（3）纳税人当期允许退还的增量留抵税额，按照以下公式计算：

允许退还的增量留抵税额＝增量留抵税额×进项构成比例×60%

进项构成比例，为 2019 年 4 月至申请退税前一税款所属期内已抵扣的增值税专用发票（含税控机动车销售统一发票）、海关进口增值税专用缴款书、解缴税款完税凭证注明的增值税额占同期全部已抵扣进项税额的比重。

（4）纳税人应在增值税纳税申报期内，向主管税务机关申请退还留抵税额。

（5）纳税人出口货物劳务、发生跨境应税行为，适用免抵退税办法的，办理免抵退税后，仍符合本公告规定条件的，可以申请退还留抵税额；适用免退税办法的，相关进项税额不得用于退还留抵税额。

（6）纳税人取得退还的留抵税额后，应相应调减当期留抵税额。按规定再次满足退税条件的，可以继续向主管税务机关申请退还留抵税额，但第（1）条①中规定的连续期间，不得重复计算。

（7）以虚增进项、虚假申报或其他欺骗手段，骗取留抵退税款的，由税务机关追缴其骗取的退税款，并按照《中华人民共和国税收征收管理法》等有关规定处理。

为支持小微企业和制造业等行业发展，提振市场主体信心、激发市场主体活力，根据《财政部税务总局关于进一步加大增值税期末留抵退税政策实施力度的公告》（财政部税务总局公告 2022 年第 14 号，以下简称 2022 年第 14 号公告），自 2022 年 4 月 1 日起，增值税期末留抵退税实施力度进一步加大，主要内容如下：

（1）加大小微企业增值税期末留抵退税政策力度，将先进制造业按月全额退还增值税增量留抵税额政策范围扩大至符合条件的小微企业（含个体工商户，下同），并一次性退还小微企业存量留抵税额。

①符合条件的小微企业，可以自 2022 年 4 月纳税申报期起向主管税务机关申请退还增量留抵税额。在 2022 年 12 月 31 日前，退税条件按下述本公告内容（3）的规定执行。

②符合条件的微型企业，可以自 2022 年 4 月纳税申报期起向主管税务机关申请一次性退还存量留抵税额；符合条件的小型企业，可以自 2022 年 5 月纳税申报期起向主管税务机关申请一次性退还存量留抵税额。

（2）加大"制造业""科学研究和技术服务业""电力、热力、燃气及水生产和供应业""软件和信息技术服务业""生态保护和环境治理业""交通运输、仓储和邮政业"（以下称制造业等行业）增值税期末留抵退税政策力度，将先进制造业按月全额退还增值税增量留抵税额政策范围扩大至符合条件的制造业等行业企业（含个体工商户，下同），并一次性退还制造业等行业企业存量留抵税额。

①符合条件的制造业等行业企业，可以自 2022 年 4 月纳税申报期起向主管税务机关申请退还增量留抵税额。

②符合条件的制造业等行业中型企业，可以自 2022 年 7 月纳税申报期起向主管税务机关申请一次性退还存量留抵税额；符合条件的制造业等行业大型企业，可以自 2022 年 10 月纳税申报期起向主管税务机关申请一次性退还存量留抵税额。

本公告所称制造业等行业企业，是指从事《国民经济行业分类》中"制造业""科学研究和技术服务业""电力、热力、燃气及水生产和供应业""软件和信息技术服务业""生态保护和环境治理业""交通运输、仓储和邮政业"业务相应发生的增值税销售额占全部增值税销售额的比重超过 50% 的纳税人。

上述销售额比重根据纳税人申请退税前连续 12 个月的销售额计算确定；申请退税前经营期不满 12 个月但满 3 个月的，按照实际经营期的销售额计算确定。

举例说明：甲纳税人 2021 年 5 月至 2022 年 4 月期间共取得增值税销售额 1 000 万元，其中：生产销售设备销售额 300 万元，提供交通运输服务销售额 300 万元，提供建筑服务销售额 400 万元。该纳税人 2021 年 5 月至 2022 年 4 月期间发生的制造业等行业销售额占比为 60%[（300 + 300)/1 000]。因此，该纳税人当期属于制造业等行业纳税人。

本公告所称中型企业、小型企业和微型企业，按照《中小企业划型标准规定》（工信部联企业〔2011〕300 号）和《金融业企业划型标准规定》（银发〔2015〕309 号）中的营业收入指标、资产总额指标确定。其中，资产总额指标按照纳税人上一会计年度年末值确定。营业收入指标按照纳税人上一会计年度增值税销售额确定；不满一个会计年度的，按照以下公式计算：

$$\text{增值税销售额（年）} = \frac{\text{上一会计年度企业实际存续期间增值税销售额}}{\text{企业实际存续月数}} \times 12$$

本公告所称增值税销售额，包括纳税申报销售额、稽查查补销售额、纳税评估调整销售额。适用增值税差额征税政策的，以差额后的销售额确定。

对于工信部联企业〔2011〕300 号和银发〔2015〕309 号文件所列行业以外的纳税人，以及工信部联企业〔2011〕300 号文件所列行业但未采用营业收入指标或资产总额指标划型确定的纳税人，微型企业标准为增值税销售额（年）100 万元以下（不含 100 万元）；小型企业标准为增值税销售额（年）2 000 万元以下（不含 2 000 万元）；中型企业标准为增值税销售额（年）1 亿元以下（不含 1 亿元）。

本公告所称大型企业，是指除上述中型企业、小型企业和微型企业外的其他企业。

（3）适用该公告政策的纳税人需同时符合以下条件：

①纳税信用等级为 A 级或者 B 级；

②申请退税前 36 个月未发生骗取留抵退税、骗取出口退税或虚开增值税专用发票情形；

③申请退税前 36 个月未因偷税被税务机关处罚两次及以上；

④2019 年 4 月 1 日起未享受即征即退、先征后返（退）政策。

（4）本公告所称增量留抵税额，区分以下情形确定：

①纳税人获得一次性存量留抵退税前，增量留抵税额为当期期末留抵税额与 2019 年 3 月 31 日相比新增加的留抵税额。

②纳税人获得一次性存量留抵退税后，增量留抵税额为当期期末留抵税额。

举例说明：天河纳税人 2019 年 3 月 31 日的期末留抵税额为 100 万元，2022 年 7 月 31 日的期末留抵税额为 120 万元，在 8 月纳税申报期申请增量留抵退税时，如果此前未获得一次性存量留抵退税，该纳税人的增量留抵税额为 20 万元（120 − 100 = 20）；如果此前已获得一次性存量留抵退税，该纳税人的增量留抵税额为 120 万元。

（5）本公告所称存量留抵税额，区分以下情形确定：

①纳税人获得一次性存量留抵退税前，当期期末留抵税额大于或等于 2019 年 3 月 31 日期末留抵税额的，存量留抵税额为 2019 年 3 月 31 日期末留抵税额；当期期末留抵税额小于 2019 年 3 月 31 日期末留抵税额的，存量留抵税额为当期期末留抵税额。

②纳税人获得一次性存量留抵退税后，存量留抵税额为零。

举例说明：天河微型企业 2019 年 3 月 31 日的期末留抵税额为 100 万元，2022 年 4 月申请一次性存量留抵退税时，如果当期期末留抵税额为 130 万元，该纳税人的存量留抵税额为 100 万元；如果当期期末留抵税额为 90 万元，该纳税人的存量留抵税额为 90 万元。该纳税人在 4 月获得存量留抵退税后，将再无存量留抵税额。

（6）适用本公告政策的纳税人，按照以下公式计算允许退还的留抵税额：

允许退还的增量留抵税额 = 增量留抵税额 × 进项构成比例 × 100%

允许退还的存量留抵税额 = 存量留抵税额 × 进项构成比例 × 100%

进项构成比例，为 2019 年 4 月至申请退税前一税款所属期已抵扣的增值税专用发票（含带有"增值税专用发票"字样全面数字化的电子发票、税控机动车销售统一发票）、收费公路通行费增值税电子普通发票、海关进口增值税专用缴款书、解缴税款完税凭证注明的增值税额占同期全部已抵扣进项税额的比重。

（7）为减轻纳税人退税核算负担，在计算进项构成比例时，纳税人在 2019 年 4 月至申请退税前一税款所属期内发生的进项税额转出部分无须扣减。

为方便纳税人办理增值税期末留抵税额退税，在计算允许退还的留抵税额的进项构成比例时，纳税人在 2019 年 4 月至申请退税前一税款所属期内按规定转出的进项税额，无须从已抵扣的增值税专用发票（含带有"增值税专用发票"字样全面数字化的电子发票、税控机动车销售统一发票）、收费公路通行费增值税电子普通发票、海关进口增值税专用缴款书、解缴税款完税凭证注明的增值税额中扣减。

举例说明：天河制造业纳税人 2019 年 4 月至 2022 年 3 月取得的进项税额中，增值税专用发票 500 万元，道路通行费电子普通发票 100 万元，海关进口增值税专用缴款书 200 万元，农产品收购发票抵扣进项税额 200 万元。2021 年 12 月，该纳税人因发生非正常损失，此前已抵扣的增值税专用发票中，有 50 万元进项税额按规定作进项税转出。该纳税人 2022 年 4 月按照 14 号公告的规定申请留抵退税时，进项构成比例的计算方法为：进项构成比例 =（500 + 100 + 200）÷（500 + 100 + 200 + 200）× 100% = 80%。进项转出的 50 万元，在上述计算公式的分子、分母中均无须扣减。

（8）纳税人出口货物劳务、发生跨境应税行为，适用免抵退税办法的，应先办理免抵退税。免抵退税办理完毕后，仍符合本公告规定条件的，可以申请退还留抵税额；适用免退税办法的，相关进项税额不得用于退还留抵税额。

（9）纳税人自 2019 年 4 月 1 日起已取得留抵退税款的，不得再申请享受增值税即征即退、先征后返（退）政策。纳税人可以在 2022 年 10 月 31 日前一次性将已取得的留抵退税款全部缴回后，按规定申请享受增值税即征即退、先征后返（退）政策。

纳税人自 2019 年 4 月 1 日起已享受增值税即征即退、先征后返（退）政策的，可以在 2022 年 10 月 31 日前一次性将已退还的增值税即征即退、先征后返（退）税款全部缴回后，按规定申请退还留抵税额。

（10）纳税人可以选择向主管税务机关申请留抵退税，也可以选择结转下期继续抵扣。纳税人应在纳税申报期内，完成当期增值税纳税申报后申请留抵退税。2022 年 4 月至 6 月的留抵退税申请时间，延长至每月最后一个工作日。

纳税人可以在规定期限内同时申请增量留抵退税和存量留抵退税。同时符合前述（1）和（2）相关留抵退税政策的纳税人，可任意选择申请适用上述留抵退税政策。

（11）纳税人取得退还的留抵税额后，应相应调减当期留抵税额。

如果发现纳税人存在留抵退税政策适用有误的情形，纳税人应在下个纳税申报期结束前缴回相关留抵退税款。

以虚增进项、虚假申报或其他欺骗手段，骗取留抵退税款的，由税务机关追缴其骗取的退税款，并按照《中华人民共和国税收征收管理法》等有关规定处理。

（12）适用本公告规定留抵退税政策的纳税人办理留抵退税的税收管理事项，继续按照现行规定执行。

（13）除上述纳税人以外的其他纳税人申请退还增量留抵税额的规定，继续按照2019年第39号公告执行，其中，关于"进项构成比例"的相关规定，按照前述本公告内容第（6）条的规定执行。

（14）各级财政和税务部门务必高度重视留抵退税工作，摸清底数、周密筹划、加强宣传、密切协作、统筹推进，并分别于2022年4月30日、6月30日、9月30日、12月31日前，在纳税人自愿申请的基础上，集中退还微型、小型、中型、大型企业存量留抵税额。税务部门结合纳税人留抵退税申请情况，规范高效便捷地为纳税人办理留抵退税。

（15）本公告自2022年4月1日起施行。《财政部　税务总局关于明确部分先进制造业增值税期末留抵退税政策的公告》（财政部　税务总局公告2019年第84号）、《财政部　税务总局关于明确国有农用地出租等增值税政策的公告》（财政部　税务总局公告2020年第2号）第六条、《财政部税务总局关于明确先进制造业增值税期末留抵退税政策的公告》（财政部税务总局公告2021年第15号）同时废止。

为进一步加大增值税留抵退税政策实施力度，着力稳市场主体稳就业，根据《财政部　税务总局关于扩大全额退还增值税留抵税额政策行业范围的公告》（财政部　税务总局公告2022年第21号，以下简称2022年第21号公告），进一步扩大了全额退还增值税留抵税额政策行业的范围，主要内容如下：

（1）扩大全额退还增值税留抵税额政策行业范围：自2022年7月1日起，将2022年第14号公告规定的制造业等行业按月全额退还增值税增量留抵税额、一次性退还存量留抵税额的政策范围，扩大至"批发和零售业""农、林、牧、渔业""住宿和餐饮业""居民服务、修理和其他服务业""教育""卫生和社会工作""文化、体育和娱乐业"（以下称批发零售业等行业）的企业（含个体工商户，下同）。

①符合条件的批发零售业等行业企业，可以自 2022 年 7 月纳税申报期起向主管税务机关申请退还增量留抵税额。

②符合条件的批发零售业等行业企业，可以自 2022 年 7 月纳税申报期起向主管税务机关申请一次性退还存量留抵税额。

（2）2022 年第 14 号公告和 2022 年第 21 号公告所称制造业、批发零售业等行业企业，是指从事《国民经济行业分类》中"批发和零售业""农、林、牧、渔业""住宿和餐饮业""居民服务、修理和其他服务业""教育""卫生和社会工作""文化、体育和娱乐业""制造业""科学研究和技术服务业""电力、热力、燃气及水生产和供应业""软件和信息技术服务业""生态保护和环境治理业""交通运输、仓储和邮政业"业务相应发生的增值税销售额占全部增值税销售额的比重超过 50% 的纳税人。

上述销售额比重根据纳税人申请退税前连续 12 个月的销售额计算确定；申请退税前经营期不满 12 个月但满 3 个月的，按照实际经营期的销售额计算确定。

该条规定自 2022 年 7 月 1 日起执行。

（3）按照 2022 年第 14 号公告第六条规定适用《中小企业划型标准规定》（工信部联企业〔2011〕300 号）和《金融业企业划型标准规定》（银发〔2015〕309 号）时，纳税人的行业归属，根据《国民经济行业分类》关于以主要经济活动确定行业归属的原则，以上一个会计年度从事《国民经济行业分类》对应业务增值税销售额占全部增值税销售额比重最高的行业确定。该条规定自公告发布之日起执行。

（4）制造业、批发零售业等行业企业申请留抵退税的其他规定，继续按照 2022 年第 14 号公告等有关规定执行。

二、简易征税方法应纳税额的计算

（一）税额计税公式

简易计税方法的应纳税额是指按照销售额和增值税征收率计算的增值税额，不得抵扣进项税额。当期应纳税额计算，公式为：

$$当期应纳增值税税额 = 当期销售额（不含税）× 征收率$$
$$= 含税销售额 ÷ (1 + 征收率) × 征收率$$

销售额是指纳税人发生应税行为取得的全部价款和价外费用，财政部和国家税务总局另有规定的除外。销售额以人民币计算。

纳税人按照人民币以外的货币结算销售额的，应当折合成人民币计算，折合率可以选择销售额发生的当天或者当月 1 日的人民币汇率

2-25 习题
例 2-23 及答案

2-26 习题
例 2-24 及答案

2-27 习题
例 2-25 及答案

2-28 习题
例 2-26 及答案

中间价。纳税人应当在事先确定采用何种折合率，确定后 12 个月内不得变更。

纳税人适用简易计税方法计税的，因销售折让、中止或者退回而退还给购买方的销售额，应当从当期销售额中扣减。扣减当期销售额后仍有余额造成多缴的税款，可以从以后的应纳税额中扣减。

（二）一般纳税人简易计税方法

一般纳税人发生财政部和国家税务总局规定的特定应税销售行为，也可以选择适用简易计税方法计税，但是不得抵扣进项税额。其主要包括以下情况：

1. 县级及县级以下小型水力发电单位生产的自产电力。小型水力发电单位，是指各类投资主体建设的装机容量为 5 万千瓦以下（含 5 万千瓦）的小型水力发电单位。

2. 自产建筑用和生产建筑材料所用的砂、土、石料。

3. 以自己采掘的砂、土、石料或其他矿物连续生产的砖、瓦、石灰（不含黏土实心砖、瓦）。

4. 自己用微生物、微生物代谢产物、动物毒素、人或动物的血液或组织制成的生物制品。

5. 自产的自来水。

6. 自来水公司销售自来水。

7. 自产的商品混凝土（仅限于以水泥为原料生产的水泥混凝土）。

8. 单采血浆站销售非临床用人体血液。

9. 寄售商店代销寄售物品（包括居民个人寄售的物品在内）。

10. 典当业销售的死当物品。

11. 药品经营企业销售生物制品。

12. 公共交通运输服务。公共交通运输服务，包括轮客渡、公交客运、地铁城市轻轨、出租车、长途客运、班车等。班车，是指按固定路线、固定时间运营并在固定站点停靠的运送旅客的陆路运输服务。

13. 经认定的动漫企业为开发动漫产品提供的动漫脚本编撰、形象设计、背景设计、动画设计、分镜、动画制作、摄制、描线、上色、画面合成、配音、配乐、音效合成、剪辑、字幕制作、压缩转码（面向网络动漫、手机动漫格式适配）服务，以及在境内转让动漫版权（包括动漫品牌、形象或者内容的授权及再授权）。

14. 电影放映服务、仓储服务、装卸搬运服务、收派服务和文化体育服务。

15. 以纳入营改增试点之日前取得的有形动产为标的物提供的经营租赁服务。

16. 在纳入营改增试点之日前签订的尚未执行完毕的有形动产租赁合同。

17. 以清包工方式提供的建筑服务。以清包工方式提供建筑服务，是指施工方不采购建筑工程所需的材料或只采购辅助材料，并收取人工费、管理费或者其他费用的建筑服务。

18. 为甲供工程提供的建筑服务。甲供工程，是指全部或部分设备、材料、动力由工程发包方自行采购的建筑工程。

19. 销售 2016 年 4 月 30 日前取得的不动产。

20. 房地产开发企业销售自行开发的房地产老项目。房地产老项目是指：

（1）《建筑工程施工许可证》注明的合同开工日期在 2016 年 4 月 30 日前的建筑工程项目；

（2）未取得《建筑工程施工许可证》的，建筑工程承包合同注明的开工日期在 2016 年 4 月 30 日前的建筑工程项目。

21. 出租 2016 年 4 月 30 日前取得的不动产。

22. 提供非学历教育服务。

23. 一般纳税人收取试点前开工的一级公路、二级公路、桥、闸通行费。

24. 一般纳税人提供人力资源外包服务。

25. 一般纳税人 2016 年 4 月 30 日前签订的不动产融资租赁合同，或以 2016 年 4 月 30 日前取得的不动产提供的融资租赁服务。

26. 纳税人转让 2016 年 4 月 30 日前取得的土地使用权。

27. 一般纳税人提供劳务派遣服务，可以选择差额纳税，以取得的全部价款和价外费用，扣除代用工单位支付劳务派遣员工的工资、福利和为其办理社会保险及住房公积金后的余额为销售额，按照简易计税方法依 5% 的征收率计算缴纳增值税。

28. 一般纳税人销售电梯的同时提供安装服务，其安装服务可以按照甲供工程选择适用简易计税方法计税。一般纳税人销售外购机器设备的同时提供安装服务，如果已经按照兼营的有关规定，分别核算机器设备和安装服务的销售额，安装服务可以按照甲供工程选择适用简易计税方法计税。

29. 房地产开发企业中的一般纳税人以围填海方式取得土地并开发的房地产项目，围填海工程《建筑工程施工许可证》或建筑工程承包合同注明的围填海开工日期在 2016 年 4 月 30 日前的，属于房地产老项目，可以选择适用简易计税方法按照 5% 的征收率计算缴纳增值税。

30. 非企业性单位中的一般纳税人提供的研发和技术服务、信息技术服务、鉴证咨询服务，以及销售技术、著作权等无形资产，可以选择简易计税方法按照 3% 的征收率计算缴纳增值税。

非企业性单位中的一般纳税人提供"技术转让、技术开发和与之相关的技术咨询、技术服务"，可以参照上述规定，选择简易计税方法按照 3% 的征收率计算缴纳增值税。

31. 一般纳税人提供教育辅助服务，可以选择简易计税方法，按照 3% 的征收率计算缴纳增值税。

32. 一般纳税人生产销售和批发、零售抗癌药品，可选择按照简易办法依照 3% 的征收率计算缴纳增值税。抗癌药品是指经国家药品监督管理部门批准注册的抗癌制剂及原料药。抗癌药品范围实行动态调整。

33. 一般纳税人生产销售和批发、零售罕见病药品，可选择按照简易办法依照 3% 的征收率计算缴纳增值税。纳税人应单独核算罕见病药品的销售额。未单独核算的，不得适用上述规定的简易征收政策。

罕见病药品是指经国家药品监督管理部门批准注册的罕见病药品制剂及原料药。罕见病药品范围实行动态调整。

34. 从事再生资源回收的一般纳税人销售其收购的再生资源，可以选择适用简易计税方法依照 3% 征收率计算缴纳增值税。再生资源是指在社会生产和生活消费过程中产生的，已经失去原有全部或部分使用价值，经过回收、加工处理，能够使其重新获得使用价值的各种废弃物。其中，加工处理仅限于清洗、挑选、破碎、切割、拆解、打包等改变再生资源密度、湿度、长度、粗细、软硬等物理性状的简单加工。纳税人选择适用简易计税方法，应符合下列条件之一：①从事危险废物收集的纳税人，应符合国家危险废物经营许可证管理办法的要求，取得危险废物经营许可证。②从事报废机动车回收的纳税人，应符合国家商务主管部门出台的《报废机动车回收管理办法》要求，取得报废机动车回收拆解企业资质认定证书。③除危险废物、报废机动车外，其他再生资源回收纳税人应符合国家商务主管部门出台的再生资源回收管理办法要求，进行市场主体登记，并在商务部门完成再生资源回收经营者备案。

一般纳税人发生财政部和国家税务总局规定的特定应税销售行为，一经选择适用简易计税方法计税，36 个月内不得变更。

一般纳税人采用简易计税方法如表 2-10 所示。

表 2-10　　　　一般纳税人采用简易计税方法的情形

具体事项	适用范围	征收率
公共交通运输服务	包括轮客渡，公交客运、地铁、城市轻轨、出租车长途客运、班车	3%
动漫产品的相关服务	动漫企业认定管理办法（试行）	3%

续表

具体事项	适用范围	征收率
电影放映服务		3%
仓储服务		3%
装卸搬运服务		3%
收派服务		3%
文化体育服务		3%
建筑服务	以清包工方式、为甲供工程或者为建筑工程老项目提供的建筑服务	3%
有形动产租赁服务	"营改增"前发生的有形动产租赁服务	3%
不动产租赁服务	"营改增"前取得的不动产	5%
不动产销售	"营改增"取得或自建的不动产	5%

（三）简易计税方式中可按销售差额计税的情形

1. 纳税人提供建筑服务适用简易计税方法的，以取得的全部价款和价外费用扣除支付的分包款后的余额为销售额。分包款是指支付给分包方的全部价款和价外费用。

2. 物业管理服务的纳税人，向服务接受方收取的自来水水费，以扣除其对外支付的自来水水费后的余额为销售额，按照简易计税方法依照3%的征收率计算缴纳增值税。

3. 小规模纳税人提供劳务派遣服务，可以以取得的全部价款和价外费用为销售额，按照简易计税方法依照3%的征收率计算缴纳增值税；也可以选择差额纳税，以取得的全部价款和价外费用，扣除代用工单位支付给劳务派遣员工的工资、福利和为其办理社会保险及住房公积金后的余额为销售额，按照简易计税方法依照5%的征收率计算缴纳增值税。

选择差额纳税的纳税人，向用工单位收取用于支付给劳务派遣员工工资、福利和为其办理社会保险及住房公积金的费用，不得开具增值税专用发票，可以开具普通发票。

4. 一般纳税人提供劳务派遣服务，可以选择差额纳税，以取得的全部价款和价外费用，扣除代用工单位支付劳务派遣员工的工资、福利和为其办理社会保险及住房公积金后的余额为销售额，按照简易计税方法依照5%的征收率计算缴纳增值税。

三、纳税人转让不动产增值税征收管理暂行办法

纳税人转让其取得的不动产包括以直接购买、接受捐赠、接受投

资入股、自建以及抵债等各种形式取得的不动产，适用该办法。房地产开发企业销售自行开发的房地产项目不适用本办法。

纳税人转让不动产，按照本办法规定应向不动产所在地主管地税机关预缴税款而自应当预缴之月起超过 6 个月没有预缴税款的，由机构所在地主管国税机关按照《中华人民共和国税收征收管理法》及相关规定进行处理。

纳税人转让不动产，未按照本办法规定缴纳税款的，由主管税务机关按照《中华人民共和国税收征收管理法》及相关规定进行处理。

（一）一般纳税人转让其取得的不动产

一般纳税人转让其 2016 年 4 月 30 日前取得（不含自建）的不动产，可以选择适用简易计税方法计税，以取得的全部价款和价外费用扣除不动产购置原价或者取得不动产时的作价后的余额为销售额，按照 5% 的征收率计算应纳税额。纳税人应按照上述计税方法向不动产所在地主管地税机关预缴税款，向机构所在地主管国税机关申报纳税。

一般纳税人转让其 2016 年 4 月 30 日前自建的不动产，可以选择适用简易计税方法计税，以取得的全部价款和价外费用为销售额，按照 5% 的征收率计算应纳税额。纳税人应按照上述计税方法向不动产所在地主管地税机关预缴税款，向机构所在地主管国税机关申报纳税。

一般纳税人转让其 2016 年 4 月 30 日前取得（不含自建）的不动产，选择适用一般计税方法计税的，以取得的全部价款和价外费用为销售额计算应纳税额。纳税人应以取得的全部价款和价外费用扣除不动产购置原价或者取得不动产时的作价后的余额，按照 5% 的预征率向不动产所在地主管地税机关预缴税款，向机构所在地主管国税机关申报纳税。

一般纳税人转让其 2016 年 4 月 30 日前自建的不动产，选择适用一般计税方法计税的，以取得的全部价款和价外费用为销售额计算应纳税额。纳税人应以取得的全部价款和价外费用，按照 5% 的预征率向不动产所在地主管地税机关预缴税款，向机构所在地主管国税机关申报纳税。

一般纳税人转让其 2016 年 5 月 1 日后取得（不含自建）的不动产，适用一般计税方法，以取得的全部价款和价外费用为销售额计算应纳税额。纳税人应以取得的全部价款和价外费用扣除不动产购置原价或者取得不动产时的作价后的余额，按照 5% 的预征率向不动产所在地主管地税机关预缴税款，向机构所在地主管国税机关申报纳税。

一般纳税人转让其 2016 年 5 月 1 日后自建的不动产，适用一般计税方法，以取得的全部价款和价外费用为销售额计算应纳税额。纳税人应以取得的全部价款和价外费用，按照 5% 的预征率向不动产所在地主管

在地主管地税机关预缴税款，向机构所在地主管国税机关申报纳税。

纳税人转让其取得的不动产，向不动产所在地主管地税机关预缴的增值税税款，可以在当期增值税应纳税额中抵减，抵减不完的，结转下期继续抵减，纳税人以预缴税款抵减应纳税额，应以完税凭证作为合法有效凭证。

（二）小规模纳税人转让其取得的不动产

除个人转让其购买的住房外，按照以下规定缴纳增值税：

小规模纳税人转让其取得（不含自建）的不动产，以取得的全部价款和价外费用扣除不动产购置原价或者取得不动产时的作价后的余额为销售额，按照5%的征收率计算应纳税额。

小规模纳税人转让其自建的不动产，以取得的全部价款和价外费用为销售额，按照5%的征收率计算应纳税额。

小规模纳税人转让其取得的不动产，不能自行开具增值税发票的，可向不动产所在地主管地税机关申请代开。

除其他个人之外的小规模纳税人，应按照本条规定的计税方法向不动产所在地主管地税机关预缴税款，向机构所在地主管国税机关申报纳税；其他个人按照本条规定的计税方法向不动产所在地主管地税机关申报纳税。

纳税人转让其取得的不动产，向不动产所在地主管地税机关预缴的增值税税款，可以在当期增值税应纳税额中抵减，抵减不完的，结转下期继续抵减，纳税人以预缴税款抵减应纳税额，应以完税凭证作为合法有效凭证。

（三）个人转让其购买的住房

个人转让其购买的住房，按照有关规定全额缴纳增值税的，以取得的全部价款和价外费用为销售额，按照5%的征收率计算应纳税额。

个人转让其购买的住房，按照有关规定差额缴纳增值税的，以取得的全部价款和价外费用扣除购买住房价款后的余额为销售额，按照5%的征收率计算应纳税额。

个体工商户应按照本条规定的计税方法向住房所在地主管地税机关预缴税款，向机构所在地主管国税机关申报纳税；其他个人应按照本条规定的计税方法向住房所在地主管地税机关申报纳税。

（四）其他个人转让其取得的不动产

其他个人及其他个人以外的纳税人转让其取得的不动产应区分以下情形计算应向不动产所在地主管地税机关预缴的税款：

以转让不动产取得的全部价款和价外费用作为预缴税款计算依据

的，计算公式为：

$$应预缴税款 = 全部价款和价外费用 ÷ (1 + 5\%) × 5\%$$

以转让不动产取得的全部价款和价外费用扣除不动产购置原价或者取得不动产时的作价后的余额作为预缴税款计算依据的，计算公式为：

$$应预缴税款 = \left(\begin{array}{c}全部价款和\\价外费用\end{array} - \begin{array}{c}不动产购置原价或者\\取得不动产时的作价\end{array}\right) ÷ (1 + 5\%) × 5\%$$

纳税人向其他个人转让其取得的不动产，不得开具或申请代开增值税专用发票。

第六节　进口环节税额计算

一、进口环节增值税的征收范围及纳税人

（一）进口环节增值税征税范围

1. 申报进入中华人民共和国海关境内的货物，均应缴纳增值税。

确定一项货物是否属于进口，必须首先看其是否有报关进口手续。只要是报关进口的应税货物，不论其是国外产制还是我国已出口而转销国内的货物，是进口者自行采购还是国外捐赠的货物，是进口者自用还是作为贸易或其他用途等，除另有规定外，均应按照规定缴纳进口环节的增值税。

自2018年6月1日起，对申报进口监管方式为1500（租赁不满一年）、1523（租赁贸易）、9800（租赁征税）的租赁飞机（税则品目：8802），海关停止代征进口环节增值税。进口租赁飞机增值税的征收管理，由税务机关按照现行增值税政策组织实施。

2. 从其他国家或地区进口《跨境电子商务零售进口商品清单》范围内的以下商品适用于跨境电子商务零售进口增值税税收政策：

（1）所有通过与海关联网的电子商务交易平台交易，能够实现交易、支付、物流电子信息"三单"比对的跨境电子商务零售进口商品。

（2）未通过与海关联网的电子商务交易平台交易，但快递、邮政企业能够统一提供交易、支付、物流等电子信息，并承诺承担相应法律责任进境的跨境电子商务零售进口商品。

不属于跨境电子商务零售进口的个人物品以及无法提供交易、支

付、物流等电子信息的跨境电子商务零售进口商品，按现行规定执行。

（二）进口环节增值税的纳税人

进口货物的收货人（承受人）或办理报关手续的单位和个人，为进口货物增值税的纳税义务人。也就是说，进口货物增值税纳税人的范围较宽，包括了国内一切从事进口业务的企业事业单位、机关团体和个人。

对于企业、单位和个人委托代理进口应征增值税的货物，鉴于代理进口货物的海关完税凭证，有的开具给委托方，有的开具给受托方的特殊性，对代理进口货物以海关开具的完税凭证上的纳税人为增值税纳税人。在实际工作中一般由进口代理者代缴进口环节增值税。纳税后，由代理者将已纳税款和进口货物价款费用等与委托方结算，由委托者承担已纳税款。

跨境电子商务零售进口商品按照货物征收关税和进口环节增值税、消费税，购买跨境电子商务零售进口商品的个人作为纳税义务人。电子商务企业、电子商务交易平台企业或物流企业可作为代收代缴义务人。

二、进口环节增值税的适用税率

进口环节的增值税税率与本章第三节的内容相同。

但是对进口抗癌药品，自 2018 年 5 月 1 日起，减按 3% 征收进口环节增值税。对进口罕见病药品，自 2019 年 3 月 1 日起，减按 3% 征收进口环节增值税。

对跨境电子商务零售进口商品的单次交易限值为人民币 5 000 元，个人年度交易限值为人民币 26 000 元以内进口的跨境电子商务零售进口商品，关税税率暂设为 0。

三、进口环节增值税应纳税额计算

纳税人进口货物，按照组成计税价格和规定的税率计算应纳税额。我们在计算增值税销项税额时直接用销售额作为计税依据或计税价格就可以了，但在进口产品计算增值税时我们不能直接得到类似销售额这么一个计税依据，而需要通过计算而得：即要计算组成计税价格。组成计税价格是指在没有实际销售价格时，按照税法规定计算出作为计税依据的价格。进口货物计算增值税的组成计税价格和应纳税额计算公式如下：

组成计税价格 = 关税完税价格 + 关税 + 消费税

$$应纳税额 = 组成计税价格 \times 税率$$

纳税人在计算进口货物的增值税时应该注意以下问题：

1. 进口货物增值税的组成计税价格中包括已纳关税税额，如果进口货物属于消费税应税消费品，其组成计税价格中还要包括进口环节已纳消费税税额。

2. 在计算进口环节的应纳增值税税额时不得抵扣任何税额，即在计算进口环节的应纳增值税税额时，不得抵扣发生在我国境外的各种税金。

以上两点实际上是贯彻了出口货物的目的地原则或称消费地原则。即对出口货物原则上在实际消费地征收商品税或货物税。对进口货物而言，出口这些货物的出口国在出口时并没有征收出口关税和增值税、消费税，到我国口岸时货物的价格基本就是到岸价格，即所谓的关税完税价格。如果此时不征关税和其他税收则与国内同等商品的税负差异就会很大。因此在进口时首先要对之征进口关税。如果是应征消费税的商品则要征消费税。

在这基础上才形成了增值税的计税依据即组成计税价格。这与国内同类商品的税基是一致的。

由于货物出口时出口国并没有征收过流转税，因此在进口时我们计算增值税时就不用进行进项税额抵扣。

3. 按照《中华人民共和国海关法》和《中华人民共和国进出口关税条例》的规定，一般贸易下进口货物的关税完税价格以海关审定的成交价格为基础的到岸价格作为完税价格。

成交价格是指一般贸易项下进口货物的买方为购买该项货物向卖方实际支付或应当支付的价格；到岸价格包括货价，加上货物运抵我国关境内输入地点起卸前的包装费、运费、保险费和其他劳务费等费用构成的一种价格。特殊贸易下进口的货物，由于进口时没有"成交价格"可作依据，《中华人民共和国进出口关税条例》对这些进口货物制定了确定其完税价格的具体办法。

4. 纳税人进口货物取得的合法海关完税凭证，是计算增值税进项税额的唯一依据，其价格差额部分以及从境外供应商取得的退还或返还的资金，不作进项税额转出处理。

5. 跨境电子商务零售进口商品按照货物征收关税和进口环节增值税、消费税，以实际交易价格（包括货物零售价格、运费和保险费）作为完税价格。

6. 跨境电子商务零售进口商品的进口环节增值税、消费税取消免征税额，暂按法定应纳税额的70%征收。完税价格超过5 000元单次交易限值但低于26 000元年度交易限值，且订单下仅一件商品时，可以自跨境电商零售渠道进口，按照货物税率全额征收关税和进口环节增值税、消费税，交易额计入年度交易总额，但年度交易总额超过年度交易限值的，应按一般贸易管理。

国家在规定对进口货物征税的同时，对某些进口货物制定了减免税的特殊规定，如属于"来料加工、进料加工"贸易方式进口国外的原材料、零部件等在国内加工后复出口的，对进口的料、件按规定给予免税或减税，但这些进口免、减税的料件若不能加工复出口，而是销往国内的，就要予以补税。对进口货物是否减免税由国务院统一规定，任何地方、部门都无权规定减免税项目。

四、进口环节增值税的管理

进口货物的增值税由海关代征。个人携带或者邮寄进境自用物品的增值税，连同关税一并计征。具体办法由国务院关税税则委员会会同有关部门制定。

进口货物增值税纳税义务发生时间为报关进口的当天，其纳税地点是进口人或其代理人向报关地海关申报纳税，其纳税期限应当自海关填发海关进口增值税专用缴款书之日起 15 日内缴纳税款。

跨境电子商务零售进口商品自海关放行之日起 30 日内退货的，可申请退税，并相应调整个人年度交易总额。跨境电子商务零售进口商品购买人（订购人）的身份信息应进行认证；未进行认证的，购买人（订购人）身份信息应与付款人一致。进口货物增值税的征收管理，依据《中华人民共和国税收征收管理法》《中华人民共和国海关法》《中华人民共和国进出口关税条例》和《进出口税则》的有关规定执行。

第七节　出口退免增值税及其计算

2-30　习题
例2-28及答案

出口货物、劳务和跨境应税行为退（免）税是国际贸易中通常采用的并为世界各国普遍接受的、目的在于鼓励各国出口货物公平竞争的一种退还或免征间接税（目前我国主要包括增值税、消费税）的税收措施，即对出口货物、劳务和跨境应税行为已承担或应承担的增值税和消费税等间接税实行退还或者免征。由于这项制度比较公平合理，因此它已成为国际社会通行的惯例。

我国的出口货物、劳务和跨境应税行为退（免）增值税是指在国际贸易业务中，对我国报关出口的货物、劳务和跨境应税行为退还或免征其在国内各生产和流转环节按税法规定缴纳的增值税，即对应

征收增值税的出口货物、劳务和跨境应税行为实行零税率（国务院另有规定除外）。

增值税出口货物、劳务和跨境应税行为的零税率，从税法上理解有两层含义：一是对本道环节生产或销售货物、劳务和跨境应税行为的增值部分免征增值税；二是对出口货物、劳务和跨境应税行为前道环节所含的进项税额进行退付。当然，由于各种货物、劳务和跨境应税行为出口政策不同，出口前涉及征免增值税的情况也有所不同，且由于出口政策是国家调控经济的手段，因此，对货物、劳务和跨境应税行为出口的不同情况，国家在遵循"征多少、退多少""未征不退和彻底退税"基本原则的基础上，制定了不同的增值税退（免）税处理办法。

一、出口货物、劳务和跨境应税行为退（免）增值税基本政策

世界各国为了鼓励本国货物出口，在遵循 WTO 基本规则的前提下，一般都采取优惠的税收政策。有的国家采取对该货物出口前所包含的税金在出口后予以退还的政策（即出口退税）；有的国家采取对出口的货物在出口前即予以免税的政策。我国则根据本国的实际，采取出口退税与免税相结合的政策。目前，我国的出口货物、劳务和跨境应税行为的增值税税收政策分为以下三种形式。

（一）出口免税并退税

即《关于出口货物劳务增值税和消费税政策的通知》（财税〔2012〕39 号，以下简称《通知》）中所说的"适用增值税退（免）税政策的范围"。出口免税是指对货物、劳务和跨境应税行为在出口销售环节免征增值税，这是把货物、劳务和跨境应税行为出口环节与出口前的销售环节都同样视为一个征税环节；出口退税是指对货物、劳务和跨境应税行为在出口前实际承担的税收负担，按规定的退税率计算后予以退还。

（二）出口免税不退税

即《通知》中所说的"适用增值税免税政策的范围"。出口免税与上述第 1 项含义相同。出口不退税是指适用这个政策的出口货物、劳务和跨境应税行为因在前一道生产、销售环节或进口环节是免税的，因此，出口时该货物、劳务和跨境应税行为的价格中本身就不含税，也无须退税。

（三）出口不免税也不退税

即《通知》中所说的"适用增值税征税政策的范围"。出口不免税是指对国家限制或禁止出口的某些货物、劳务和跨境应税行为的出口环节视同内销环节，照常征税；出口不退税是指对这些货物、劳务和跨境应税行为出口不退还出口前其所负担的税款。

增值税的出口退免征税如表2-11所示。

表2-11 增值税的出口退免征税

类型	含义	具体事项
出口退税	出口销售免税，进项税额退回	出口生产企业自营或委托出口货物
		出口企业或其他单位视同出口货物
		出口企业对外提供加工修理修配劳务
出口免税	出口销售免税，进项税额不退	特殊纳税人出口的免税货物
		免税出口货物
		视同出口免税的货物或劳务
		不符合申报规定的出口货物或劳务
出口征税	出口销售征税，进项税额抵扣	其他特殊出口货物或劳务
		被取消出口退免税资格的货物

二、增值税退（免）税办法

适用增值税退（免）税政策的出口货物、劳务和应税行为，按照下列规定实行增值税免、抵、退税或免、退税办法。

（一）"免、抵、退"税办法

适用增值税一般计税方法的生产企业出口自产货物与视同自产货物、对外提供加工修理修配劳务，以及列名的74家生产企业出口非自产货物，免征增值税，相应的进项税额抵减应纳增值税额（不包括适用增值税即征即退、先征后退政策的应纳增值税额），未抵减完的部分予以退还。

跨境应税行为适用增值税零税率政策的服务和无形资产情况见本章第三节的相关内容。

境内的单位和个人提供适用增值税零税率的服务或者无形资产，如果属于适用增值税一般计税方法的，生产企业实行"免、抵、退"税办法，外贸企业直接将服务或自行研发的无形资产出口，视同生产企业连同其出口货物统一实行"免、抵、退"税办法。

实行退（免）税办法的研发服务和设计服务，如果主管税务机关认定出口价格偏高的，有权按照核定的出口价格计算退（免）税，核定的出口价格低于外贸企业购进价格的，低于部分对应的进项税额不予退税，转入成本。

境内的单位和个人提供适用增值税零税率应税服务的，可以放弃适用增值税零税率，选择免税或按规定缴纳增值税。放弃适用增值税零税率后，36 个月内不得再申请适用增值税零税率。

（二）"免、退"税办法

不具有生产能力的出口企业（以下简称外贸企业）或其他单位出口货物、劳务，免征增值税，相应的进项税额予以退还。

适用增值税一般计税方法的外贸企业外购服务或者无形资产出口实行"免、退"税办法。

外贸企业外购研发服务和设计服务免征增值税，其对应的外购应税服务的进项税额予以退还。

三、增值税出口退税率

除财政部和国家税务总局根据国务院决定而明确的增值税出口退税率（以下称退税率）外，出口货物、服务和无形资产的退税率为其适用税率。目前我国增值税出口退税率分为五档，即 13%、10%、9%、6% 和零税率。

退税率的特殊规定有以下几点：

1. 外贸企业购进按简易办法征税的出口货物、从小规模纳税人购进的出口货物，其退税率分别为简易办法实际执行的征收率、小规模纳税人征收率。上述出口货物取得增值税专用发票的，退税率按照增值税专用发票上的税率和出口货物退税率孰低的原则确定。

2. 出口企业委托加工修理修配货物，其加工修理修配费用的退税率，为出口货物的退税率。

3. 中标机电产品、出口企业向海关报关进入特殊区域销售给特殊区域内生产企业生产耗用的列名原材料、输入特殊区域的水电气，其退税率为适用税率。如果国家调整列名原材料的退税率，列名原材料应当自调整之日起按调整后的退税率执行。

4. 适用不同退税率的货物、劳务及跨境应税行为，应分开报关、核算并申报退（免）税，未分开报关、核算或划分不清的，从低适用退税率。

四、出口退税额的计算

（一）增值税出口退（免）税的计算

出口货物、劳务的增值税退（免）税的计税依据，按出口货物、劳务的出口发票（外销发票）、其他普通发票或购进出口货物、劳务的增值税专用发票、海关进口增值税专用缴款书确定。

跨境应税行为的计税依据按照《适用增值税零税率应税服务退（免）税管理办法》（国家税务总局公告 2014 年第 11 号）执行。具体规定如下：

1. 生产企业出口货物、劳务（进料加工复出口货物除外）增值税退（免）税的计税依据，为出口货物、劳务的实际离岸价（FOB）。实际离岸价应以出口发票上的离岸价为准，但如果出口发票不能反映实际离岸价，主管税务机关有权予以核定。

2. 对进料加工出口货物，企业应以出口货物人民币离岸价扣除出口货物耗用的保税进口料件金额的余额为增值税退（免）税的计税依据。

3. 生产企业国内购进无进项税额且不计提进项税额的免税原材料加工后出口的货物的计税依据，按出口货物的离岸价（FOB）扣除出口货物所含的国内购进免税原材料的金额后确定。

4. 外贸企业出口货物（委托加工修理修配货物除外）增值税退（免）税的计税依据，为购进出口货物的增值税专用发票注明的金额或海关进口增值税专用缴款书注明的完税价格。

5. 外贸企业出口委托加工修理修配货物增值税退（免）税的计税依据，为加工修理修配费用增值税专用发票注明的金额。

6. 出口进项税额未计算抵扣的已使用过的设备增值税退（免）税的计税依据，按下列公式确定：

退（免）税计税依据 = 增值税专用发票上的金额或海关进口增值税专用缴款书注明的完税价格 × 已使用过的设备固定资产净值 ÷ 已使用过的设备原值

已使用过的设备固定资产净值 = 已使用过的设备原值 − 已使用过的设备已提累计折旧

7. 免税品经营企业销售的货物增值税退（免）税的计税依据，为购进货物的增值税专用发票注明的金额或海关进口增值税专用缴款书注明的完税价格。

8. 中标机电产品增值税退（免）税的计税依据分为两种情况：一是生产企业为销售机电产品的普通发票注明的金额；二是外贸企业

为购进货物的增值税专用发票注明的金额或海关进口增值税专用缴款书注明的完税价格。

9. 输入特殊区域的水电气增值税退（免）税的计税依据，为作为购买方的特殊区域内生产企业购进水（包括蒸汽）、电力、燃气的增值税专用发票注明的金额。

10. 跨境应税行为的退（免）税计税依据按下列规定执行：

（1）实行"免、抵、退"税办法的退（免）税计税依据：

①以铁路运输方式载运旅客的，为按照铁路合作组织清算规则清算后的实际运输收入。

②以铁路运输方式载运货物的，为按照铁路运输进款清算办法，对"发站"或"到站（局）"名称包含"境"字的货票上注明的运输费用以及直接相关的国际联运杂费清算后的实际运输收入。

③以航空运输方式载运货物或旅客的，如果国际运输或港澳台地区运输各航段由多个承运人承运的，为中国航空结算有限责任公司清算后的实际收入；如果国际运输或港澳台地区运输各航段由一个承运人承运的，为提供航空运输服务取得的收入。

④其他实行"免、抵、退"税办法的增值税零税率应税行为，为提供增值税零税率应税行为取得的收入。

（2）实行"免、退"税办法的退（免）税计税依据为购进应税服务的增值税专用发票或解缴税款的中华人民共和国税收缴款凭证上注明的金额。

实行退（免）税办法的服务和无形资产，如果主管税务机关认定出口价格偏高的，有权按照核定的出口价格计算退（免）税，核定的出口价格低于外贸企业购进价格的，低于部分对应的进项税额不予退税，转入成本。

增值税出口退税的计税依据如表 2 – 12 所示。

表 2 – 12　　　　　　　　增值税出口退税的计税依据

出口企业	出口货物范围	计税依据
生产企业	一般自产出口货物	实际离岸价（FOB）
	进料加工复出口货物	离岸价（FOB）——海关保税进口料件金额
	国内购进无进项税额且不计提进项税额的免税原材料加工后出口的货物	离岸价（FOB）——国内购进免税原材料金额
外贸企业	从境内外购进的货物	增值税专用发票注明的金额或海关进口增值税专用缴款书注明的完税价格
	委托加工修理修配货物	增值税专用发票注明的金额

（二）增值税免抵退税和免退税的计算

生产企业出口货物劳务增值税免抵退税，依下列公式计算。

1. 当期应纳税额的计算。

当期应纳税额＝当期销项税额－（当期进项税额－当期不得免征和抵扣税额）

当期不得免征和抵扣税额＝当期出口货物离岸价×外汇人民币折合率×（出口货物适用税率－出口货物退税率）－当期不得免征和抵扣税额抵减额

当期不得免征和抵扣税额抵减额＝当期免税购进原材料价格×（出口货物适用税率－出口货物退税率）

如果我们从会计制度看，上述"免、抵、退"税的计算原理更加清晰。根据企业会计制度的规定，对于实行"免、抵、退"税方法的生产企业，在会计上应当增设如下增值税专栏：

（1）"出口抵减内销产品应纳税额"借方专栏；

（2）"出口退税"贷方专栏。

另外，以"进项税额转出"贷方专栏核算"当期'免、抵、退'税不得免征和抵扣税额"，以"其他应收款——应收补贴款"科目核算"当期应退税额"相关会计处理为：

（1）根据"当期'免、抵、退'税不得免征和抵扣税额"：

借：主营业务成本

　　贷：应交税费——应交增值税（进项税额转出）

（2）根据"当期免抵税额"：

借：应交税费——应交增值税（出口抵减内销产品应纳税额）

　　贷：应交税费——应交增值税（出口退税）

（3）根据"当期应退税额"：

借：其他应收款——应收补贴款

　　贷：应交税费——应交增值税（出口退税）

这笔分录，才是真正的退税。根据"当期应退税额"的计算过程可得知，退的是期末未抵扣完的留抵进项税额。由此可见，"出口退税"贷方专栏核算的是"当期免抵税额"与"当期应退税额"之和，即税法中规定的"当期'免、抵、退'税额"（即出口销售额×退税率）。

（1）当期免抵退税额的计算。

$$当期免抵退税额＝当期出口货物离岸价×外汇人民币折合率×出口货物退税率－当期免抵退税额抵减额$$

$$当期免抵退税额抵减额＝当期免税购进原材料价格×出口货物退税率$$

（2）当期应退税额和免抵税额的计算。

当期期末留抵税额≤当期免抵退税额，则：当期应退税额＝当期期末留抵税额

$$当期免抵税额＝当期免抵退税额－当期应退税额$$

当期期末留抵税额＞当期免抵退税额，则：当期应退税额＝当期免抵退税额

$$当期免抵税额＝0$$

当期期末留抵税额为当期增值税纳税申报表中"期末留抵税额"。

生产企业出口退税额的计算如表 2－13 所示。

表 2－13　　　　　生产企业出口退税额的计算（退税当期）

计算步骤	代号	计算公式	备注
1. 进料加工保税进口料件的组成计税价格	A	进口料件到岸价格＋关税＋进口消费税	无免税 C 均购进原料时 A，B，C 均为 0
2. 免税购进原材料价格	B	免税国内购进原材料价格＋A	
3. 不得免征和抵扣税额抵减额	C	免税购进原料价格×（税率－退税率）	
4. 不得免征和抵扣税额	D	出口销售额×（税率－退税率）－C	剔除税额
5. 应纳税额	E	内销销项税额－（进项税额－D）	抵后余额负数＝期末留抵税额
6. 免抵退税额抵减额	G	免税购进原料价格 X 退税率	无免税购进原料时，G＝0
7. 免抵退税额	H	出口销售额 X 退税率－G	退免税限额
8.1 应退税额	X1	期末留抵税额（E）	E＜H
8.2 免抵税额	Y1	H－X1	
9.1 应退税额	X2	免抵退税额（H）	E＞H
9.2 免抵税额	Y2	H－X2，结转下期抵扣	

2. 外贸企业"先征后退"的计算方法。

不具有生产能力的出口企业（以下称外贸企业）或其他单位出口货物劳务，免征增值税，相应的进项税额予以退还。这种方法的基本思路是直接以购进货物的进项金额依照规定的退税率计算应还的税额。其计算公式为：

$$应退税额＝购进货物的进项金额×退税率$$

（1）外贸企业出口委托加工修理修配货物以外的货物：

$$增值税应退税额＝增值税退（免）税计税依据×出口货物退税率$$

（2）外贸企业出口委托加工修理修配货物：

$$出口委托加工修理修配货物的增值税应退税额＝委托加工修理修配的增值税退（免）税计税依据×出口货物退税率$$

2－31　习题
例 2－29 及答案

2－32　习题
例 2－30 及答案

2－33　习题
例 2－31 及答案

（3）小规模纳税人出口货物。

小规模纳税人出口货物应退税额的计算公式为：

$$应退税额 = 出口货物离岸价 ÷ （1 + 征收率） × 征收率$$

第八节　税收优惠

2 – 34　出口退税管理

一、增值税免税项目

1. 农业生产者销售的自产农产品。

农业生产者，包括从事农业生产的单位和个人。农产品是指种植业、养殖业、林业、牧业、水产业生产的各类植物、动物的初级产品。对上述单位和个人销售的外购农产品，以及单位和个人外购农产品生产、加工后销售的仍然属于规定范围的农产品，不属于免税的范围，应当按照规定的税率征收增值税。

纳税人采取"公司 + 农户"经营模式从事畜禽饲养，纳税人回收再销售畜禽，属于农业生产者销售自产农产品，应根据《中华人民共和国增值税暂行条例》的有关规定免征增值税。

人工合成牛胚胎的生产过程属于农业生产，纳税人销售自产人工合成牛胚胎应免征增值税。

2. 避孕药品和用具。

3. 古旧图书，是指向社会收购的古书和旧书。

4. 直接用于科学研究、科学试验和教学的进口仪器、设备。

5. 外国政府、国际组织无偿援助的进口物资和设备。

6. 由残疾人的组织直接进口供残疾人专用的物品。

7. 销售的自己使用过的物品。自己使用过的物品，是指其他个人自己使用过的物品。

二、《关于全面推开营业税改征增值税试点的通知》及有关部门规定的税收优惠政策

1. 托儿所、幼儿园提供的保育和教育服务。

公办托儿所、幼儿园免征增值税的收入是指在省级财政部门和价格主管部门审核报省级人民政府批准的收费标准以内收取的教育费、保育费。

民办托儿所、幼儿园免征增值税的收入是指在报经当地有关部门

备案并公示的收费标准范围内收取的教育费、保育费。

超过规定收费标准的收费，以开办实验班、特色班和兴趣班等为由另外收取的费用以及与幼儿入园挂钩的赞助费、支教费等超过规定范围的收入，不属于免征增值税的收入。

2. 养老机构提供的养老服务。

3. 残疾人福利机构提供的育养服务。

4. 婚姻介绍服务。

5. 殡葬服务。

6. 残疾人员本人为社会提供的服务。

7. 医疗机构提供的医疗服务。

8. 从事学历教育的学校提供的教育服务。

学历教育，是指受教育者经过国家教育考试或者国家规定的其他入学方式，进入国家有关部门批准的学校或者其他教育机构学习，获得国家承认的学历证书的教育形式。不包括职业培训机构等国家不承认学历的教育机构。提供教育服务免征增值税的收入是指对列入规定招生计划的在籍学生提供学历教育服务取得的收入，但是学校以各种名义收取的赞助费、择校费等，不属于免征增值税的范围。

9. 学生勤工俭学提供的服务。

10. 农业机耕、排灌、病虫害防治、植物保护、农牧保险以及相关技术培训业务，家禽、牲畜、水生动物的配种和疾病防治。

对于动物诊疗机构销售动物食品和用品，提供动物清洁、美容、代理看护等服务，应按照现行规定缴纳增值税。

11. 纪念馆、博物馆、文化馆、文物保护单位管理机构、美术馆、展览馆、书画院、图书馆在自己的场所提供文化体育服务取得的第一道门票收入。

12. 寺院、宫观、清真寺和教堂举办的文化、宗教活动的门票收入。

13. 行政单位之外的其他单位收取的符合规定条件的政府性基金和行政事业性收费（见本章第一节的相关内容）。

14. 个人转让著作权。

15. 个人销售自建自用住房。

16. 台湾航运公司、航空公司从事海峡两岸海上直航、空中直航业务在大陆取得的运输收入。

17. 纳税人提供的直接或者间接国际货物运输的代理服务。

18. 下列利息收入免征增值税：

（1）国家助学贷款。

（2）国债、地方政府债。

（3）人民银行对金融机构的贷款。

（4）住房公积金管理中心用住房公积金在指定的委托银行发放

的个人住房贷款。

（5）外汇管理部门在从事国家外汇储备经营过程中，委托金融机构发放的外汇贷款。

（6）统借统还业务中，企业集团或企业集团中的核心企业以及集团所属财务公司按不高于支付给金融机构的借款利率水平或者支付的债券票面利率水平，向企业集团或者集团内下属单位收取的利息。

统借方向资金使用单位收取的利息，高于支付给金融机构借款利率水平或者支付的债券票面利率水平的，应全额缴纳增值税。

（7）自 2018 年 11 月 7 日起至 2025 年 12 月 31 日止，对境外机构投资境内债券市场取得的债券利息收入暂免征收增值税。

19. 被撤销金融机构以货物、不动产、无形资产、有价证券、票据等财产清偿债务，除另有规定外，被撤销金融机构所属、附属企业，不享受被撤销金融机构增值税免税政策。

20. 保险公司开办的一年期以上人身保险产品取得的保费收入。

一年期以上人身保险是指保险期间为一年期及以上返还本利的人寿保险、养老年金保险，以及保险期间为一年期及以上的健康保险。

21. 再保险服务。

（1）境内保险公司向境外保险公司提供的完全在境外消费的再保险服务，免征增值税。

（2）纳税人提供再保险服务（境内保险公司向境外保险公司提供的再保险服务除外），实行与原保险服务一致的增值税政策。再保险合同对应多个原保险合同的，所有原保险合同均适用免征增值税政策时，该再保险合同适用免征增值税政策。否则，该再保险合同应按规定缴纳增值税。原保险服务是指保险分出方与投保人之间直接签订保险合同而建立保险关系的业务活动。

22. 下列金融商品转让收入：

（1）合格境外投资者（QFI）委托境内公司在我国从事证券买卖业务。

（2）香港市场投资者（包括单位和个人）通过沪港通和深港通买卖上海证券交易所和深圳证券交易所上市 A 股；内地投资者（包括单位和个人）通过沪港通买卖香港联交所上市股票。

（3）对香港市场投资者（包括单位和个人）通过基金互认买卖内地基金份额。

（4）证券投资基金（封闭式证券投资基金和开放式证券投资基金）管理人运用基金买卖股票、债券。

（5）个人从事金融商品转让业务。

23. 金融同业往来利息收入，包括金融机构与人民银行所发生的资金往来业务、银行联行往来业务、和金融机构间的资金往来业务、同业存款、同业借款、同业代付、买断式买入返售金融商品、持有金融债券和同业存单产生的利息收入。

但是，自2018年1月1日起，金融机构开展贴现、转贴现业务，以其实际持有票据期间取得的利息收入作为贷款服务销售额计算缴纳增值税。此前贴现机构已就贴现利息收入全额缴纳增值税的票据，转贴现机构转贴现利息收入继续免征增值税。

24. 国家商品储备管理单位及其直属企业承担商品储备任务，从中央或者地方财政取得的利息补贴收入和价差补贴收入。

25. 纳税人提供技术转让、技术开发和与之相关的技术咨询、技术服务。

与技术转让、技术开发相关的技术咨询、技术服务，是指转让方（或者受托方）根据技术转让或者开发合同的规定，为帮助受让方（或者委托方）掌握所转让（或者委托开发）的技术，而提供的技术咨询、技术服务业务，且这部分技术咨询、技术服务的价款与技术转让或者技术开发的价款应当在同一张发票上开具。

26. 同时符合下列条件的合同能源管理服务：

（1）节能服务公司实施合同能源管理项目相关技术，应当符合国家质量监督检验检疫总局和国家标准化管理委员会发布的《合同能源管理技术通则》（GB/T 24915—2010）规定的技术要求。

（2）节能服务公司与用能企业签订节能效益分享型合同，其合同格式和内容，符合《中华人民共和国合同法》和《合同能源管理技术通则》（GB/T 24915—2010）等规定。

27. 政府举办的从事学历教育的高等、中等和初等学校（不含下属单位），举办进修班、培训班取得的全部归该学校所有的收入。

举办进修班、培训班取得的收入进入该学校下属部门自行开设账户的，不予免征增值税。

28. 政府举办的职业学校设立的主要为在校学生提供实习场所，并由学校出资自办、由学校负责经营管理、经营收入归学校所有的企业，从事"现代服务"（不含融资租赁服务、广告服务和其他现代服务）、"生活服务"（不含文化体育服务、其他生活服务和桑拿、氧吧）业务活动取得的收入。

29. 家政服务企业由员工制家政服务员提供家政服务取得的收入。

30. 福利彩票、体育彩票的发行收入。

31. 军队空余房产租赁收入。

32. 企业、行政事业单位按房改成本价、标准价出售住房取得的收入。

33. 将土地使用权转让给农业生产者用于农业生产。

34. 涉及家庭财产分割的个人无偿转让不动产、土地使用权。

家庭财产分割包括：离婚财产分割；无偿赠与配偶、父母、子女、祖父母、外祖父母、孙子女、外孙子女、兄弟姐妹；无偿赠与对其承担直接抚养或者赡养义务的抚养人或者赡养人；房屋产权所有人死亡，法定继承人、遗嘱继承人或者受遗赠人依法取得房屋产权。

35. 土地所有者出让土地使用权和土地使用者将土地使用权归还给土地所有者。

36. 县级以上地方人民政府或自然资源行政主管部门出让、转让或收回自然资源使用权（不含土地使用权）。

37. 随军家属就业。

（1）为安置随军家属就业而新开办的企业，自领取税务登记证之日起，其提供的应税服务3年内免征增值税。

（2）从事个体经营的随军家属，自办理税务登记事项之日起，其提供的应税服务3年内免征增值税。

按照上述规定，每一名随军家属可以享受一次免税政策。

38. 军队转业干部就业。

（1）从事个体经营的军队转业干部，自领取税务登记证之日起，其提供的应税服务3年内免征增值税。

（2）为安置自主择业的军队转业干部就业而新开办的企业，凡安置自主择业的军队转业干部占企业总人数60%（含）以上的，自领取税务登记证之日起，其提供的应税服务3年内免征增值税。

39. 各党派、共青团、工会、妇联、中科协、青联、台联、侨联收取党费、团费、会费，以及政府间国际组织收取会费，属于非经营活动，不征收增值税。

40. 青藏铁路公司提供的铁路运输服务免征增值税。

41. 中国邮政集团公司及其所属邮政企业提供的邮政普遍服务和邮政特殊服务，免征增值税。

42. 中国邮政集团公司及其所属邮政企业为金融机构代办金融保险业务取得的代理收入免征增值税。

43. 全国社会保障基金理事会、全国社会保障基金投资管理人运用全国社会保障基金买卖证券投资基金、股票、债券取得的金融商品转让收入，免征增值税。

44. 对下列国际航运保险业务免征增值税：

（1）注册在上海、天津的保险企业从事国际航运保险业务。

（2）注册在深圳市的保险企业向注册在前海深港现代服务业合作区的企业提供国际航运保险业务。

（3）注册在平潭的保险企业向注册在平潭的企业提供国际航运保险业务。

45. 对社保基金会、社保基金投资管理人在运用社保基金投资过程中，提供贷款服务取得的全部利息及利息性质的收入和金融商品转让收入，免征增值税。

46. 境外教育机构与境内从事学历教育的学校开展中外合作办学，提供学历教育服务取得的收入免征增值税。

47. 纳税人取得的财政补贴收入，与其销售货物、劳务、服务、无形资产、不动产的收入或者数量直接挂钩的，应按规定计算缴纳增值税。纳税人取得的其他情形的财政补贴收入，不属于增值税应税收入，不征收增值税。

增值税免税优惠如表 2 – 14 所示。

表 2 – 14　　增值税免税优惠（条例、细则和"营改增"实施办法）

行为类型	具体行为	备注
销售货物	农业生产者销售的自产农业产品	
	个人销售的自己使用过的物品	除个体工商户以外的其他个人
	个人销售的未达到起征点的货物	
	避孕药品和用具，古旧图书	
进口货物	避孕药品和用具，古旧图书	
	进口仪器、设备	直接用于科学研究、科学试验和教学
	进口物资和设备	外国政府、国际组织无偿援助
	残疾人专用物品	残疾人组织直接进口
提供劳务	发生在境外的应税服务	建筑、工程监理、工程勘察勘探、会展、仓储、货物租赁、播映、文化体育、教育医疗、旅游、国际和港澳台运输、直接收费金融
	向境外单位销售且完全在境外消费的服务	电信、知识产权、物流辅助（仓储、收派服务除外）、鉴证咨询、专业技术、商务辅助以及广告服务
	为出口货物提供的服务	邮政服务、收派和保险服务
	国际运输服务	无运输工具承运业务经营者适用
转让无形资产	向地处单位销售且完全在境外消费的无形资产	无形资产完全在境外使用，且与境内的货物和不动产无关

三、增值税即征即退项目

纳税人享受增值税即征即退政策的主要规定如下：

1. 增值税一般纳税人销售其自行开发生产的软件产品，按 13% 税率征收增值税后对其增值税实际税负超过 3% 的部分实行即征即退政策。

增值税一般纳税人将进口软件产品进行本地化改造后对外销售，其销售的软件产品可享受上款规定的增值税即征即退政策。

2. 一般纳税人提供管道运输服务，对其增值税实际税负超过3%的部分实行增值税即征即退政策。

3. 经人民银行、银保监会或者商务部批准从事融资租赁业务的纳税人中的一般纳税人，提供有形动产融资租赁服务和有形动产融资性售后回租服务，对其增值税实际税负超过3%的部分实行增值税即征即退政策。

商务部授权的省级商务主管部门和国家经济技术开发区批准的从事融资租赁业务和融资性售后回租业务的一般纳税人，2016年5月1日后实收资本达到1.7亿元的，从达到标准的当月起按照上述规定执行；2016年5月1日后实收资本未达到1.7亿元但注册资本达到1.7亿元的，在2016年7月31日前仍可按照上述规定执行，2016年8月1日后开展的有形动产融资租赁业务和有形动产融资性售后回租业务不得按照上述规定执行。

4. 纳税人安置残疾人应享受增值税即征即退优惠政策：

（1）纳税人，是指安置残疾人的单位和个体工商户。

（2）纳税人本期应退增值税额按下列公式计算：

本期应退增值税额 = 本期所含月份每月应退增值税额之和

$$\frac{月应退增值}{税额} = \frac{纳税人本月安置}{残疾人员人数} \times \frac{本月月最低工资}{标准的4倍}$$

月最低工资标准是指纳税人所在区县（含县级市、旗）适用的经省（含自治区、直辖市、计划单列市）人民政府批准的月最低工资标准。

（3）纳税人新安置的残疾人从签订劳动合同并缴纳社会保险的次月起计算，其他职工从录用的次月起计算；安置的残疾人和其他职工减少的，从减少当月计算。

5. 资源综合利用产品和劳务增值税优惠政策。

纳税人销售自产综合利用产品和资源综合利用劳务，可享受增值税即征即退政策。退税比例包括30%、50%、70%和100%四个档次。

综合利用的资源名称、综合利用的产品和劳务名称、技术标准和相关条件、退税比例等按照《资源综合利用产品和劳务增值税优惠目录（2022年版）》（以下简称《目录》）的相关规定执行。

纳税人从事《目录》所列的资源综合利用项目，其申请享受增值税即征即退政策时，应同时符合下列条件：

（1）纳税人在境内收购的再生资源，应按规定从销售方取得增值税发票；适用免税政策的，应按规定从销售方取得增值税普通发票。销售方为依法依规无法申领发票的单位或者从事小额零星经营业务的自然人，应取得销售方开具的收款凭证及收购方内部凭证，或者税务机关代开的发票。本款所称小额零星经营业务是指自然人从事应税项目经营业务的销售额不超过增值税按次起征点的业务。

纳税人从境外收购的再生资源，应按规定取得海关进口增值税专用缴款书，或者从销售方取得具有发票性质的收款凭证、相关税费缴纳凭证。

（2）纳税人应建立再生资源收购台账，留存备查。台账内容包括：再生资源供货方单位名称或个人姓名及身份证号、再生资源名称、数量、价格、结算方式、是否取得增值税发票或符合规定的凭证等。纳税人现有账册、系统能够包括上述内容的，无须单独建立台账。

（3）销售综合利用产品和劳务，不属于国家发展和改革委员会《产业结构调整指导目录》中的淘汰类、限制类项目。

（4）销售综合利用产品和劳务，不属于生态环境部《环境保护综合名录》中的"高污染、高环境风险"产品或重污染工艺。

（5）综合利用的资源，属于生态环境部《国家危险废物名录》列明的危险废物的，应当取得省级或市级生态环境部门颁发的《危险废物经营许可证》，且许可经营范围包括该危险废物的利用。

（6）纳税信用级别不为 C 级或 D 级。

已享受增值税即征即退政策的纳税人，自不符合上述规定的条件以及《目录》规定的技术标准和相关条件的当月起，不再享受本即征即退政策。

（7）纳税人申请享受即征即退政策时，申请退税税款所属期前 6 个月（含所属期当期）不得发生下列情形：

①因违反生态环境保护的法律法规受到行政处罚（警告、通报批评或单次 10 万元以下罚款、没收违法所得、没收非法财物除外；单次 10 万元以下含本数，下同）。②因违反税收法律法规被税务机关处罚（单次 10 万元以下罚款除外），或发生骗取出口退税、虚开发票的情形。已享受增值税即征即退政策的纳税人，出现上述情形的，自处罚决定作出的当月起 6 个月内不得享受即征即退政策。如纳税人连续 12 个月内发生两次以上上述情形，自第二次处罚决定作出的当月起 36 个月内不得享受即征即退政策。相关处罚决定被依法撤销、变更、确认违法或者确认无效的，符合条件的纳税人可以重新申请办理退税事宜。

6. 增值税的退还。

纳税人本期已缴增值税额小于本期应退税额不足退还的，可在本年度内以前纳税期已缴增值税额扣除已退增值税额的余额中退还，仍不足退还的可结转本年度内以后纳税期退还。

年度已缴增值税额小于或等于年度应退税额的，退税额为年度已缴增值税额；年度已缴增值税额大于年度应退税额的，退税额为年度应退税额。年度已缴增值税额不足退还的，不得结转以后年度退还。

7. 纳税人享受增值税即征即退政策，有纳税信用级别条件要求的，以纳税人申请退税税款所属期的纳税信用级别确定。申请退税税款所属期内纳税信用级别发生变化的，以变化后的纳税信用级别确定。

四、增值税扣减税额项目

纳税人享受扣减增值税的主要规定如下：

1. 退役士兵创业就业。

对自主就业退役士兵从事个体经营的，自办理个体工商户登记当月起，在 3 年（36 个月，下同）内按每户每年 12 000 元为限额依次扣减其当年实际应缴纳的增值税、城市维护建设税、教育费附加、地方教育附加和个人所得税。限额标准最高可上浮 20%，各省、自治区、直辖市人民政府可根据本地区实际情况在此幅度内确定具体限额标准。

纳税人年度应缴纳税款小于上述扣减限额的，以其实际缴纳的税款为限；大于上述扣减限额的，应以上述扣减限额为限。纳税人的实际经营期不足 1 年的，应当按月换算其减免税限额。换算公式为：

$$减免税限额 = 年度减免税限额 \div 12 \times 实际经营月数$$

城市维护建设税、教育费附加、地方教育附加的计税依据是享受本项税收优惠政策前的增值税应纳税额。

2. 重点群体创业就业。

建档立卡贫困人口、持《就业创业证》（注明"自主创业税收政策"或"毕业年度内自主创业税收政策"）或《就业失业登记证》（注明"自主创业税收政策"）的人员，从事个体经营的，自办理个体工商户登记当月起，在 3 年（36 个月，下同）内按每户每年 12 000 元为限额依次扣减其当年实际应缴纳的增值税、城市维护建设税、教育费附加、地方教育附加和个人所得税。限额标准最高可上浮 20%，各省、自治区、直辖市人民政府可根据本地区实际情况在此幅度内确定具体限额标准。

纳税人年度应缴纳税款小于上述扣减限额的，以其实际缴纳的税款为限；大于上述扣减限额的，应以上述扣减限额为限。

五、增值税其他税收优惠

1. 金融企业发放贷款后，自结息日起 90 天内发生的应收未收利息按现行规定缴纳增值税，自结息日起 90 天后发生的应收未收利息暂不缴纳增值税，待实际收到利息时按规定缴纳增值税。

上述所称金融企业是指银行（包括国有、集体、股份制、合资、外资银行以及其他所有制形式的银行）、城市信用社、农村信用社、信托投资公司、财务公司。

2. 个人将购买不足 2 年的住房对外销售的，按照 5% 的征收率全额缴纳增值税；个人将购买 2 年以上（含 2 年）的住房对外销售的，免征增值税。

个人销售住房的增值税优惠政策如表 2 – 15 所示。

表 2 – 15　　　　　　　　　个人销售住房的增值税优惠

政策	个人销售住房	
	不足 2 年	2 年以上（含 2 年）
全国各地	5% 全额计税	免税

办理免税的具体程序、购买房屋的时间、开具发票、非购买形式取得住房行为及其他相关税收管理规定，按照《国务院办公厅转发建设部等部门关于做好稳定住房价格工作意见的通知》（国办发〔2005〕26 号）、《国家税务总局　财政部　建设部关于加强房地产税收管理的通知》（国税发〔2005〕89 号）和《国家税务总局关于房地产税收政策执行中几个具体问题的通知》（国税发〔2005〕172 号）的有关规定执行。

3. 资源综合利用产品和劳务增值税优惠政策。

纳税人销售自产的综合利用产品和提供资源综合利用劳务，可享受增值税即征即退政策。《资源综合利用产品和劳务增值税优惠目录》中将资源综合利用类别分为"共、伴生矿产资源""废渣、废水（液）、废气""再生资源""农林剩余物及其他""资源综合利用劳务"五大类。每一类下列举了具体的综合利用的资源名称、综合利用产品和劳务名称、技术标准和相关条件、退税比例。退税比例有 30%、50%、70% 和 100% 四个档次。

纳税人从事优惠目录所列的资源综合利用项目，享受规定的增值税即征即退政策时，应同时符合一些条件，如应属于增值税一般纳税人，销售综合利用产品和劳务不属于国家发展和改革委员会发布的

《产业结构调整指导目录》中的禁止、限制类项目等。

4. 2014年3月1日起，对外购用于生产乙烯、芳烃类化工产品（以下称特定化工产品）的石脑油、燃料油（以下称2类油品），且使用2类油品生产特定化工产品的产量占本企业用石脑油、燃料油生产各类产品总量50%（含）以上的企业，其外购2类油品的价格中消费税部分对应的增值税额，予以退还。

$$\frac{\text{予以退还的}}{\text{增值税额}} = \frac{\text{已缴纳消费税的}}{\text{2类油品数量}} \times \frac{\text{2类油品消费税}}{\text{单位税额}} \times 17\%$$

对符合上述规定条件的企业，在2014年2月28日前形成的增值税期末留抵税额，可在不超过其购进2类油品的价格中消费税部分对应的增值税额的规模下，申请一次性退还。2类油品的价格中消费税部分对应的增值税额，根据国家对2类油品开征消费税以来企业购进的已缴纳消费税的2类油品数量和消费税单位税额计算。增值税期末留抵税额，根据主管税务机关认可的增值税纳税申报表的金额计算。

5. 研发机构采购设备增值税政策。

为了鼓励科学研究和技术开发，促进科技进步，经国务院批准，继续对内资研发机构和外资研发中心采购国产设备全额退还增值税。现将有关事项明确如下：

（1）适用采购国产设备全额退还增值税政策的内资研发机构和外资研发中心包括：

①科技部会同财政部、海关总署和国家税务总局核定的科技体制改革过程中转制为企业和进入企业的主要从事科学研究和技术开发工作的机构；

②国家发展改革委会同财政部、海关总署和国家税务总局核定的国家工程研究中心；

③国家发展改革委会同财政部、海关总署、国家税务总局和科技部核定的企业技术中心；

④科技部会同财政部、海关总署和国家税务总局核定的国家重点实验室和国家工程技术研究中心；

⑤国务院部委、直属机构和省、自治区、直辖市、计划单列市所属专门从事科学研究工作的各类科研院所；

⑥国家承认学历的实施专科及以上高等学历教育的高等学校；

⑦符合本通知第二条规定的外资研发中心；

⑧财政部会同国务院有关部门核定的其他科学研究机构、技术开发机构和学校。

（2）外资研发中心，根据其设立时间，应分别满足下列条件：

①2009年9月30日及其之前设立的外资研发中心，应同时满足下列条件：

第一，研发费用标准：对外资研发中心，作为独立法人的，其投资总额不低于 500 万美元；"投资总额"是指外商投资企业批准证书或设立、变更备案回执所载明的金额。作为公司内设部门或分公司的非独立法人的，其研发总投入不低于 500 万美元；"研发总投入"是指外商投资企业专门为设立和建设本研发中心而投入的资产包括即将投入并签订购置合同的资产（应提交已采购资产清单和即将采购资产的合同清单）。

企业研发经费年支出额不低于 1 000 万元。"研发经费年支出额"是指近两个会计年度研发经费年均支出额；不足两个完整会计年度的，可按外资研发中心设立以来任意连续 12 个月的实际研发经费支出额计算；现金与实物资产投入应不低于 60%。

第二，专职研究与试验发展人员不低于 90 人。"专职研究与试验发展人员"是指企业科技活动人员中专职从事基础研究、应用研究和试验发展三类项目活动的人员包括直接参加上述三类项目活动的人员以及相关专职科技管理人员和为项目提供资料文献、材料供应、设备的直接服务人员，上述人员须与外资研发中心或其所在外商投资企业签订 1 年以上劳动合同，以外资研发中心提交申请的前 1 日人数为准。

第三，设立以来累计购置的设备原值不低于 1 000 万元。"设备"是指为科学研究、教学和科技开发提供必要条件的实验设备、装置和器械。在计算累计购置的设备原值时，应将进口设备和采购国产设备的原值一并计入包括已签订购置合同并于当年内交货的设备（应提交购置合同清单及交货期限），上述设备应属于本通知《科技开发、科学研究和教学设备清单》所列设备。对执行中国产设备范围存在异议的，由主管税务机关逐级上报国家税务总局商财政部核定。

②2009 年 10 月 1 日及其之后设立的外资研发中心，应同时满足下列条件：

第一，研发费用标准：作为独立法人的，其投资总额不低于 800 万美元；作为公司内设部门或分公司的非独立法人的，其研发总投入不低于 800 万美元。

第二，专职研究与试验发展人员不低于 150 人。

第三，设立以来累计购置的设备原值不低于 2 000 万元。

外资研发中心须经商务主管部门会同有关部门按照上述条件进行资格审核认定。2015 年 12 月 31 日（含）以前，已取得退税资格未满 2 年暂不需要进行资格复审的、按规定已复审合格的外资研发中心，在 2015 年 12 月 31 日享受退税未满 2 年的，可继续享受至 2 年期满。

经认定的外资研发中心，因自身条件变化不再符合退税资格的认定条件或发生涉税违法行为的，不得享受退税政策。

（3）适用退税政策的研发机构（包括内资研发机构和外资研发中心，以下简称"研发机构"）采购的国产设备，实行全额退还增值税。研发机构采购国产设备的应退税额，为增值税发票（包括增值税专用发票、增值税普通发票，下同）上注明的税额。

研发机构采购国产设备取得的增值税专用发票，已申报进项税额抵扣的，不得申报退税；已申报退税的，不得申报进项税额抵扣。研发机构已退税的国产设备，自增值税发票开具之日起3年内，设备所有权转移或移作他用的，研发机构须按照下列计算公式，向主管国税机关补缴已退税款。

$$\frac{应补}{税款} = \frac{增值税发票上}{注明的金额} \times \left(\frac{设备折}{余价值} \div \frac{设备}{原值}\right) \times \frac{增值税适用}{税率}$$

$$设备折余价值 = 设备原值 - 累计已提折旧$$

设备原值和已提折旧按照企业所得税法的有关规定计算。

研发机构以假冒采购国产设备退税资格、既申报抵扣又申报退税、虚构采购国产设备业务、提供虚假退税申报资料等手段骗取采购国产设备退税款的，主管国税机关应追回已退增值税税款，并依照税收征管法的有关规定处理。

研发机构发生解散、破产、撤销以及其他依法应终止采购国产设备退税事项的，应持相关证件、资料向其主管国税机关办理撤回采购国产设备退税备案。主管国税机关应按规定为该研发机构结清退税款后，再予办理撤回采购国产设备退税备案。

6. 自2011年12月1日起，增值税纳税人购买增值税税控系统专用设备支付的费用以及缴纳的技术维护费（以下称二项费用）可在增值税应纳税额中全额抵减。增值税纳税人2011年12月1日（含，下同）以后初次购买增值税税控系统专用设备（包括分开票机）支付的费用，可凭购买增值税税控系统专用设备取得的增值税专用发票，在增值税应纳税额中全额抵减（抵减额为价税合计额），不足抵减的可结转下期继续抵减。增值税纳税人非初次购买增值税税控系统专用设备支付的费用，由其自行负担，不得在增值税应纳税额中抵减。

增值税纳税人2011年12月1日以后缴纳的技术维护费（不含补缴的2011年11月30日以前的技术维护费），可凭技术维护服务单位开具的技术维护费发票，在增值税应纳税额中全额抵减，不足抵减的可结转下期继续抵减。技术维护费按照价格主管部门核定的标准执行。

增值税一般纳税人支付的二项费用在增值税应纳税额中全额抵减的，其增值税专用发票不作为增值税抵扣凭证，其进项税额不得从销项税额中抵扣。

纳税人购买的增值税税控系统专用设备自购买之日起3年内因质量问题无法正常使用的，由专用设备供应商负责免费维修，无法维修的免费更换。

7. 免征增值税的小微企业可免征教育费附加和地方教育附加。自2015年1月1日起至2017年12月31日，对按月纳税的月销售额或营业额不超过3万元（含3万元），以及按季纳税的季度销售额或营业额不超过9万元（含9万元）的缴纳义务人，免征教育费附加、地方教育附加、水利建设基金、文化事业建设费。

2016年国家税务总局发通知将免征教育费附加、地方教育附加、水利建设基金的范围，由现行按月纳税的月销售额或营业额不超过3万元（按季度纳税的季度销售额或营业额不超过9万元）的缴纳义务人，扩大到按月纳税的月销售额或营业额不超过10万元（按季度纳税的季度销售额或营业额不超过30万元）的缴纳义务人。

8. 原油期货保税交割业务暂免征收增值税。

（1）上海国际能源交易中心开展的原油期货保税交割业务（以下简称"原油期货保税交割业务"）是指参与原油期货保税交割业务的境内机构、境外机构，通过上海国际能源交易中心，以海关特殊监管区域或场所内处于保税监管状态的原油货物为期货实物交割标的物，开展的原油期货实物交割业务。

（2）境内机构包括上海国际能源交易中心的会员单位（含期货公司会员和非期货公司会员），以及通过会员单位在上海国际能源交易中心开展原油期货保税交割业务的境内客户；

境外机构包括在上海国际能源交易中心开展原油期货保税交割业务的境外经纪机构和境外参与者。

（3）对境内机构的增值税管理按以下规定执行：

①境内机构均应注册登记为增值税纳税人。

②境内机构应在首次申报原油期货保税交割业务免税时，向主管税务机关提交从事原油期货保税交割业务的书面说明，办理免税备案。

③原油期货保税交割业务的卖方为境内机构时，应向买方开具增值税普通发票。即境内卖方客户应向卖方会员单位开具增值税普通发票，卖方会员单位应向上海国际能源交易中心开具增值税普通发票，上海国际能源交易中心应向买方会员单位开具增值税普通发票，买方会员单位应向境内或境外买方客户开具增值税普通发票。开票金额均

为上海国际能源交易中心保税交割结算单上注明的保税交割结算金额。

④境内机构应将免税业务对应的保税交割结算单及开具和收取的发票、收付款凭证以及保税标准仓单清单等资料按月整理成册，留存备查。

（4）原油期货保税交割业务的卖方为境外机构时，卖方会员单位应向卖方索取相应的收款凭证，并以此作为免税依据。

（5）上海国际能源交易中心的增值税管理规定，参照本公告第三条对境内机构的增值税管理规定执行。

（6）上海期货交易所与上海国际能源交易中心其他期货品种的保税交割业务，适用免征增值税政策的，其增值税管理参照本公告执行。

9. 住宿业、鉴证咨询业和建筑业纳入小规模纳税人自行开具发票范围。

将住宿业、鉴证咨询业和建筑业纳入增值税小规模纳税人自行开具增值税专用发票试点范围。月销售额超过 3 万元（或季销售额超过 9 万元）的建筑业增值税小规模纳税人提供建筑服务、销售货物或发生其他增值税应税行为，需要开具增值税专用发票的，通过增值税发票管理新系统自行开具。

增值税小规模纳税人销售其取得的不动产，需要开具增值税专用发票的，仍须向地税机关申请代开。

2－35 调整完善外贸综合服务企业办理出口货物退（免）税

六、增值税减免税规定

1. 纳税人兼营免税、减税项目的，应当分别核算免税、减税项目的销售额；未分别核算销售额的，不得免税、减税。

2. 纳税人销售货物、劳务和应税行为适用免税规定的，可以放弃免税，依照《中华人民共和国增值税暂行条例》的规定缴纳增值税。放弃免税后，36 个月内不得再申请免税。

纳税人销售货物、提供应税劳务和发生应税行为同时适用免税和零税率规定的，优先适用零税率。

（1）生产和销售免征增值税货物或者劳务或者应税行为的纳税人要求放弃免税权，应当以书面形式提交放弃免税权声明，报主管税务机关备案。纳税人自提交备案资料的次月起，按照现行有关规定计算缴纳增值税。

（2）放弃免税权的纳税人符合一般纳税人认定条件尚未认定为增值税一般纳税人的，应当按现行规定认定为增值税一般纳税人，其销售的货物、劳务和应税行为可开具增值税专用发票。

（3）纳税人一经放弃免税权，其生产销售的全部增值税应税货物或劳务或应税行为应按照适用税率征税，不得选择某一免税项目放弃免税权，也不得根据不同的销售对象选择部分货物或劳务或应税行为放弃免税权。

（4）纳税人在免税期内购进用于免税项目的货物、劳务和应税行为所取得的增值税扣税凭证，一律不得抵扣。

3. 安置残疾人单位既符合促进残疾人就业增值税优惠政策条件，又符合其他增值税优惠政策条件的，可同时享受多项增值税优惠政策，但年度申请退还增值税总额不得超过本年度内应纳增值税总额。

4. 纳税人既享受增值税即征即退、先征后退政策，又享受免抵退税政策有关问题的处理。

（1）纳税人既有增值税即征即退、先征后退项目，也有出口等其他增值税应税项目的，增值税即征即退和先征后退项目不参与出口项目免抵退税计算。纳税人应分别核算增值税即征即退、先征后退项目和出口等其他增值税应税项目，分别申请享受增值税即征即退、先征后退和免抵退税政策。

（2）用于增值税即征即退或者先征后退项目的进项税额无法划分的，按照下列公式计算：

无法划分进项税额中用于增值税即征即退或者先征后退项目的部分＝当月无法划分的全部进项税额×当月增值税即征即退或先征后退项目销售额÷当月全部销售额、营业额合计

七、增值税起征点适用项目

增值税起征点的适用范围限于个人，即按照小规模纳税人纳税的个体工商户和其他个人。增值税起征点不适用于登记为一般纳税人的个体工商户。

当个人发生销售货物、劳务和应税行为的销售额未达到增值税起征点的，免征增值税；达到起征点的，对销售额的全额征税。

增值税起征点的幅度规定如下：

1. 按期纳税的，为月销售额 5 000～20 000 元（含本数）。

2. 按次纳税的，为每次（日）销售额 300～500 元（含本数）。

另外，对增值税月销售额 10 万元以下（含本数）的增值税小规模纳税人，免征增值税。

第九节 征收管理

一、纳税义务发生时间

纳税义务发生时间，是纳税人发生应税销售行为应当承担纳税义务的起始时间。

1. 应税销售行为纳税义务发生时间的一般规定。

（1）纳税人发生应税销售行为，其纳税义务发生时间为收讫销售款项或者取得索取销售款项凭据的当天；先开具发票的，为开具发票的当天。收讫销售款项，是指纳税人发生应税销售行为过程中或者完成后收到的款项。

取得索取销售款项凭据的当天，是指书面合同确定的付款日期；未签订书面合同或者书面合同未确定付款日期的，为应税销售行为完成的当天或者不动产权属变更的当天。

（2）进口货物，为报关进口的当天。

（3）增值税扣缴义务发生时间为纳税人增值税纳税义务发生的当天。

2. 应税销售行为纳税义务发生时间的具体规定。

由于纳税人销售结算方式的不同，《增值税暂行条例实施细则》和《关于全面推开营业税改征增值税试点的通知》规定了具体的纳税义务发生时间。

（1）采取直接收款方式销售货物，不论货物是否发出；均为收到销售款或者取得索取销售款凭据的当天。

纳税人生产经营活动中采取直接收款方式销售货物，已将货物移送对方并暂估销售收入入账，但既未取得销售款或取得索取销售款凭据也未开具销售发票的，其增值税纳税义务发生时间为取得销售款或取得索取销售款凭据的当天；先开具发票的，为开具发票的当天。

（2）采取托收承付和委托银行收款方式销售货物，为发出货物并办妥托收手续的当天。

（3）采取赊销和分期收款方式销售货物，为书面合同约定的收款日期的当天，无书面合同的或者书面合同没有约定收款日期的，为货物发出的当天。

（4）采取预收货款方式销售货物，为货物发出的当天，但生产销售生产工期超过 12 个月的大型机械设备、船舶、飞机等货物，为收到预收款或者书面合同约定的收款日期的当天。

（5）委托其他纳税人代销货物，为收到代销单位的代销清单或者收到全部或者部分货款的当天。未收到代销清单及货款的，为发出代销货物满 180 天的当天。

（6）销售劳务，为提供劳务同时收讫销售款或者取得索取销售款的凭据的当天。

（7）纳税人发生除将货物交付其他单位或者个人代销和销售代销货物以外的视同销售货物行为，为货物移送的当天。

（8）纳税人提供租赁服务采取预收款方式的，其纳税义务发生时间为收到预收款的当天。

例如，甲试点纳税人出租一辆小轿车，租金 5 000 元/月，一次性预收了对方一年的租金共 60 000 元，该纳税人则应在收到 60 000 元租金的当天确认纳税义务发生，并按 60 000 元确认收入，而不能将 60 000 元租金采取按月分摊确认收入的方法，也不能在该业务完成后再确认收入。

（9）纳税人从事金融商品转让的，为金融商品所有权转移的当天。

（10）纳税人发生视同销售服务、无形资产或者不动产情形的，其纳税义务发生时间为服务、无形资产转让完成的当天或者不动产权属变更的当天。

销售业务增值税的纳税义务发生时间如表 2－16 所示。

表 2－16　　　　　　销售业务增值税的纳税义务发生时间

业务	具体行为		纳税义务发生时间
销售货物	直接收款方式		收讫销售额或索取销售额凭据的当天
	托收承付和委托银行收款方式		发出货物并办妥托收手续的当天
	赊销和分期收款方式		合同约定的收款日期的当天；无书面合同的发货日
	预收货款方式	一般货物	货物发出时
		超过 12 个月的大型机械设备、船舶、飞机等货物	收到预收款或者书面合同约定的收款日期的当天
	委托其他纳税人代销	收到代销清单	代销清单收到日
		收到代销清单前已收到全部或部分货款	收讫部分或全部货款的当天
		发出代销商品超过 180 天仍未收到代销清单及货款	发出代销商品满 180 天的当天
	其他视同销售行为		货物移送的当天

续表

业务	具体行为	纳税义务发生时间
其他销售业务	提供建筑服务、租赁服务预收货款方式	收到预收款的当天
	销售加工、修理修配劳务	收讫销售款项或索取销售款项凭据的当天
	金融商品转让	金融商品所有权转移的当天
	视同销售服务、无形资产或者不动产	完成当天或者不动产权属变更当天

二、纳税期限

增值税的纳税期限分别为 1 日、3 日、5 日、10 日、15 日、1 个月或者 1 个季度。

纳税人的具体纳税期限，由主管税务机关根据纳税人应纳税额的大小分别核定。以 1 个季度为纳税期限的规定适用于小规模纳税人、银行、财务公司、信托投资公司、信用社，以及财政部和国家税务总局规定的其他纳税人。不能按照固定期限纳税的，可以按次纳税。

纳税人以 1 个月或者 1 个季度为 1 个纳税期的，自期满之日起 15 日内申报纳税；以 1 日、3 日、5 日、10 日或者 15 日为 1 个纳税期的，自期满之日起 5 日内预缴税款，于次月 1 日起 15 日内申报纳税并结清上月应纳税款。

扣缴义务人解缴税款的期限，按照前两款规定执行。

纳税人进口货物，应当自海关填发进口增值税专用缴款书之日起 15 日内缴纳税款。纳税人出口货物适用退（免）税规定的，应当向海关办理出口手续，凭出口报关单等有关凭证，在规定的出口退（免）税申报期内按月向主管税务机关申报办理该项出口货物的退（免）税。

增值税的纳税间隔期和纳税申报期如表 2-17 所示。

表 2-17　　　　　　增值税的纳税间隔期和纳税申报期

业务类型	纳税间隔期	纳税申报期
销售业务	1 日、3 日、5 日、10 日、15 日	期满之日起 5 日内预缴税款，次月前 15 日内申报纳税并结清上月税款
	1 个月或 1 个季度	期满之日起 15 日内申报纳税
	按次	
进口业务	按次	自海关填发税款缴纳证的次日起 15 日
出口业务	1 个月	

三、纳税地点

1. 固定业户应当向其机构所在地或者居住地主管税务机关申报纳税。机构所在地是指纳税人的注册登记地。如果固定业户设有分支机构，且总机构和分支机构不在同一县（市）的，应当分别向各自所在地的主管税务机关申报纳税；经财政部和国家税务总局或者其授权的财政和税务机关批准，可以由总机构汇总向总机构所在地的主管税务机关申报纳税。

具体审批权限如下：

（1）总机构和分支机构不在同一省、自治区、直辖市的，经财政部和国家税务总局批准，可以由总机构汇总向总机构所在地的主管税务机关申报纳税。

（2）总机构和分支机构不在同一县（市），但在同一省、自治区、直辖市范围内的，经省、自治区、直辖市财政厅（局）、国家税务局审批同意，可以由总机构汇总向总机构所在地的主管税务机关申报纳税。

2. 非固定业户应当向应税行为发生地主管税务机关申报纳税；未申报纳税的，由其机构所在地或者居住地主管税务机关补征税款。

3. 其他个人提供建筑服务，销售或者租赁不动产，转让自然资源使用权，应向建筑服务发生地、不动产所在地、自然资源所在地主管税务机关申报纳税。

4. 扣缴义务人应当向其机构所在地或者居住地主管税务机关申报缴纳扣缴的税款。

四、汇总缴纳

1. 总机构和分支机构不在同一县（市）的，应当分别向各自所在地的主管税务机关申报纳税；经国务院财政、税务主管部门或者其授权的财政、税务机关批准，可以由总机构汇总向总机构所在地的主管税务机关申报纳税。

2. 经财政部和国家税务总局批准的总机构试点纳税人及其分支机构，按照本办法的规定计算缴纳增值税。

（1）总机构应当汇总计算总机构及其分支机构发生《应税服务范围注释》所列业务的应交增值税，抵减分支机构发生《应税服务范围注释》所列业务已缴纳的增值税税款（包括预缴和补缴的增值税税款）后，在总机构所在地解缴入库。总机构销售货物、提供加工修理修配劳务，按照增值税暂行条例及相关规定就地申报缴纳增值税。

（2）总机构汇总的应征增值税销售额，为总机构及其分支机构发生《应税服务范围注释》所列业务的应征增值税销售额。

（3）总机构汇总的销项税额，按照规定的应征增值税销售额和增值税适用税率计算。

（4）总机构汇总的进项税额是指总机构及其分支机构因发生《应税服务范围注释》所列业务而购进货物或者接受加工修理修配劳务和应税服务，支付或者负担的增值税税额。总机构及其分支机构用于发生《应税服务范围注释》所列业务之外的进项税额不得汇总。

（5）分支机构发生《应税服务范围注释》所列业务，按照应征增值税销售额和预征率计算缴纳增值税。计算公式如下：

$$应预缴的增值税 = 应征增值税销售额 \times 预征率$$

预征率由财政部和国家税务总局规定，并适时予以调整。

分支机构销售货物、提供加工修理修配劳务，按照增值税暂行条例及相关规定就地申报缴纳增值税。

（6）分支机构发生《应税服务范围注释》所列业务当期已预缴的增值税税款，在总机构当期增值税应纳税额中抵减不完的，可以结转下期继续抵减。

（7）每年的第一个纳税申报期结束后，对上一年度总分机构汇总纳税情况进行清算。总机构和分支机构年度清算应交增值税，按照各自销售收入占比和总机构汇总的上一年度应交增值税税额计算。分支机构预缴的增值税超过其年度清算应交增值税的，通过暂停以后纳税申报期预缴增值税的方式予以解决。分支机构预缴的增值税小于其年度清算应交增值税的，差额部分在以后纳税申报期由分支机构在预缴增值税时一并就地补缴入库。

第十节　增值税发票的使用及管理

增值税纳税人发生应税销售行为，应使用增值税发票管理新系统（以下简称新系统）分别开具增值税专用发票、增值税普通发票、增值税电子普通发票、机动车销售统一发票。

一、增值税专用发票

（一）增值税专用发票的联次

增值税专用发票由基本联次或者基本联次附加其他联次构成，基本联次分为三联：发票联、抵扣联和记账联。发票联，作为购买方核算采购成本和增值税进项税额的记账凭证；抵扣联，作为购买方报送主管税务机关认证和留存备查的凭证；记账联，作为销售方核算销售收入和增值税销项税额的记账凭证。其他联次用途，由一般纳税人自行确定。

（二）增值税专用发票的开具

1. 一般纳税人发生应税销售行为可汇总开具增值税专用发票。汇总开具增值税专用发票的，同时使用防伪税控系统开具《销售货物或者提供应税劳务清单》，并加盖财务专用章或者发票专用章。

2. 保险机构作为车船税扣缴义务人，在代收车船税并开具增值税发票时，应在增值税发票备注栏中注明代收车船税税款信息。具体包括：保险单号、税款所属期（详细至月）、代收车船税金额、滞纳金金额、金额合计等。该增值税发票可作为纳税人缴纳车船税及滞纳金的会计核算原始凭证。

除上述规定外，"营改增"的相关文件还结合实际情况对增值税专用发票的开具作出了如下规定：

1. 自 2016 年 5 月 1 日起，纳入新系统推行范围的试点纳税人及新办增值税纳税人，应使用新系统根据《商品和服务税收分类与编码》选择相应的编码开具增值税发票。

2. 按照现行政策规定适用差额征税办法缴纳增值税，且不得全额开具增值税发票的（财政部、国家税务总局另有规定的除外），纳税人自行开具或者税务机关代开增值税发票时，通过新系统中差额征税开票功能，录入含税销售额（或含税评估额）和扣除额，系统自动计算税额和不含税金额，备注栏自动打印"差额征税"字样，发票开具不应与其他应税行为混开。

3. 提供建筑服务，纳税人自行开具或者税务机关代开增值税发票时，应在发票的备注栏注明建筑服务发生地县（市、区）名称及项目名称。

4. 销售不动产，纳税人自行开具或者税务机关代开增值税发票时，应在发票"货物或应税劳务、服务名称"栏填写不动产名称及房屋产权证书号码（无房屋产权证书的可不填写），"单位"栏填写面积单位，备注栏注明不动产的详细地址。

5. 出租不动产，纳税人自行开具或者税务机关代开增值税发票时，应在备注栏注明不动产的详细地址。

6. 个人出租住房适用优惠政策减按 1.5% 征收，纳税人自行开具或者税务机关代开增值税发票时，通过新系统中征收率减按 1.5% 征收开票功能，录入含税销售额，系统自动计算税额和不含税金额，发票开具不应与其他应税行为混开。

7. 税务机关代开增值税发票时，"销售方开户行及账号"栏填写税收完税凭证字轨号码或系统税票号码（免税代开增值税普通发票可不填写）。

8. 税务机关为跨县（市、区）提供不动产经营租赁服务、建筑服务的小规模纳税人（不包括其他个人），代开增值税发票时，在发票备注栏中自动打印"YD"字样。

（三）增值税专用发票的领购

一般纳税人凭《发票领购簿》、IC 卡和经办人身份证明领购增值税专用发票。一般纳税人有下列情形之一的，不得领购开具增值税专用发票：

1. 会计核算不健全，不能向税务机关准确提供增值税销项税额、进项税额、应纳税额数据及其他有关增值税税务资料的。

上述其他有关增值税税务资料的内容，由省、自治区、直辖市和计划单列市税务局确定。

2. 有《税收征收管理法》规定的税收违法行为，拒不接受税务机关处理的。

3. 有下列行为之一，经税务机关责令限期改正而仍未改正的：

（1）虚开增值税专用发票。

（2）私自印制增值税专用发票。

（3）向税务机关以外的单位和个人买取增值税专用发票。

（4）借用他人增值税专用发票。

（5）未按要求开具发票的。

（6）未按规定保管专用发票和专用设备。有下列情形之一的，为未按规定保管增值税专用发票和专用设备：

①未设专人保管增值税专用发票和专用设备。

②未按税务机关要求存放增值税专用发票和专用设备。

③未将认证相符的增值税专用发票抵扣联、《认证结果通知书》和《认证结果清单》装订成册。

④未经税务机关查验，擅自销毁增值税专用发票基本联次。

（7）未按规定申请办理防伪税控系统变更发行。

（8）未按规定接受税务机关检查。

有上列情形的，如已领购增值税专用发票，主管税务机关应暂扣其结存的增值税专用发票和 IC 卡。

4. 新办纳税人首次申领增值税发票规定。

（1）同时满足下列条件的新办纳税人首次申领增值税发票，主管税务机关应当自受理申请之日起 2 个工作日内办结，有条件的主管税务机关当日办结：

①纳税人的办税人员、法定代表人已经进行实名信息采集和验证（需要采集、验证法定代表人实名信息的纳税人范围由各省税务机关确定）。

②纳税人有开具增值税发票需求，主动申领发票。

③纳税人按照规定办理税控设备发行等事项。

（2）新办纳税人首次申领增值税发票主要包括发票票种核定、增值税专用发票（增值税税控系统）最高开票限额审批、增值税税控系统专用设备初始发行、发票领用等涉税事项。

（3）税务机关为符合第（1）项规定的首次申领增值税发票的新办纳税人办理发票票种核定，增值税专用发票最高开票限额不超过10万元，每月最高领用数量不超过25份；增值税普通发票最高开票限额不超过10万元，每月最高领用数量不超过50份。各省税务机关可以在此范围内结合纳税人税收风险程度，自行确定新办纳税人首次申领增值税发票票种核定标准。

（四）增值税专用发票的开具范围

1. 一般纳税人发生应税销售行为，应向购买方开具增值税专用发票。

2. 商业企业一般纳税人零售的烟、酒、食品、服装、鞋帽（不包括劳保专用部分）、化妆品等消费品不得开具增值税专用发票。

3. 增值税小规模纳税人需要开具增值税专用发票的，可向主管税务机关申请代开。

4. 销售免税货物不得开具增值税专用发票，法律、法规及国家税务总局另有规定的除外。

5. 纳税人发生应税销售行为，应当向索取增值税专用发票的购买方开具增值税专用发票，并在增值税专用发票上分别注明销售额和销项税额。属于下列情形之一的，不得开具增值税专用发票：

（1）应税销售行为的购买方为消费者个人的。

（2）发生应税销售行为适用免税规定的。

6. 增值税小规模纳税人（其他个人除外）发生增值税应税行为，需要开具增值税专用发票的，可以自愿使用增值税发票管理系统自行开具。选择自行开具增值税专用发票的小规模纳税人，税务机关不再为其代开增值税专用发票。增值税小规模纳税人应当就开具增值税专用发票的销售额计算增值税应纳税额，并在规定的纳税申报期内向主管税务机关申报缴纳。

自愿选择自行开具增值税专用发票的小规模纳税人销售其取得的不动产，需要开具增值税专用发票的，税务机关不再为其代开。

小规模纳税人应当就开具增值税专用发票的销售额计算增值税应纳税额，并在规定的纳税申报期内向主管税务机关申报缴纳。在填写增值税纳税申报表时，应当将当期开具增值税专用发票的销售额，按照3%和5%的征收率，分别填写在《增值税纳税申报表（小规模纳税人适用）》第2栏和第5栏"税务机关代开的增值税专用发票不含税销售额"的"本期数"相应栏次中。

7. 小规模纳税人月销售额超过10万元的，使用增值税发票管理系统开具增值税普通发票、机动车销售统一发票、增值税电子普通发票。

已经使用增值税发票管理系统的小规模纳税人，月销售额未超过10万元的，可以继续使用现有税控设备开具发票；已经自行开具增值税专用发票的，可以继续自行开具增值税专用发票，并就开具增值税专用发票的销售额计算缴纳增值税。

（五）开具增值税专用发票后发生退货或开票有误的处理

1. 增值税一般纳税人开具增值税专用发票后，发生销货退回、开票有误、应税服务中止等情形但不符合发票作废条件，或者因销货部分退回及发生销售折让，需要开具红字增值税专用发票的，按规定方法处理。

（1）购买方取得增值税专用发票已用于申报抵扣的，购买方可在增值税发票管理新系统（以下简称新系统）中填开并上传《开具红字增值税专用发票信息表》（以下简称《信息表》），在填开《信息表》时不填写相对应的蓝字增值税专用发票信息，应暂依《信息表》所列增值税税额从当期进项税额中转出，待取得销售方开具的红字增值税专用发票后，与《信息表》一并作为记账凭证。

（2）购买方取得增值税专用发票未用于申报抵扣，但发票联或抵扣联无法退回的，购买方填开《信息表》时应填写相对应的蓝字增值税专用发票信息。

（3）销售方开具增值税专用发票尚未交付购买方，以及购买方未用于申报抵扣并将发票联及抵扣联退回的，销售方可在新系统中填开并上传《信息表》。销售方填开《信息表》时应填写相对应的蓝字增值税专用发票信息。

2. 税务机关为小规模纳税人代开增值税专用发票，需要开具红字增值税专用发票的，按照一般纳税人开具红字增值税专用发票的方法处理。

3. 纳税人需要开具红字增值税普通发票的，可以在所对应的蓝字发票金额范围内开具多份红字发票。红字机动车销售统一发票需与原蓝字机动车销售统一发票一一对应。

（六）增值税专用发票不得抵扣进项税额的规定

1. 有下列情形之一的，不得作为增值税进项税额的抵扣凭证。

经认证，有下列情形之一的，不得作为增值税进项税额的抵扣凭证，税务机关退还原件，购买方可要求销售方重新开具增值税专用发票。

（1）无法认证，是指增值税专用发票所列密文或者明文不能辨认，无法产生认证结果。

（2）纳税人识别号认证不符，是指增值税专用发票所列购买方纳税人识别号有误。

（3）增值税专用发票代码、号码认证不符，是指增值税专用发票所列密文解译后与明文的代码或者号码不一致。

2. 对丢失已开具增值税专用发票的发票联和抵扣联的处理。

纳税人同时丢失已开具增值税专用发票或机动车销售统一发票的发票联和抵扣联，可凭加盖销售方发票专用章的相应发票记账联复印件，作为增值税进项税额的抵扣凭证、退税凭证或记账凭证。

纳税人丢失已开具增值税专用发票或机动车销售统一发票的抵扣联，可凭相应发票的发票联复印件，作为增值税进项税额的抵扣凭证或退税凭证；纳税人丢失已开具增值税专用发票或机动车销售统一发票的发票联，可凭相应发票的抵扣联复印件，作为记账凭证。

（七）增值税专用发票的管理

增值税专用发票的管理规定主要有：

1. 对虚开增值税专用发票的处理。

纳税人虚开增值税专用发票，未就其虚开金额申报并缴纳增值税的，应按照其虚开金额补缴增值税；已就其虚开金额申报并缴纳增值税的，不再按照其虚开金额补缴增值税。税务机关对纳税人虚开增值税专用发票的行为，应按《税收征收管理法》及《中华人民共和国发票管理办法》（以下简称《发票管理办法》）的有关规定给予处罚。纳税人取得虚开的增值税专用发票，不得作为增值税合法有效的扣税凭证抵扣其进项税额。

2. 纳税人善意取得虚开的增值税专用发票处理。

（1）纳税人善意取得虚开的增值税专用发票指购货方与销售方存在真实交易，且购货方不知取得的增值税专用发票是以非法手段获得的。

纳税人善意取得虚开的增值税专用发票，如能重新取得合法、有效的增值税专用发票，准许其抵扣进项税款；如不能重新取得合法、有效的增值税专用发票，不准其抵扣进项税款或追缴其已抵扣的进项税款。

纳税人善意取得虚开的增值税专用发票被依法追缴已抵扣税款的，不属于《税收征收管理法》第三十二条"纳税人未按照规定期限缴纳税款"的情形，不适用该条"税务机关除责令限期缴纳外，从滞纳税款之日起，按日加收滞纳税款万分之五的滞纳金"的规定。

（2）购货方与销售方存在真实的交易，销售方使用的是其所在省（自治区、直辖市和计划单列市）的增值税专用发票，增值税专用发票注明的销售方名称、印章、货物数量、金额及税额等全部内容与实际相符，且没有证据表明购货方知道销售方提供的增值税专用发票是以非法手段获得的，对购货方不以偷税或者骗取出口退税论处。但应按有关规定不予抵扣进项税款或者不予出口退税；购货方已经抵扣的进项税款或者取得的出口退税，应依法追缴。

（3）购货方能够重新从销售方取得防伪税控系统开出的合法、有效专用发票的，或者取得手工开出的合法、有效增值税专用发票且取得了销售方所在地税务机关已经或者正在依法对销售方虚开增值税专用发票行为进行查处证明的，购货方所在地税务机关应依法准予抵扣进项税款或者出口退税。

（4）如有证据表明购货方在进项税款得到抵扣或者获得出口退税前知道该增值税专用发票是销售方以非法手段获得的，对购货方应按《国家税务总局关于纳税人取得虚开的增值税专用发票处理问题的通知》（国税发〔1997〕134号）和《国家税务总局关于〈国家税务总局关于纳税人取得虚开的增值税专用发票处理问题的通知〉的补充通知》（国税发〔2000〕182号）的规定处理。

（5）有下列情形之一的，无论购货方（受票方）与销售方是否进行了实际的交易，增值税专用发票所注明的数量、金额与实际交易是否相符，购货方向税务机关申请抵扣进项税款或者出口退税的，对其均应按偷税或者骗取出口退税处理。

①购货方取得的增值税专用发票所注明的销售方名称、印章与其进行实际交易的销售方不符的，即《国家税务总局关于纳税人取得虚开的增值税专用发票处理问题的通知》第二条规定的"购货方从销售方取得第三方开具的增值税专用发票"的情况。

②购货方取得的增值税专用发票为销售方所在省（自治区、直辖市和计划单列市）以外地区的，即《国家税务总局关于纳税人取得虚开的增值税专用发票处理问题的通知》第二条规定的"从销货地以外的地区获得增值税专用发票"的情况。

③其他有证据表明购货方明知取得的增值税专用发票系销售方以非法手段获得的，即《国家税务总局关于纳税人取得虚开的增值税专用发票处理问题的通知》第一条规定的"受票方利用他人虚开的增值税专用发票，向税务机关申报抵扣税款进行偷税"的情况。

（6）纳税人虚开增值税专用发票，未就其虚开金额申报并缴纳增值税的，应按照其虚开金额补缴增值税；已就其虚开金额申报并缴纳增值税的，不再按照其虚开金额补缴增值税。税务机关对纳税人虚开增值税专用发票的行为，应按《税收征收管理法》及《发票管理办法》的有关规定给予处罚。纳税人取得虚开的增值税专用发票，不得作为增值税合法有效的扣税凭证抵扣其进项税额。

3. 税控系统增值税专用发票的管理。

（1）税务机关增值税专用发票管理部门在运用防伪税控发售系统进行发票入库管理或向纳税人发售增值税专用发票时，要认真录入发票代码、号码，并与纸质增值税专用发票进行仔细核对，确保发票代码、号码电子信息与纸质发票的代码、号码完全一致。

（2）纳税人在运用防伪税控系统开具增值税专用发票时，应认真检查系统中的电子发票代码、号码与纸质发票是否一致。如发现税务机关错填电子发票代码、号码的，应持纸质增值税专用发票和税控IC卡到税务机关办理退回手续。

（3）对税务机关错误录入代码或号码后又被纳税人开具的增值税专用发票，按以下办法处理：

①纳税人当月发现上述问题的，应按照增值税专用发票使用管理的有关规定，对纸质增值税专用发票和防伪税控开票系统中增值税专用发票电子信息同时进行作废，并及时报主管税务机关。纳税人在以后月份发现的，应按有关规定开具负数增值税专用发票。

②主管税务机关按照有关规定追究有关人员责任，同时将有关情况，如发生原因、主管税务机关名称、编号、纳税人名称、纳税人识别号、发票代码号码（包括错误的和正确的）、发生时间、责任人以及处理意见或请求等，逐级上报至国家税务总局。

③对涉及发票数量多、影响面较大的，国家税务总局将按规定程序对"全国作废发票数据库"进行修正。

（4）在未收回增值税专用发票抵扣联及发票联，或虽已收回增值税专用发票抵扣联及发票联但购货方已将增值税专用发票抵扣联报送税务机关认证的情况下，销货方一律不得作废已开具的增值税专用发票。

4. 关于走逃（失联）企业开具增值税专用发票的认定处理。

走逃（失联）企业，是指不履行税收义务并脱离税务机关监管的企业。

根据税务登记管理有关规定，税务机关通过实地调查、电话查询、涉税事项办理核查以及其他征管手段，仍对企业和企业相关人员查无下落的，或虽然可以联系到企业代理记账、报税人员等，但其并不知情也不能联系到企业实际控制人的，可以判定该企业为走逃（失联）企业。走逃（失联）企业开具增值税专用发票的处理规定如下：

走逃（失联）企业存续经营期间发生下列情形之一的，所对应属期开具的增值税专用发票列入异常增值税扣税凭证（以下简称异常凭证）范围。

（1）商贸企业购进、销售货物名称严重背离的；生产企业无实际生产加工能力且无委托加工，或生产能耗与销售情况严重不符，或购进货物并不能直接生产其销售的货物且无委托加工的。

（2）直接走逃失踪不纳税申报，或虽然申报但通过填列增值税纳税申报表相关栏次，规避税务机关审核比对，进行虚假申报的。

异常凭证的增值税处理详情，见本章第四节"三、应纳税额的计算"中相关内容。

（八）税务机关代开增值税专用发票的管理

1. 代开增值税专用发票是指主管税务机关为所管辖范围内的增值税纳税人（指已办理税务登记的小规模纳税人，包括个体经营者以及国家税务总局确定的其他可予代开增值税专用发票的纳税人）代开增值税专用发票，其他单位和个人不得代开。

其他个人委托房屋中介、住房租赁企业等单位出租不动产，需要向承租方开具增值税发票的，可以由受托单位代其向主管税务机关按规定申请代开增值税发票。

2. 代开增值税专用发票统一使用增值税防伪税控代开票系统开具。非防伪税控代开票系统开具的代开增值税专用发票不得作为增值税进项税额抵扣凭证。

3. 增值税纳税人缴纳税款后，凭《申报单》和税收完税凭证及税务登记副本，到代开增值税专用发票岗位收取代开增值税专用发票。

4. 货物运输业小规模纳税人申请代开增值税专用发票的规定。

（1）适用范围：

同时具备以下条件的增值税纳税人（以下简称纳税人，不包括以4.5吨及以下普通货运车辆从事普通道路货物运输经营的）：

①在中华人民共和国境内（以下简称境内）提供公路或内河货物运输服务，并办理了税务登记（包括临时税务登记）。

②提供公路货物运输服务的（以4.5吨及以下普通货运车辆从事普通道路货物运输经营的除外），取得《中华人民共和国道路运输经营许可证》和《中华人民共和国道路运输证》；提供内河货物运输服务的，取得《国内水路运输经营许可证》和《船舶营业运输证》。

③在税务登记地主管税务机关按增值税小规模纳税人管理。

（2）申请代开增值税专用发票的地点：

纳税人在境内提供公路或内河货物运输服务，需要开具增值税专用发票的，可在税务登记地、货物起运地、货物到达地或运输业务承揽地（含互联网物流平台所在地）中任何一地，就近向税务机关（以下简称代开单位）申请代开增值税专用发票。

（3）代开增值税专用发票需提供的资料：

纳税人在备案后，可向代开单位申请代开增值税专用发票，并向代开单位提供以下资料：

①《货物运输业代开增值税专用发票缴纳税款申报单》。

②加载统一社会信用代码的营业执照（或税务登记证或组织机构代码证）复印件。

③经办人身份证件及复印件。

（4）纳税人申请代开增值税专用发票时，应按照所代开增值税专用发票上注明的税额向代开单位全额缴纳增值税。

（5）纳税人代开增值税专用发票后，如发生服务中止、折让、开票有误等情形，需要作废增值税专用发票、开具增值税红字专用发票、重新代开增值税专用发票、办理退税等事宜的，应由原代开单位按照现行规定予以受理。

（6）纳税人在非税务登记地申请代开增值税专用发票，不改变主管税务机关对其实施税收管理。

（7）纳税人应按照主管税务机关核定的纳税期限，按期计算增值税应纳税额，抵减其申请代开增值税专用发票缴纳的增值税后，向主管税务机关申报缴纳增值税。

（8）纳税人代开增值税专用发票对应的销售额，一并计入该纳税人月（季、年）度销售额，作为主管税务机关对其实施税收管理的标准和依据。

二、增值税普通发票

增值税普通发票，是将除商业零售以外的增值税一般纳税人纳入增值税防伪税控系统开具和管理，也就是说一般纳税人可以使用同一套增值税防伪税控系统开具增值税专用发票、增值税普通发票等，俗称"一机多票"。

1. 增值税普通发票的格式、字体、栏次、内容与增值税专用发票完全一致，按发票联次分为两联票和五联票两种，基本联次为两联：第一联为记账联，销货方用作记账凭证；第二联为发票联，购货方用作记账凭证。此外为满足部分纳税人的需要，在基本联次后添加了三联的附加联次，即五联票，供企业选择使用。

2. 增值税普通发票（折叠票）发票代码调整为 12 位。

3. 增值税普通发票第二联（发票联）采用防伪纸张印制。

三、增值税电子普通发票

1. 增值税电子普通发票的开票方和受票方需要纸质发票的，可以自行打印增值税电子普通发票的版式文件，其法律效力、基本用途、基本使用规定等与税务机关监制的增值税普通发票相同。

2. 增值税电子普通发票的发票代码为 12 位，编码规则：第 1 位为 0，第 2~5 位代表省、自治区、直辖市和计划单列市，第 6~7 位代表年度，第 8~10 位代表批次，第 11~12 位代表票种（11 代表增值税电子普通发票）。发票号码为 8 位，按年度、分批次编制。

四、机动车销售统一发票

（一）机动车销售统一发票联次

《机动车销售统一发票》为电脑六联式发票。即第一联发票联（购货单位付款凭证），第二联抵扣联（购货单位扣税凭证），第三联报税联（车购税征收单位留存），第四联注册登记联（车辆登记单位留存），第五联记账联（销货单位记账凭证），第六联存根联（销货单位留存）。第一联印色为棕色，第二联印色为绿色，第三联印色为紫色，第四联印色为蓝色，第五联印色为红色，第六联印色为黑色。发票代码、发票号码印色为黑色，当购货单位不是增值税一般纳税人时，第二联抵扣联由销货单位留存。

（二）机动车销售统一发票适用范围

凡从事机动车零售业务的单位和个人，从 2006 年 8 月 1 日起，在销售机动车（不包括销售旧机动车）收取款项时，必须开具税务机关统一印制的新版《机动车销售统一发票》，并在发票联加盖财务专用章或发票专用章，抵扣联和报税联不得加盖印章。

（三）增值税税额的计算公式

$$增值税税额 = 价税合计 - 不含税价$$
$$不含税价 = 价税合计 + (1 + 增值税税率或征收率)$$

【本 章 小 结】

在本章中，我们深入探讨了增值税的基本原理、征税对象、税率、优惠政策等方面的内容。增值税作为国家财政收入的重要组成部分，对调节收入分配、促进经济发展具有重要作用。通过本章的学习，学生应能够掌握增值税的基本概念、计算方法和合规要求，为将来在税务筹划和税务合规方面打下坚实的基础。

2－36　视野拓展

【本章重要术语】

增值税　销项税　进项税　进项税额转出　进口增值税　出口退税　税收优惠　应纳税额计算　一般计税方法　简易计税方法

第三章
消 费 税

【学 习 目 标】

知识目标：了解消费税的概念和特点，掌握消费税纳税义务人的规定，掌握消费税税目，熟悉消费税税率，掌握消费税计税依据，掌握消费税征收管理规定。

能力目标：能结合企业实际情况进行消费税应纳税额的计算和纳税申报。

育人目标：了解消费税具有调控经济、调节收入分配、"绿色税收"等特点。

第一节 消费税概述

一、消费税的概念

消费税是对我国境内从事生产、委托加工和进口，以及销售特定消费品的单位和个人，就其销售额或销售数量，在特定环节征收的一种税，即对特定的消费品和消费行为征收的一种税。

目前，有 100 多个国家开征消费税。我国现行消费税的基本法规是 2008 年 11 月 5 日经国务院第 34 次常务会议修订通过，自 2009 年 1 月 1 日起实施的《中华人民共和国消费税暂行条例》，以及 2008 年 12 月 15 日颁布，自 2009 年 1 月 1 日起实施的《中华人民共和国消费税暂行条例实施细则》。

二、消费税的特点

从税收立法和征收实践上看，消费税主要对特定的消费品或消费行为征税，征税范围具有较强的选择性，是引导产业结构调整的主要手段，在体现国家的消费政策、调节消费行为、优化消费结构等方面发挥重要作用。与其他税种相比，消费税具有以下几个特点。

（一）征税范围具有选择性

各国目前征收的消费税实际上都属于对特定消费品征收的税种。我国 1994 年实行的税制中，消费税主要包括了特殊消费品、奢侈品、高能耗消费品、不可再生的资源消费品等。随着经济社会的发展和个人消费水平的提高，消费税的征税范围作了一些调整，目前我国消费税税目有 15 个。

（二）征税环节具有单一性

我国消费税一般是在生产（进口）、流通或消费的某一环节一次征收，而不是在消费品生产、流通或消费的每个环节多次征收（卷烟、电子烟和超豪华小汽车除外）。

（三）征收方法具有多样性

消费税的计税方法比较灵活。为了适应不同应税消费品的情况，有些产品采取从价定率的方式征收，有些产品则采取从量定额的方式征收。由于两种方法各有其优点和缺点，因此，目前对有些产品在实行从价定率征收的同时，还对其实行从量定额征收，即采取复合征收方式。

（四）税收调节具有特殊性

消费税属于国家运用税收杠杆对某些消费品或消费行为特殊调节的税种。这一特殊性表现在两个方面：一是不同的征税项目税负差异较大，对需要限制或控制消费的消费品规定较高的税率；二是消费税配合增值税实行双重征收，对某些需要特殊调节的消费品或消费行为在征收增值税的同时，再征收一道消费税，形成特殊对消费品双层次调节的税收调节体系。

（五）税负具有转嫁性

消费品中所含的消费税税款无论在哪个环节征收，最终都要转嫁到消费者身上，由消费者负担，税负具有转嫁性。消费税转嫁性的特征，较其他商品课税形式更为明显。

三、消费税的作用

我国消费税的征收立足于我国经济发展水平、国家消费政策和产业政策，充分考虑人民生活水平、消费水平和消费结构状况，注重保证国家财政收入稳定。具体作用表现在以下几个方面。

（一）筹集财政资金

尽管消费税的征收范围较小，不像增值税那样普遍征收，但由于它一般采用较高的税率，因而仍有比较可观的税源，可为国家财政筹集资金。

（二）调节收入分配

将非生活必需品中一些高档、奢侈的消费品纳入消费税征收范围，引导理性消费，使高收入高消费的群体比一般消费者承担更多的税负。如对贵重首饰及珠宝玉石、高档化妆品、游艇、高档手表等征收消费税。通过对奢侈品和高档消费品等征税，可以调节收入水平，体现多收入多缴税的原则，体现公平。

（三）推动绿色发展

将污染环境、高能耗和不可再生的产品纳入消费税征收范围，发挥消费税环境保护作用。如对鞭炮、焰火和小汽车等消费品征收消费税，可以抑制其消费，保护生态环境，促进绿色发展。

第二节 纳税义务人和扣缴义务人

一、纳税义务人

在中华人民共和国境内生产、委托加工和进口应税消费品的单位和个人，以及国务院确定的销售应税消费品的其他单位和个人。

单位，是指企业、行政单位、事业单位、军事单位、社会团体及其他单位。

个人，是指个体工商户及其他个人。

在中华人民共和国境内，是指生产、委托加工、进口属于应当缴纳消费税的消费品的起运地或者所在地在境内。

二、扣缴义务人

委托加工的应税消费品，委托方为消费税纳税人，其应纳消费税由受托方（受托方为个人除外）在向委托方交货时代收代缴税款。

第三节　税目和税率

一、税目

（一）烟

本税目下设卷烟、雪茄烟、烟丝和电子烟四个子目。

1. 卷烟，是指将各种烟叶切成烟丝，加入糖、酒、香料等辅料，用白色盘纸、棕色盘纸、涂布纸或烟草薄片经机器或手工卷制的卷烟。

卷烟分为甲类卷烟和乙类卷烟。甲类卷烟是指调拨价大于或等于70元（不含增值税）/条的卷烟，乙类卷烟是指调拨价低于70元（不含增值税）/条的卷烟。

2. 雪茄烟，是指以晾晒烟为原料或者以晾晒烟和烤烟为原料，用烟叶或卷烟纸、烟草薄片作为烟支内包皮，再用烟叶作为烟支外包皮，经机器或手工卷制而成的烟草制品。

3. 烟丝，是指将烟叶切成丝状、粒状、片状、末状或其他形状，再加入辅料，经过发酵、储存，不经卷制即可供销售吸用的烟草制品。

4. 电子烟。自2022年11月1日起，电子烟纳入消费税征收范围。电子烟，是指用于产生气溶胶供人抽吸等的电子传输系统，包括烟弹、烟具以及烟弹与烟具组合销售的电子烟产品。烟弹是指含有雾化物的电子烟组件。烟具是指将雾化物雾化为可吸入气溶胶的电子装置。

（二）酒

1. 白酒，是指以各种粮食或各种干鲜薯类为原材料，经过糖化、发酵后，采用蒸馏方法酿制的白酒。用甜菜酿制的白酒，比照白酒征税。

2. 黄酒，是指以糯米、粳米、籼米、大米、黄米、玉米、小麦、薯类等为原料，经加温、糖化、发酵、压榨酿制的酒。

3. 啤酒，是指以大麦或其他粮食为原料，加入啤酒花，经糖化、发酵、过滤酿制的含有二氧化碳的酒。

啤酒分为甲类啤酒和乙类啤酒。每吨出厂价（含包装物及包装物押金）大于或等于3 000元（不含增值税）的啤酒为甲类啤酒；每吨出厂价（含包装物及包装物押金）低于 3 000 元（不含增值税）的啤酒为乙类啤酒。其中，包装物押金不包括重复使用的塑料周转箱的押金。

对饮食业、商业、娱乐业举办的啤酒屋（啤酒坊）利用啤酒生产设备生产的啤酒，应当征收消费税。

4. 其他酒，是指除白酒、黄酒、啤酒以外，酒度在 1 度以上的各种酒。葡萄酒消费税适用"酒"税目下设的"其他酒"子目。调味料酒不征消费税。

（三）高档化妆品

包括高档美容、修饰类化妆品，高档护肤类化妆品和成套化妆品。

高档美容、修饰类化妆品和高档护肤类化妆品是指生产（进口）环节销售（完税）价格（不含增值税）在 10 元/毫升（克）或 15 元/片（张）及以上的美容、修饰类化妆品和护肤类化妆品。

舞台、戏剧、影视演员化妆用的上妆油、卸妆油、油彩、发胶和头发漂白剂等，不属于本税目征收范围。

（四）贵重首饰及珠宝玉石

贵重首饰及珠宝玉石包括以金、银、白金、宝石、珍珠、钻石、翡翠、珊瑚、玛瑙等高贵稀有物质以及其他金属、人造宝石等制作的各种纯金银首饰及镶嵌首饰和经采掘、打磨、加工的各种珠宝玉石。对出国人员免税商店销售的金银首饰征收消费税。

（五）鞭炮、焰火

鞭炮又称爆竹，是用多层纸密裹火药，接以药引线制成的一种爆炸品。焰火是指烟火剂，点燃后烟火喷射，呈各种颜色。

体育上用的发令纸、鞭炮药引线，不按本税目征收。

（六）成品油

本税目包括汽油、柴油、石脑油、溶剂油、航空煤油、润滑油、燃料油 7 个子目。航空煤油暂缓征收。

1. 汽油，是指用原油或其他原料加工生产的辛烷值不小于 66 的可用作汽油发动机燃料的各种轻质油。

2. 柴油，是指用原油或其他原料加工生产的倾点或凝点在 − 50 ~ 30℃的可用作柴油发动机燃料的各种轻质油和以柴油组分为主、经调和精制可用作柴油发动机燃料的非标油。

3. 石脑油又叫化工轻油，是以原油或其他原料加工生产的用于化工原料的轻质油。

4. 溶剂油，是用原油或其他原料加工生产的用于涂料、油漆、食用油、印刷油墨、皮革、农药、橡胶、化妆品生产和机械清洗、胶粘行业的轻质油。

5. 航空煤油，是用原油或其他原料加工生产的用作喷气发动机和喷气推进系统燃料的各种轻质油。航空煤油的消费税暂缓征收。航天煤油参照航空煤油暂缓征收消费税。

6. 润滑油，是用原油或其他原料加工生产的用于内燃机、机械加工过程的润滑产品。

变压器油、导热类油等绝缘油类产品不属于润滑油，不征收消费税。

7. 燃料油，也称重油、渣油，是用原油或其他原料加工生产，主要用作电厂发电、锅炉用燃料、加热炉燃料、冶金和其他工业炉燃料。

（七）摩托车

摩托车的征收范围为气缸容量 250 毫升（含）以上的摩托车。

自 2014 年 12 月 1 日起，气缸容量 250 毫升（不含）以下的小排量摩托车不征收消费税。

（八）小汽车

小汽车，是指由动力驱动，具有 4 个或 4 个以上车轮的非轨道承载的车辆，包括乘用车、中轻型商用客车、超豪华小汽车。

1. 乘用车，是指含驾驶员座位在内最多不超过 9 个座位（含）的，在设计和技术特性上用于载运乘客和货物的各类乘用车。

2. 中轻型商用客车，是指含驾驶员座位在内的座位数在 10～23 座（含 23 座）的，在设计和技术特性上用于载运乘客和货物的各类中轻型商用客车。

3. 超豪华小汽车，为每辆零售价格 130 万元（不含增值税）及以上的乘用车和中轻型商用客车。

电动汽车、沙滩车、雪地车、卡丁车、高尔夫车不属于消费税征收范围，不征收消费税。企业购进货车或厢式货车改装生产的商务车、卫星通讯车等专用汽车不属于消费税征税范围，不征收消费税。

（九）高尔夫球及球具

本税目征收范围包括高尔夫球、高尔夫球包（袋）、高尔夫球杆、高尔夫球杆的杆头、杆身和握把。

（十）高档手表

高档手表是指销售价格（不含增值税）每只在 10 000 元（含）以上的各类手表。

（十一） 游艇

本税目征收范围包括艇身长度大于 8 米（含）小于 90 米（含），内置发动机，可以在水上移动，一般为私人或团体购置，主要用于水上运动和休闲娱乐等非谋利活动的各类机动艇。非机动艇和帆艇不征收消费税。

（十二） 木制一次性筷子

本税目征收范围包括各种规格的木制一次性筷子。

（十三） 实木地板

本税目征收范围包括各类规格的实木地板、实木指接地板、实木复合地板及用于装饰墙壁、天棚的侧端面为榫、槽的实木装饰板、未经涂饰的素板。

（十四） 电池

本税目征收范围包括原电池、蓄电池、燃料电池、太阳能电池和其他电池。

对无汞原电池、金属化物镍蓄电池、锂原电池、锂离子蓄电池、太阳能电池、燃料电池、全钒液流电池免征消费税。

（十五） 涂料

自 2015 年 2 月 1 日起对涂料征收消费税，施工状态下挥发性有机物含量低于 420 克/升（含）的涂料免征消费税。

二、税率

大部分应税消费品适用比例税率，如烟丝、小汽车等。对一些供求基本平衡，价格差异不大，计量单位规范的消费品，选择计税简便的定额税率，如黄酒、啤酒、成品油等。卷烟、白酒，则采用定额税率和比例税率双重征收形式。消费税税目税率见表 3-1。

表 3-1 消费税税目税率

税目	税率
一、烟	
（一）卷烟	
1. 甲类卷烟（生产或进口环节）	56% 加 0.003 元/支

续表

税目	税率
2. 乙类卷烟（生产或进口环节）	36%加0.003元/支
3. 批发环节	11%加0.005元/支
（二）雪茄烟	36%
（三）烟丝	30%
（四）电子烟	
1. 生产或进口环节	36%
2. 批发环节	11%
二、酒	
（一）白酒	20%加0.5元/500克（或500毫升）
（二）黄酒	240元/吨
（三）啤酒	
1. 甲类啤酒	250元/吨
2. 乙类啤酒	220元/吨
（四）其他酒	10%
三、高档化妆品	15%
四、贵重首饰及珠宝玉石	
（一）金银首饰、铂金首饰和钻石及钻石饰品（零售环节）	5%
（二）其他贵重首饰和珠宝玉石（生产或进口环节）	10%
五、鞭炮、烟火	15%
六、成品油	
（一）汽油	1.52元/升
（二）柴油	1.20元/升
（三）航空煤油	1.20元/升
（四）石脑油	1.52元/升
（五）溶剂油	1.52元/升
（六）润滑油	1.52元/升
（七）燃料油	1.20元/升
七、摩托车	
（一）气缸容量（排气量，下同）为250毫升的	3%
（二）气缸容量在250毫升以上的	10%

续表

税目	税率
八、小汽车	
（一）乘用车	
1. 气缸容量（排气量，下同）在 1.0 升（含 1.0 升）以下的	1%
2. 气缸容量在 1.0 升以上至 1.5 升（含 1.5 升）的	3%
3. 气缸容量在 1.5 升以上至 2.0 升（含 2.0 升）的	5%
4. 气缸容量在 2.0 升以上至 2.5 升（含 2.5 升）的	9%
5. 气缸容量在 2.5 升以上至 3.0 升（含 3.0 升）的	12%
6. 气缸容量在 3.0 升以上至 4.0 升（含 4.0 升）的	25%
7. 气缸容量在 4.0 升以上的	40%
（二）中轻型商用客车	5%
（三）超豪华小汽车（零售环节）	10%
九、高尔夫球及球具	10%
十、高档手表	20%
十一、游艇	10%
十二、木制一次性筷子	5%
十三、实木地板	5%
十四、电池	4%
十五、涂料	4%

第四节　计税依据

一、从价计征

实行从价定率办法征税的，消费税应纳税额等于应税消费品的销售额乘以适用的比例税率。

消费税实行价内税，增值税实行价外税，这种情况决定了实行从价定率征收的消费品，原则上消费税税基和增值税税基是一致的，即都是以含消费税而不含增值税的销售额作为计税依据。

（一）销售额的确定

销售额为纳税人销售应税消费品向购买方收取的全部价款和价外费用。

销售，是指有偿转让应税消费品的所有权。有偿，是指从购买方取得货币、货物或者其他经济利益。价外费用，是指价外向购买方收取的手续费、补贴、基金、集资费、返还利润、奖励费、违约金、滞纳金、延期付款利息、赔偿金、代收款项、代垫款项、包装费、包装物租金、储备费、优质费、运输装卸费以及其他各种性质的价外收费。

（二）包装物销售收入及押金

1. 包装物销售收入。

实行从价定率计算时，应税消费品连同包装物销售的，无论包装物是否单独计价，也无论在会计上如何核算，均应并入应税消费品的销售额中征收消费税。

2. 包装物押金。

如果包装物不作价随同产品销售，而是收取押金，此项押金收取时不并入应税消费品销售额中征税。但对逾期未收回的包装物不再退还的或者已收取的时间超过 12 个月的押金，应并入应税消费品的销售额，按照应税消费品的适用税率征收消费税。

对既作价随同应税消费品销售，又另外收取的包装物的押金，凡纳税人在规定的期限内没有退还的，均应并入应税消费品的销售额，按照应税消费品的适用税率征收消费税。

对酒类产品生产企业销售啤酒、黄酒以外的其他酒类产品而收取的包装物押金，无论押金是否返还及会计上如何核算，均应并入酒类产品销售额中征收消费税。

（三）含增值税销售额的换算

销售额不包括应向购买方收取的增值税税款。如果纳税人应税消费品的销售额中未扣除增值税税款或者因不得开具增值税专用发票而发生价款和增值税税款合并收取的，在计算消费税时，应当换算为不含增值税税款的销售额。其换算公式如下：

应税消费品的销售额 = 含增值税的销售额 ÷（1 + 增值税税率或征收率）

二、从量计征

在从量定额计算方法下，应纳税额等于应税消费品的销售数量乘以定额税率。

销售数量是指应税消费品的数量。具体为：

（1）销售应税消费品的，为应税消费品的销售数量；

（2）自产自用应税消费品的，为应税消费品的移送使用数量；

（3）委托加工应税消费品的，为纳税人收回的应税消费品数量；

（4）进口应税消费品的，为海关核定的应税消费品的进口征税数量。

三、从价从量复合计征

卷烟、白酒采用复合计征方法计税。应纳税额等于应税销售数量乘以定额税率再加上应税销售额乘以比例税率。

纳税人生产销售卷烟和白酒，从量定额计税依据为实际销售数量，从价定率计税依据为销售额。进口、委托加工、自产自用卷烟、白酒，从量定额计税依据分别为海关核定的进口数量、委托加工收回数量、移送使用数量。

四、计税依据特殊规定

1. 纳税人通过自设非独立核算门市部销售的自产应税消费品，应当按照门市部对外销售额或销售数量征收消费税。

2. 纳税人用于换取生产资料和消费资料、投资入股和抵偿债务等方面的应税消费品，应当以纳税人同类应税消费品的最高销售价格为依据计算消费税。

3. 酒类关联企业间关联交易消费税处理：白酒生产企业向商业销售单位收取的"品牌使用费"是随着应税白酒的销售而向购货方收取的，属于应税白酒销售价款的组成部分，因此，不论企业采取何种方式或以何种名义收取价款，均应并入白酒的销售额中缴纳消费税。

4. 纳税人采取以旧换新（含翻新改制）方式销售的金银首饰，应按照实际收取的不含增值税的全部价款确定计税依据征收消费税。

5. 从高适用税率征收消费税，有两种情况：

（1）纳税人兼营不同税率应税消费品，应当分别核算不同税率应税消费品的销售额、销售数量；未分别核算销售额、销售数量，或者将不同税率的应税消费品组成成套消费品销售的，从高适用税率。

（2）将不同税率应税消费品组成成套消费品销售的，即使纳税人分别核算销售额、销售数量，也要从高适用税率。

第五节　应纳税额的计算

一、生产销售环节应纳税额的计算

（一）对外销售应税消费品应纳税额的计算

1. 从价计征。

应纳税额的大小取决于应税消费品的销售额和适用税率两个因素。其基本计算公式为：

$$应纳税额 = 销售额 \times 比例税率$$

【例3-1】 2024年11月，某手表厂生产销售X款手表300只，取得不含税销售收入360万元；生产销售Y款手表500只，取得不含税销售收入80万元；销售手表配件取得不含税销售收入1.2万元。假定该手表厂无其他应税销售业务。请计算该手表厂11月应缴纳的消费税税额（高档手表消费税税率为20%）。

2. 从量计征

应纳税额的大小取决于应税消费品的销售数量和适用税额两个因素。其基本计算公式为：

$$应纳税额 = 销售数量 \times 定额税率$$

【例3-2】 某啤酒厂2024年11月销售啤酒1 000吨，取得不含增值税销售额295万元，增值税税款38.35万元，另收取包装物押金23.4万元。计算该啤酒厂应纳消费税税额。

3. 从价从量复合计征

卷烟、白酒采用复合计算方法。其基本计算公式为：

$$应纳税额 = 销售额 \times 比例税率 + 销售数量 \times 定额税率$$

【例3-3】 2024年11月，某白酒厂销售白酒100吨，取得不含增值税销售额1 480万元。请计算该白酒厂当月应缴纳的消费税税额。

（二）自产自用应税消费品应纳税额的计算

自产自用，是指纳税人生产应税消费品后，不是直接用于对外销售，而是用于连续生产应税消费品或用于其他方面。

1. 用于连续生产应税消费品。

纳税人自产自用的应税消费品，用于连续生产应税消费品的，不

左栏图注：

3-1　对外销售应税消费品从价计征例题答案解析

3-2　对外销售应税消费品从量计征例题答案解析

3-3　对外销售应税消费品从价从量复合计征例题答案解析

纳税。体现了税不重征和计税简便的原则，避免了重复征税。如卷烟厂生产的烟丝，如果直接对外销售，应缴纳消费税。但如果烟丝用于本厂连续生产卷烟，用于连续生产卷烟的烟丝就不缴纳消费税，只对生产销售的卷烟征收消费税。

2. 用于其他方面。

纳税人自产自用的应税消费品，用于其他方面的，于移送使用时纳税。

用于其他方面的，是指纳税人将自产自用应税消费品用于生产非应税消费品、在建工程、管理部门、非生产机构、提供劳务、馈赠、赞助、集资、广告、样品、职工福利、奖励等方面。

（三）计税依据和应纳税额的计算

纳税人自产自用的应税消费品，凡用于其他方面的，应当纳税。其计税依据和应纳税额计算具体分以下两种情况。

1. 有同类消费品销售价格的。

纳税人自产自用的应税消费品用于其他方面，在移送使用时应当纳税的，按照纳税人生产的同类消费品销售价格计算纳税。

同类消费品销售价格，是指纳税人当月销售的同类消费品的销售价格，如果当月同类消费品各期销售价格高低不同，应按销售数量加权平均计算。

2. 没有同类消费品销售价格的。

没有同类消费品销售价格，应按组成计税价格计算纳税。

实行从价定率计算组成计税价格，其计算公式为：

$$组成计税价格 = \frac{成本 + 利润}{1 - 比例税率} = \frac{成本 \times (1 + 成本利润率)}{1 - 比例税率}$$

$$应纳税额 = 组成计税价格 \times 比例税率$$

实行复合计征计算组成计税价格，其计算公式为：

$$组成计税价格 = \frac{成本 + 利润 + 自产自用数量 \times 定额税率}{1 - 比例税率}$$

$$= \frac{成本 \times (1 + 成本利润率) + 自产自用数量 \times 定额税率}{1 - 比例税率}$$

$$应纳税额 = 组成计税价格 \times 比例税率 + 自产自用数量 \times 定额税率$$

上述公式中的"成本"是指应税消费品的生产成本，"利润"是指根据应税消费品的全国平均成本利润率计算的利润。应税消费品的全国平均成本利润率由国家税务总局确定。

二、委托加工应税消费品应纳税额的计算

企业、单位或个人由于设备、技术、人力等方面的局限或其他方

面的原因，需委托其他单位代为加工应税消费品，收回加工好的应税消费品后，直接销售或自己使用。这是生产应税消费品的另一种形式，也需要纳入征收消费税的范围。

（一）委托加工应税消费品的确定

委托加工的应税消费品，是指由委托方提供原料和主要材料，受托方只收取加工费和代垫部分辅助材料加工的应税消费品。

对于由受托方提供原材料生产的应税消费品，或者受托方先将原材料卖给委托方，然后再接受加工的应税消费品，以及由受托方以委托方名义购进原材料生产的应税消费品，不论纳税人在财务上是否作销售处理，都不得作为委托加工应税消费品，而应当按照销售自制应税消费品缴纳消费税。

（二）代收代缴消费税款的规定

委托加工应税消费品，委托方为消费税纳税人，受托方是代收代缴义务人。

委托加工的应税消费品，除受托方为个人外，由受托方在向委托方交货时代收代缴消费税。纳税人委托个人（含个体工商户）加工应税消费品，委托方收回后在委托方所在地缴纳消费税。

如果受托方没有按有关规定代收代缴消费税，按照《税收征收管理法》规定，对受托方处以应代收代缴税款50%以上3倍以下的罚款。对于受托方未按规定代收代缴税款的，不能因此免除委托方补缴税款的责任，应由委托方补缴消费税税款，委托方补缴税款的计税依据是：如果收回的应税消费品已直接销售，按销售额计税补征；如果收回的应税消费品尚未销售或用于连续生产等，按组成计税价格计税补征。计税价格的计算公式与委托加工应税消费品的组成计税价格公式相同。

委托加工的应税消费品，受托方在交货时已代收代缴消费税，委托方收回后直接销售（不高于受托方的计税价格出售），不再征收消费税。委托方以高于受托方的计税价格出售的，不属于直接出售，需按照规定申报缴纳消费税，在计税时准予扣除受托方已代收代缴的消费税。

（三）计税依据和应纳税额的计算

委托加工的应税消费品的计税依据分以下两种情况：

1. 受托方有同类消费品销售价格的。

受托方有同类消费品销售价格的，按照受托方的同类消费品的销售价格计算纳税。同类消费品的销售价格，是指受托方当月销售的同类消费品的销售价格，如果当月同类消费品各期销售价格高低不同，应按销售数量加权平均计算。

2. 受托方没有同类消费品销售价格的。

实行从价定率计算组成计税价格，其计算公式为：

$$组成计税价格 = \frac{材料成本 + 加工费}{1 - 比例税率}$$

$$应纳税额 = 组成计税价格 \times 比例税率$$

实行复合计征计算组成计税价格，其计算公式为：

$$组成计税价格 = \frac{材料成本 + 加工费 + 委托加工数量 \times 定额税率}{1 - 比例税率}$$

$$应纳税额 = 组成计税价格 \times 比例税率 + 委托加工数量 \times 定额税率$$

材料成本，是指委托方所提供加工材料的实际成本。委托加工应税消费品的纳税人，必须在委托加工合同上如实注明（或以其他方式提供）材料成本，凡未提供材料成本的，受托方主管税务机关有权核定其材料成本。

加工费，是指受托方加工应税消费品向委托方所收取的全部费用（包括代垫辅助材料的实际成本，不包括增值税税金）。

【例3-4】A 企业委托 B 企业加工一批应税消费品，A 企业为 B 企业提供原材料，实际成本为 7 000 元，支付给 B 企业不含增值税的加工费 2 000 元，其中包括 B 企业代垫的辅助材料 500 元。已知适用消费税税率为 10%，且实行从价定率办法计征。受托方无同类消费品销售价格。请计算 B 企业代收代缴应税消费品的消费税税款。

3-4 委托加工消费税应纳税额计算例题答案解析

三、进口应税消费品应纳消费税的计算

进口的应税消费品，于报关进口时缴纳消费税；进口的应税消费品的消费税由海关代征；进口的应税消费品，由进口人或者其代理人向报关地海关申报纳税；纳税人进口应税消费品，应当自海关填发海关进口消费税专用缴款书之日起 15 日内缴纳税款。

（一）实行从价定率办法应纳税额的计算

实行从价定率办法计算纳税的组成计税价格，其计算公式为：

$$组成计税价格 = \frac{关税完税价格 + 关税}{1 - 消费税比例税率}$$

$$应纳税额 = 组成计税价格 \times 消费税比例税率$$

关税完税价格，是指海关核定的关税计税价格。

（二）实行从量定额办法应纳税额的计算

$$应纳税额 = 应税消费品数量 \times 消费税定额税率$$

（三）实行复合计税办法应纳税额的计算

$$组成计税价格 = \frac{关税完税价格 + 关税 + 进口数量 \times 消费税定额税率}{1 - 消费税比例税率}$$

$$应纳税额 = 组成计税价格 \times 消费税比例税率 + 进口数量 \times 消费税定额税率$$

【例 3-5】 某商贸公司 2024 年 11 月从国外进口一批应税消费品，已知该批应税消费品的关税完税价格为 80 万元，按规定应缴纳关税 10 万元，假定进口的应税消费品的消费税税率为 20%。计算该批消费品进口环节应纳消费税税额。

四、已纳消费税扣除的计算

为了避免重复征税，现行消费税规定，将外购应税消费品和委托加工收回的应税消费品连续生产应税消费品销售的，可以将外购应税消费品和委托加工收回应税消费品已缴纳的消费税给予扣除。

（一）外购应税消费品已纳税款的扣除

1. 外购应税消费品连续生产应税消费品。

由于某些应税消费品是用外购已缴纳消费税的应税消费品连续生产出来的，在对这些连续生产出来的应税消费品计算征税时，税法规定应按当期生产领用数量计算准予扣除外购的应税消费品已纳的消费税税款。扣除范围包括：

（1）外购已税烟丝生产的卷烟。

（2）外购已税高档化妆品为原料生产的高档化妆品。

（3）外购已税珠宝玉石为原料生产的贵重首饰及珠宝玉石。

（4）外购已税鞭炮、焰火为原料生产的鞭炮、焰火。

（5）外购已税杆头、杆身和握把为原料生产的高尔夫球杆。

（6）外购已税木制一次性筷子为原料生产的木制一次性筷子。

（7）外购已税实木地板为原料生产的实木地板。

（8）外购已税汽油、柴油、石脑油、燃料油、润滑油为原料连续生产的应税成品油。

（9）外购葡萄酒连续生产应税葡萄酒。

2. 外购应税消费品后销售。

对自己不生产应税消费品，而只是购进后再销售应税消费品的工业企业，其销售的高档化妆品，鞭炮、焰火和珠宝玉石，凡不能构成最终消费品直接进入消费品市场，而需进一步生产加工、包装、贴标的或者组合的珠宝玉石，高档化妆品，鞭炮、焰火等，应当征收消费税，同时允许扣除上述外购应税消费品的已纳税款。

（二）委托加工收回应税消费品已纳税款的扣除

委托加工的应税消费品因为已由受托方代收代缴消费税，因此委托方收回货物后用于连续生产应税消费品的，其已纳税款准予按照规定从连续生产的应税消费品应纳消费税税额中抵扣。扣除范围包括：

1. 以委托加工收回的已税烟丝为原料生产的卷烟。

2. 以委托加工收回的已税高档化妆品为原料生产的高档化妆品。

3. 以委托加工收回的已税珠宝玉石为原料生产的贵重首饰及珠宝玉石。

4. 以委托加工收回的已税鞭炮、焰火为原料生产的鞭炮、焰火。

5. 以委托加工收回的已税杆头、杆身和握把为原料生产的高尔夫球杆。

6. 以委托加工收回的已税木制一次性筷子为原料生产的木制一次性筷子。

7. 以委托加工收回的已税实木地板为原料生产的实木地板。

8. 以委托加工收回的已税汽油、柴油、石脑油、燃料油、润滑油为原料用于连续生产的应税成品油。

【例3-6】A地板厂2024年11月外购一批实木素板，取得的增值税专用发票注明素板金额50万元、税额6.5万元。A厂将外购素板40%加工成实木地板，当月对外销售并开具增值税专用发票注明销售金额40万元、税额5.2万元。计算A厂当月应纳消费税为多少（实木地板消费税税率5%）。

3-6　已纳消费税扣除的计算例题答案解析

五、批发、零售环节应纳消费税的计算

（一）卷烟批发环节征收消费税的规定

1. 纳税义务人：在中华人民共和国境内从事卷烟批发业务的单位和个人。

2. 征收范围：纳税人批发销售的所有牌号规格的卷烟。

3. 计税依据：纳税人批发卷烟的销售额（不含增值税）和销售数量。

纳税人应将卷烟销售额与其他商品销售额分开核算，未分开核算的，一并征收消费税。

纳税人兼营卷烟批发和零售业务的，应当分别核算批发和零售环节的销售额、销售数量；未分别核算批发和零售环节销售额、销售数量的，按照全部销售额、销售数量计征批发环节消费税。

4. 适用税率：从价税率11%，从量税率0.005元/支。

5. 纳税地点:卷烟批发企业的机构所在地,总机构与分支机构不在同一地区的,由总机构申报纳税。

6. 卷烟消费税在生产和批发两个环节征收后,批发企业在计算纳税时不得扣除已含的生产环节的消费税税款。

(二)电子烟批发环节征收消费税的规定

1. 纳税义务人:在中华人民共和国境内批发电子烟的单位为消费税纳税人。

电子烟批环节纳税人,是指取得烟草专卖批发企业许可证并经营电子烟批发业务的企业。

2. 征收范围:电子烟。

3. 税率:电子烟批发环节的税率为11%。

4. 计税依据:纳税人批发电子烟的,按照批发电子烟的销售额计算纳税。

(三)金银首饰零售环节征收消费税的规定

1. 纳税义务人:在中华人民共和国境内从事金银首饰零售业务的单位和个人,为金银首饰消费税的纳税人。

2. 征收范围:自1995年1月1日起,金、银和金基、银基合金首饰,以及金、银和金基、银基合金的镶嵌首饰消费税改为零售环节征税。自2002年1月1日起,钻石及钻石饰品消费税改为零售环节征税。自2003年5月1日起,铂金首饰消费税改为零售环节征税。

3. 税率:金银首饰零售环节消费税税率为5%。

4. 计税依据:纳税人销售金银首饰,其计税依据为不含增值税的销售额。纳税人采用以旧换新(含翻新改制)方式销售的金银首饰,应按实际收取的不含增值税的全部价款确定计税依据征收消费税。

5. 金银首饰消费税改变纳税环节后,用已税珠宝玉石生产的镶嵌首饰,在计税时一律不得扣除已纳的消费税税款。

【例3-7】2024年11月,某商场(一般纳税人)首饰部销售业务如下:采用以旧换新方式销售金银首饰,该批首饰市场零售价13.97万元,旧首饰作价的含税金额为5.85万元,商场实际收到8.12万元;修理金银首饰取得含税收入2.32万元;零售镀金首饰取得收入7.02万元。计算该商场当月应纳消费税。

3-7 金银首饰零售环节消费税计算例题答案解析

(四)超豪华小汽车零售环节征收消费税的规定

1. 征税范围:每辆零售价格130万元(不含增值税)及以上的乘用车和中轻型商用客车。

2. 纳税人：将超豪华小汽车销售给消费者的单位和个人为超豪华小汽车零售环节纳税人。

3. 税率：税率为 10% 。

4. 应纳税额的计算：

应纳税额 = 零售环节销售额（不含增值税）× 零售环节税率

5. 国内汽车生产企业直接销售给消费者的超豪华小汽车，消费税税率按照生产环节税率和零售环节税率加总计算。

【例 3 - 8】某汽车厂为增值税一般纳税人，2024 年 11 月向消费者销售自产超豪华小汽车，取得含增值税销售额 452 万元。超豪华小汽车生产环节消费税税率为 40% ，零售环节消费税税率为 10% 。请计算该汽车厂本月应缴纳的消费税税额。

3-8 超豪华小汽车消费税计算例题答案解析

六、消费税出口退税的规定

对纳税人出口应税消费品，免征消费税；国务院另有规定的除外。出口应税消费品退（免）消费税在政策上分为以下三种情况。

（一）出口免税并退税

出口企业出口或视同出口适用增值税退（免）税的货物，免征消费税，如果属于购进出口的货物，退还前一环节对其已征的消费税。

属于从价计征消费税的，计税依据为已征且未在内销应税消费品应纳税额中抵扣的购进出口货物金额；属于从量计征消费税的，计税依据为已征且未在内销应税消费品应纳税额中抵扣的购进出口货物数量；属于复合计征消费税的，按从价计征和从量计征的计税依据分别确定。出口应税消费品，退税率（税额）为税法规定的税率或单位税额。

（二）出口免税不退税

出口企业出口或视同出口适用增值税免税政策的货物，免征消费税，但不退还其以前环节已征的消费税，且不允许在内销应税消费品应纳消费税税款中抵扣。

（三）出口不免税也不退税

出口企业出口或视同出口适用增值税征税政策的货物，应按规定缴纳消费税，不退还其以前环节已征的消费税，且不允许在内销应税消费品应纳消费税税款中抵扣。

第六节 征收管理

一、纳税义务发生时间

消费税纳税义务发生时间按不同的销售结算方式分为以下几种情况。

1. 纳税人销售的应税消费品,其纳税义务发生的时间为:

(1) 纳税人采取赊销和分期收款结算方式的,为书面合同约定的收款日期的当天,书面合同没有约定收款日期或者无书面合同的,为发出应税消费品的当天。

(2) 纳税人采取预收货款结算方式的,为发出应税消费品的当天。

(3) 纳税人采取托收承付和委托银行收款方式的,为发出应税消费品并办妥托收手续的当天。

(4) 纳税人采取其他结算方式的,为收讫销售款或者取得索取销售款凭据的当天。

2. 纳税人自产自用应税消费品的,其纳税义务的发生时间,为移送使用的当天。

3. 纳税人委托加工应税消费品的,其纳税义务的发生时间,为纳税人提货的当天。

4. 纳税人进口应税消费品的,其纳税义务的发生时间,为报关进口的当天。

二、纳税期限

消费税的纳税期限分别为 1 日、3 日、5 日、10 日、15 日、1 个月或者 1 个季度。纳税人的具体纳税期限,由主管税务机关根据纳税人应纳税额的大小分别核定;不能按照固定期限纳税的,可以按次纳税。

纳税人以 1 个月或者 1 个季度为 1 个纳税期的,自期满之日起 15 日内申报纳税;以其他期限纳税的,自期满之日起 5 日内预缴税款,于次月 1 日起 15 日内申报纳税并结清上月税款。纳税人进口应税消费品,应当自海关填发海关进口消费税专用缴款书之日起 15 日内缴纳税款。

三、纳税地点

消费税纳税地点分为以下几种情况。

1. 纳税人销售的应税消费品及自产自用的应税消费品，除国家另有规定外，应当向纳税人机构所在地或者居住地的主管税务机关申报纳税。纳税人的总机构与分支机构不在同一县（市）的，应当分别向各自机构所在地的主管税务机关申报纳税；经财政部、国家税务总局或者其授权的财政、税务机关批准，可以由总机构汇总向总机构所在地的主管税务机关申报纳税。

2. 纳税人到外县（市）销售或委托外县（市）代销自产应税消费品的，于应税消费品销售后，向机构所在地或者居住地主管税务机关申报纳税。

3. 委托加工的应税消费品，除受托方为个人外，由受托方向机构所在地或者居住地的主管税务机关解缴消费税税款。委托个人加工的应税消费品，由委托方向其机构所在地或者居住地主管税务机关申报纳税。

4. 进口的应税消费品，由进口人或由其代理人向报关地海关申报纳税。此外，个人携带或者邮寄进境的应税消费品的消费税，连同关税由海关一并计征。具体办法由国务院关税税则委员会会同有关部门制定。

【本 章 小 结】

消费税的征税范围包括：生产应税消费品、委托加工应税消费品、进口应税消费品，以及属于特殊情形的批发应税消费品和零售应税消费品。消费税的税率采用比例税率、定额税率和复合税率三种形式，应纳税额的计算采用从价定率征收、从量定额征收以及从量定额和从价定率相结合的复合计税三种方法。

纳税人自产应税消费品用于连续生产应税消费品的不纳税，用于其他方面的在移送使用时纳税；纳税人委托加工或者购买的应税消费品用于连续生产应税消费品的，在销售时缴纳消费税，但准予扣除委托加工或者外购应税消费品已经缴纳的消费税。

【本章重要术语】

自产自用应税消费品　委托加工应税消费品　同类消费品的销售价格

3-9 视野拓展

第四章
企业所得税

【学习目标】

知识目标：通过学习企业所得税法，掌握企业所得税的基本概念、税制要素，包括征税对象、税率、税前扣除项目以及税收优惠政策等，理解企业所得税的计算方法和申报流程。

能力目标：通过学习企业所得税法，培养学生分析和解决企业所得税问题的能力，包括企业税务筹划、企业资产的税务处理等操作技能。

育人目标：通过学习企业所得税法，培养学生的法治意识和社会责任感，使其认识到依法纳税的重要性，以及企业在促进社会公平和经济发展中的作用。

第一节 概　述

企业所得税是对我国境内的企业和其他取得收入的组织的生产经营所得和其他所得征收的一种税。企业所得税以企业的生产经营所得为计税基数，我国境内的企业和其他取得收入的组织都是企业所得税的纳税人，与其他税种相比征税范围广，在普遍征收的基础上，能使各类企业税负较为公平。企业所得税属于企业的终端税种，纳税人缴纳的所得税一般不易转嫁，而由纳税人自己负担。企业所得税法，是指国家制定的用以调整企业所得税征收与缴纳之间权利及义务关系的法律规范。现行企业所得税的基本规范是 2007 年 3 月 16 日第十届全国人民代表大会第五次全体会议通过的《中华人民共和国企业所得税法》（以下简称《企业所得税法》）和 2007 年 11 月 28 日国务院第一百九十七次常务会议通过的《中华人民共和国企业所得税法实施条例》（以下简称《实施条例》）。

企业所得税是对我国境内的企业和其他取得收入的组织的生产经营所得和其他所得征收的一种税。企业所得税的作用主要有：（1）促进企业改善经营管理活动，提升企业的盈利能力。（2）调节产业结构，促进经济发展。（3）为国家建设筹集财政资金。

第二节　纳税义务人、征税对象与税率

一、纳税义务人

企业所得税的纳税义务人，是指在中华人民共和国境内的企业和其他取得收入的组织。《企业所得税法》第一条规定，除个人独资企业、合伙企业不适用企业所得税法外，凡在我国境内，企业和其他取得收入的组织（以下统称"企业"）为企业所得税的纳税人，依照本法规定缴纳企业所得税。

这里的企业包括国有企业、集体企业、私营企业、联营企业、股份制企业、外商投资企业、外国企业以及有生产、经营所得和其他所得的其他组织。根据居民税收管辖权原则，将企业所得税的纳税义务人分为居民企业和非居民企业。

（一）居民企业

居民企业，是指在中国境内成立，或者依照外国（地区）法律成立但实际管理机构在中国境内的企业。其中，实际管理机构，是指对企业的生产经营、人员、账务、财产等实施实质性全面管理和控制的机构。

（二）非居民企业

非居民企业，是指依照外国（地区）法律成立，实际管理机构不在中国境内，但在中国境内设立机构、场所的，或者在中国境内未设立机构、场所但有来源于中国境内所得的企业。这里所说的机构、场所，是指在中国境内从事生产经营活动的机构、场所，包括以下几种情况：

1. 管理机构、营业机构、办事机构。
2. 工厂、农场、开采自然资源的场所。
3. 提供劳务的场所。
4. 从事建筑、安装、装配、修理、勘探等工程作业的场所。

5. 其他从事生产经营活动的机构、场所。

非居民企业委托营业代理人在中国境内从事生产经营活动的，包括委托单位或者个人经常代其签订合同，或者储存、支付货物等，该营业代理人视为非居民企业在中国境内设立的机构、场所。

二、征税对象

企业所得税以纳税人取得的生产经营所得、其他所得和清算所得为征税对象。生产经营所得，是指从事物质生产、交通运输、商品流通、劳务服务，以及经国务院财政部门确认的其他营利事业取得的所得。其他所得，包括转让财产收入、股息、红利等权益性投资收益，利息收入，租金收入，特许权使用费收入，接受捐赠收入和其他收入。纳税人按照章程规定解散或破产，以及因其他原因宣布终止时，其清算终了后的清算所得，也属于企业所得税的征税对象。

（一）居民企业的征税对象

居民企业应当就其来源于中国境内、境外的所得缴纳企业所得税。其中，来源于境外的所得，纳税人已按收入来源地原则在境外缴纳了所得税，为避免重复征税，在境外实际缴纳的所得税款，准予在汇总纳税时从其应纳税款中抵免。

（二）非居民企业的征税对象

非居民企业在中国境内设立机构、场所的，应当就其所设机构、场所取得的来源于中国境内所得，以及发生在中国境外但与其所设机构、场所有实际联系的所得，缴纳企业所得税。

非居民企业在中国境内未设立机构、场所，或者虽设立机构、场所但取得的所得与其所设机构、场所没有实际联系的，应当就其来源于中国境内的所得缴纳企业所得税。上述所称实际联系，是指非居民企业在中国境内设立的机构、场所拥有的据以取得所得的股权、债权，以及拥有、管理、控制据以取得所得的财产。

4-1 企业所得税的纳税人及其纳税范围

（三）所得来源的确定

1. 销售货物所得，按交易活动发生地确定。

2. 提供劳务所得，按劳务发生地确定。

3. 动产转让所得。

（1）不动产转让所得按照不动产所在地确定。

（2）动产转让所得按照转让动产的企业或者机构、场所所在地确定。

（3）权益性投资资产转让所得按照被投资企业所在地确定。

4. 股息、红利等权益性投资所得，按照分配所得的企业所在地确定。

5. 利息所得、租金所得、特许权使用费所得，按照负担、支付所得的企业或者机构、场所所在地确定；或者负担、支付所得的个人住所地确定。

6. 其他所得，由国务院财政、税务主管部门确定。

4-2　企业所得税所得来源地的认定

三、税率

企业所得税实行比例税率。比例税率简便易行，透明度高，不会因征税而改变企业间收入分配比例，有利于促进效率的提高。

（一）基本税率

企业所得税的基本税率为 25%，适用于居民企业和在中国境内设立机构、场所且所得与机构、场所有关联的非居民企业。

（二）低税率

低税率为 20%，适用于在中国境内未设立机构、场所的，或者虽设立机构、场所但取得的所得与其所设机构、场所没有实际联系的非居民企业，但实际减按 10% 的税率征收。

（三）优惠税率

国家需要重点扶持的高新技术企业减按 15% 税率征收企业所得税。在全国范围内对经认定的技术先进型服务企业，减按 15% 的税率征收企业所得税。小型微利企业减按 20% 的税率征收企业所得税。

第三节　应纳税所得额

应纳税所得额是指企业所得税的计税依据，按照企业所得税法的规定，应纳税所得额为企业每一个纳税年度的收入总额，减除不征税收入、免税收入、各项扣除以及允许弥补的以前年度亏损后的余额。基本公式为：

$$\text{应纳税所得额} = \text{收入总额} - \text{不征税收入} - \text{免税收入} - \text{各项扣除} - \text{允许弥补的以前年度亏损}$$

一、收入总额

企业的收入总额包括以货币形式和非货币形式从各种来源取得的收入。其中,企业取得收入的货币形式,包括现金、存款、应收账款、应收票据、准备持有至到期的债券投资以及债务的豁免等;企业以非货币形式取得的收入,包括固定资产、生物资产、无形资产、股权投资、存货、不准备持有至到期的债券投资、劳务以及有关权益等。企业以非货币形式取得的收入,应当按照公允价值确定收入额,即按照市场价格确定的价值。

(一)一般收入的确认

1. 销售货物收入,指企业销售商品、产品、原材料、包装物、低值易耗品以及其他存货取得的收入。

2. 提供劳务收入,指企业从事建筑安装、修理修配、交通运输、仓储租赁、金融保险、邮电通信、咨询经纪、文化体育、科学研究、技术服务、教育培训、餐饮住宿、中介代理、卫生保健、社区服务、旅游、娱乐、加工以及其他劳务服务活动取得的收入。

3. 转让财产收入,指企业转让固定资产、生物资产、无形资产、股权、债权等财产取得的收入。

企业转让股权,应于转让协议生效且完成股权变更手续时,确认收入的实现。转让股权收入扣除为取得该股权所发生的成本后,为股权转让所得。企业在计算股权转让所得时,不得扣除被投资企业未分配利润等股东留存收益中按该项股权所可能分配的金额。

4. 股息、红利等权益性投资收益,指企业因权益性投资从被投资方取得的收入。股息、红利等权益性投资收益,除国务院财政、税务主管部门另有规定外,按照被投资方作出利润分配决定的日期确认收入的实现。

5. 利息收入,指企业将资金提供他人使用但不构成权益性投资,或者因他人占用本企业资金取得的收入,包括存款利息、贷款利息、债券利息、欠款利息等收入。利息收入,按照合同约定的债务人应付利息的日期确认收入的实现。

6. 租金收入,指企业提供固定资产、包装物或者其他有形资产的使用权取得的收入。租金收入,按照合同约定的承租人应付租金的日期确认收入的实现。其中,如果交易合同或协议中规定租赁期限跨年度,且租金提前一次性支付的,根据《实施条例》第九条规定的收入与费用配比原则,出租人可对上述已确认的收入,在租赁期内,分期均匀计入相关年度收入。

7. 特许权使用费收入，指企业提供专利权、非专利技术、商标权、著作权及其他特许权的使用权取得的收入。特许权使用费收入，按照合同约定的特许权使用人应付特许权使用费的日期确认收入的实现。

8. 接受捐赠收入，指企业接受的来自其他企业、组织或个人无偿给予的货币性资产、非货币性资产。接受捐赠收入，按照实际收到捐赠资产的日期确认收入的实现。

9. 其他收入。指企业取得的除以上收入外的其他收入，包括企业资产溢余收入、逾期未退包装物押金收入、确实无法偿付的应付款项、已作坏账损失处理后又收回的应收款项、债务重组收入、补贴收入、违约金收入、汇兑收益等。

（二）特殊收入的确认

1. 以分期收款方式销售货物的，按照合同约定的收款日期确认收入的实现。

2. 企业受托加工制造大型机械设备、船舶、飞机，以及从事建筑、安装、装配工程业务或者提供其他劳务等，持续时间超过 12 个月的，按照纳税年度内完工进度或者完成的工作量确认收入的实现。

3. 采取产品分成方式取得收入的，按照企业分得产品的日期确认收入的实现，其收入额按照产品的公允价值确定。

4. 企业发生非货币性资产交换，以及将货物、财产、劳务用于捐赠、偿债、赞助、集资、广告、样品、职工福利或者利润分配等用途的，应当视同销售货物、转让财产或者提供劳务，但国务院财政、税务主管部门另有规定的除外。

（三）处置资产收入的确认

1. 企业发生下列情形的处置资产，除将资产转移至境外以外，由于资产所有权属在形式和实质上均不发生改变，可作为内部资产处置，不视同销售确认收入，相关资产的计税基础延续计算。

（1）将资产用于生产、制造、加工另一产品。

（2）改变资产形状、结构或性能。

（3）改变资产用途（如，自建商品房转为自用或经营）。

（4）将资产在总机构及其分支机构之间转移。

（5）上述两种或两种以上情形的混合。

（6）其他不改变资产所有权属的用途。

2. 企业将资产移送他人的下列情形，因资产所有权属发生改变而不属于内部处置资产，应按视同销售确认收入。

（1）用于市场推广或销售。

（2）用于交际应酬。

（3）用于职工奖励或职工福利。

（4）用于股息分配。

（5）用于对外捐赠。

（6）其他改变资产所有权属的用途。

3. 企业发生第 2 条规定情形时，属于企业自制的资产，应按企业同类资产同期对外销售价格确定销售收入；属于外购的资产，可按购入时的价格确定销售收入。

（四）相关收入实现的确认

除《企业所得税法》及实施条例前述关于收入的规定外，企业销售收入的确认，必须遵循权责发生制原则和实质重于形式原则。

1. 企业销售商品同时满足下列条件的，应确认收入的实现：

（1）商品销售合同已经签订，企业已将商品所有权相关的主要风险和报酬转移给购货方。

（2）企业对已售出的商品既没有保留通常与所有权相联系的继续管理权，也没有实施有效控制。

（3）收入的金额能够可靠地计量。

（4）已发生或将发生的销售方的成本能够可靠地核算。

2. 符合上款收入确认条件，采取下列商品销售方式的，应按以下规定确认收入实现时间：

（1）销售商品采用托收承付方式的，在办妥托收手续时确认收入。

（2）销售商品采取预收款方式的，在发出商品时确认收入。

（3）销售商品需要安装和检验的，在购买方接受商品以及安装和检验完毕时确认收入。如果安装程序比较简单，可在发出商品时确认收入。

（4）销售商品采用支付手续费方式委托代销的，在收到代销清单时确认收入。

3. 采用售后回购方式销售商品的，销售的商品按售价确认收入，回购的商品作为购进商品处理。有证据表明不符合销售收入确认条件的，如以销售商品方式进行融资，收到的款项应确认为负债，回购价格大于原售价的，差额应在回购期间确认为利息费用。

4. 销售商品以旧换新的，销售商品应当按照销售商品收入确认条件确认收入，回收的商品作为购进商品处理。

5. 企业为促进商品销售而在商品价格上给予的价格扣除属于商业折扣，商品销售涉及商业折扣的，应当按照扣除商业折扣后的金额确定销售商品收入金额。

债权人为鼓励债务人在规定的期限内付款而向债务人提供的债务

4-3　企业转让上市公司限售股有关所得税处理

4-4　企业接收政府和股东划入资产的企业所得税处理

4-5　非货币性资产对外投资企业所得税处理

扣除属于现金折扣，销售商品涉及现金折扣的，应当按扣除现金折扣前的金额确定销售商品收入金额，现金折扣在实际发生时作为财务费用扣除。

企业因售出商品的质量不合格等原因而在售价上给予的减让属于销售折让；企业因售出商品质量、品种不符合要求等原因而发生的退货属于销售退回。企业已经确认销售收入的售出商品发生销售折让和销售退回，应当在发生当期冲减当期销售商品收入。

6. 企业在各个纳税期末，提供劳务交易的结果能够可靠估计的，应采用完工进度（完工百分比）法确认提供劳务收入。

（1）提供劳务交易的结果能够可靠估计，是指同时满足下列条件：

①收入的金额能够可靠地计量。

②交易的完工进度能够可靠地确定。

③交易中已发生和将发生的成本能够可靠地核算。

（2）企业提供劳务完工进度的确定，可选用下列方法：

①已完工作的测量。

②已提供劳务占劳务总量的比例。

③发生成本占总成本的比例。

（3）企业应按照从接受劳务方已收或应收的合同或协议价款确定劳务收入总额，根据纳税期末提供劳务收入总额乘以完工进度扣除以前纳税年度累计已确认提供劳务收入后的金额，确认为当期劳务收入；同时，按照提供劳务估计总成本乘以完工进度扣除以前纳税期间累计已确认劳务成本后的金额，结转为当期劳务成本。

（4）下列提供劳务满足收入确认条件的，应按规定确认收入：

①安装费。应根据安装完工进度确认收入。安装工作是商品销售附带条件的，安装费在确认商品销售实现时确认收入。

②宣传媒介的收费。应在相关的广告或商业行为出现于公众面前时确认收入。广告的制作费，应根据制作广告的完工进度确认收入。

③软件费。为特定客户开发软件的收费，应根据开发的完工进度确认收入。

④服务费。包含在商品售价内可区分的服务费，在提供服务的期间分期确认收入。

⑤艺术表演、招待宴会和其他特殊活动的收费。在相关活动发生时确认收入。收费涉及几项活动的，预收的款项应合理分配给每项活动，分别确认收入。

⑥会员费。申请入会或加入会员，只允许取得会籍，所有其他服务或商品都要另行收费的，在取得该会员费时确认收入。申请入会或加入会员后，会员在会员期内不再付费就可得到各种服务或商品，或者以低于非会员的价格销售商品或提供服务的，该会员费应在整个受

益期内分期确认收入。

⑦特许权费。属于提供设备和其他有形资产的特许权费，在交付资产或转移资产所有权时确认收入；属于提供初始及后续服务的特许权费，在提供服务时确认收入。

⑧劳务费。长期为客户提供重复的劳务收取的劳务费，在相关劳务活动发生时确认收入。

（5）企业以买一赠一等方式组合销售本企业商品的，不属于捐赠，应将总的销售金额按各项商品的公允价值的比例来分摊确认各项的销售收入。

（6）企业取得财产（包括各类资产、股权、债权等）转让收入、债务重组收入、接收捐赠收入、无法偿付的应付款收入等，不论是以货币形式还是非货币形式体现，除另有规定外，均应一次性计入确认收入的年度计算缴纳企业所得税。

二、不征税收入和免税收入

国家为了扶持和鼓励某些特殊的纳税人和特定的项目，或者避免因征税影响企业的正常经营，对企业取得的某些收入予以不征税或免税的特殊政策，以减轻企业的负担，促进经济的协调发展。

（一）不征税收入

1. 财政拨款，是指各级人民政府对纳入预算管理的事业单位、社会团体等组织拨付的财政资金，国务院和国务院财政、税务主管部门另有规定的除外。

2. 依法收取并纳入财政管理的行政事业性收费、政府性基金。行政事业性收费，是指依照法律法规等有关规定，按照国务院规定程序批准，在实施社会公共管理，以及在向公民、法人或者其他组织提供特定公共服务过程中，向特定对象收取并纳入财政管理的费用。政府性基金，是指企业依照法律、行政法规等有关规定，代政府收取的具有专项用途的财政资金。

3. 国务院规定的其他不征税收入，是指企业取得的，由国务院财政、税务主管部门规定专项用途并经国务院批准的财政性资金。

（二）免税收入

1. 国债利息收入。

根据国家税务总局公告 2011 年第 36 号规定，自 2011 年 1 月 1 日起，按以下规定执行。

（1）国债利息收入时间确认。

①根据《企业所得税法实施条例》第十八条的规定，企业投资国债从国务院财政部门（以下简称发行者）取得的国债利息收入，应以国债发行时约定应付利息的日期，确认利息收入的实现。

②企业转让国债，应在国债转让收入确认时确认利息收入的实现。

（2）国债利息收入计算。

企业到期前转让国债，或者从非发行者投资购买的国债，其持有期间尚未兑付的国债利息收入，按以下公式计算确定：

国债利息收入 = 国债金额 × （适用年利率 ÷ 365） × 持有天数

上述公式中的"国债金额"，按国债发行面值或发行价格确定；"适用年利率"按国债票面年利率或折合年收益率确定；如企业不同时间多次购买同一品种国债的，"持有天数"可按平均持有天数计算确定。

【例4－1】某企业2024年投资收益中含转让国债收益85万元，该国债购入面值72万元，发行期限3年，年利率5%，转让时持有天数为700天。

要求：计算转让国债应调整的应纳税所得额。

转让国债应调减的应纳税所得额 = 72 × 5% ÷ 365 × 700 = 6.90（万元）

（3）国债利息收入免税问题。

根据《企业所得税法》第二十六条的规定，企业取得的国债利息收入，免征企业所得税。具体按以下规定执行：

①企业从发行者直接投资购买的国债持有至到期，其从发行者取得的国债利息收入，全额免征企业所得税。

②企业到期前转让国债，或者从非发行者投资购买的国债，其按上述第（2）项计算的国债利息收入，免征企业所得税。

（4）国债转让收入时间确认。

①企业转让国债应在转让国债合同、协议生效的日期，或者国债移交时确认转让收入的实现。

②企业投资购买国债，到期兑付的，应在国债发行时约定的应付利息的日期，确认国债转让收入的实现。

（5）国债转让收益（损失）计算。

企业转让或到期兑付国债取得的价款，减除其购买国债成本，并扣除其持有期间按照本公告第（2）条计算的国债利息收入以及交易过程中相关税费后的余额，为企业转让国债收益（损失）。

（6）国债转让收益（损失）征税问题。

根据《企业所得税法实施条例》第十六条规定，企业转让国债，应作为转让财产，其取得的收益（损失）应作为企业应纳税所得额计算纳税。

（7）通过支付现金方式取得的国债，以买入价和支付的相关税费为成本。

（8）通过支付现金以外的方式取得的国债，以该资产的公允价值和支付的相关税费为成本。

企业在不同时间购买同一品种国债的，其转让时的成本计算方法，可在先进先出法、加权平均法、个别计价法中选用一种。计价方法一经选用，不得随意改变。

2. 符合条件的居民企业之间的股息、红利等权益性收益，是指居民企业直接投资于其他居民企业取得的投资收益。

3. 在中国境内设立机构、场所的非居民企业从居民企业取得与该机构、场所有实际联系的股息、红利等权益性投资收益。其中不包括连续持有居民企业公开发行并上市流通的股票不足 12 个月取得的投资收益。

4. 符合条件的非营利组织的收入。符合条件的非营利组织是指：

（1）依法履行非营利组织登记手续。

（2）从事公益性或者非营利性活动。

（3）取得的收入除用于与该组织有关的、合理的支出外，全部用于登记核定或者章程规定的公益性或者非营利性事业。

（4）财产及其孳生息不用于分配。

（5）按照登记核定或者章程的规定，该组织注销后的剩余财产用于公益性或者非营利性目的，或者由登记管理机关转赠与该组织性质、宗旨相同的组织，并向社会公告。

（6）投入人对投入该组织的财产不保留或享有任何财产权利。

（7）工作人员工资福利开支控制在规定的比例内，不变相分配该组织的财产；

（8）国务院财政、税务主管部门规定的其他条件。

《企业所得税法》第二十六条第（四）项所称符合条件的非营利性组织的收入，不包括非营利组织从事营利性活动取得的收入，但国务院财政、税务主管部门另有规定的除外。

5. 非营利组织的下列收入为免税收入：

（1）接受其他单位或者个人捐赠的收入。

（2）除《企业所得税法》第七条规定的财政拨款以外的其他政府补助收入，但不包括因政府购买服务取得的收入。

（3）按照省级以上民政、财政部门规定收取的会费。

（4）不征税收入和免税收入孳生的银行存款利息收入。

（5）财政、国家税务总局规定的其他收入。

三、准予扣除项目

（一）扣除项目的原则

1. 权责发生制原则，是指企业费用在所属的发生期扣除。

2. 配比原则，是指企业费用应当与收入配比扣除，不得提前或滞后。

3. 相关性原则，是指企业可扣除的费用必须与取得的应税收入直接相关。

4. 确定性原则，是指企业可扣除费用无论何时支付，金额必须是确定的。

5. 合理性原则，是指符合生产经营活动常规，应当计入当期损益或有关资产成本的必要和正常的支出。

（二）一般规定

企业实际发生的与取得收入有关的、合理的支出，包括成本、费用、税金、损失和其他支出，准予在计算应纳税所得额时扣除。

1. 成本。

成本，是指企业在生产经营活动中发生的销售成本、销货成本、业务支出以及其他耗费。即企业销售商品（产品、材料、下脚料、废料、废旧物资等）提供劳务、转让固定资产、无形资产（含技术转让）的成本。

企业必须将经营活动中发生的成本合理划分为直接成本和间接成本。直接成本是可直接计入有关成本对象或劳务的经营成本中的直接材料、直接人工等，并直接计入对象或劳务的经营成本中。间接成本是指多个部门为同一个成本对象提供服务的共同成本或一种投入制造两种以上产品、劳务的联合成本，并以合理的方法分配计入有关成本计算对象中。

2. 费用。

费用，是指企业在生产经营活动中发生的管理费用、销售费用和财务费用，已经计入成本的有关费用除外。

（1）管理费用。

企业行政管理部门为管理组织经营活动提供各项支援性服务而发生的费用。

（2）销售费用。

应由企业负担的为销售商品而发生的费用，包括广告费、运输费、装卸费、展览费、保险费、销售佣金、代销手续费、经营性租赁、销售部门差旅费、工资、福利费等。

（3）财务费用。

企业筹集经营性资金而发生的费用，包括利息净支出、汇兑净损失、金融机构手续费及其他非资本化支出。

3. 税金。

企业发生的除企业所得税和允许抵扣的增值税以外的各项税金及其附加。即企业按规定缴纳的消费税、城市维护建设税、关税、资源税、土地增值税、房产税、车船税、土地使用税、印花税、教育费附加等产品销售税金及附加。

4. 损失。

企业在生产经营活动中发生的固定资产和存货的盘亏、毁损、报废损失、转让财产损失、呆账损失、坏账损失、自然灾害等不可抗力损失。

税前可以扣除的损失为净损失。即企业的损失减除责任人赔偿和保险赔款后的余额。

企业已经作为损失处理的资产，在以后纳税年度又全部收回或者部分收回时，应当计入当期收入。

5. 扣除的其他支出，是指扣除成本、费用、税金、损失外，企业在生产经营活动中发生的与生产经营活动有关的、合理支出。

（三）特殊规定

1. 工资、薪金支出。

（1）企业发生的合理的工资、薪金支出准予据实扣除。

工资薪金，是指企业每一纳税年度支付给在本企业任职或者受雇的员工的所有现金形式或者非现金形式的劳动报酬，包括基本工资、奖金、津贴、补贴、年终加薪、加班工资，以及与员工任职或者受雇有关的其他支出。

（2）企业因雇用季节工、临时工、实习生、返聘离退休人员及接受外部劳务派遣用工，也属于企业任职或者受雇员工范畴。

劳务派遣人员的工资薪金扣除分两种情况：第一，按照协议（合同）约定直接支付给劳务派遣公司的费用，应作为劳务费支出；第二，直接支付给员工个人的费用，应作为工资薪金支出和职工福利费支出。其中属于工资薪金支出的费用，准予计入企业工资薪金总额的基数，作为计算其他各项相关费用扣除的依据。

（3）属于国有性质的企业，其工资薪金不得超过政府有关部门给予的限定数额。超过部分，不得计入企业工资薪金总额，也不得在计算企业应纳税所得额时扣除。

（4）非国有性质的企业，"工资薪金总额"是指企业按照合理性确认原则实际发放的工资薪金总和，不包括企业的职工福利费、职工教育经费、工会经费以及养老保险费、医疗保险费、失业保险费、工伤保险费、生育保险费等社会保险费和住房公积金。

2. 上市公司股权激励计划。

3. 职工福利费、工会经费、职工教育经费。

企业发生的职工福利费、工会经费、职工教育经费按标准扣除，未超过标准的按实际数扣除，超过的标准的只能按标准扣除。

（1）职工福利费。

企业实际发生的职工福利费支出，不超过工资薪金总额14%的部分准予扣除。

企业职工福利费，包括以下内容：

①尚未实行分离办社会职能的企业，其内设福利部门所发生的设备、设施和人员费用，包括职工食堂、职工浴室、理发室、医务所、托儿所、疗养院等集体福利部门的设备、设施及维修保养费用和福利部门工作人员的工资薪金、社会保险费、住房公积金、劳务费等。

②为职工卫生保健、生活、住房、交通等所发放的各项补贴和非货币性福利，包括企业向职工发放的因公外地就医费用、未实行医疗统筹企业职工医疗费用、职工供养直系亲属医疗补贴、供暖费补贴、职工防暑降温费、职工困难补贴、救济费、职工食堂经费补贴、职工交通补贴等。

③按照其他规定发生的其他职工福利费，包括丧葬补助费、抚恤费、安家费、探亲假路费等。

同时，企业发生的职工福利费，应该单独设置账册，进行准确核算。没有单独设置账册准确核算的，税务机关应责令企业在规定的期限内进行改正。逾期仍未改正的，税务机关可对企业发生的职工福利费进行合理的核定。

职工福利费支付要求：

①职工福利费支付，来自外部的需要合法发票，如向职工发放的因公外地就医费用、未实行医疗统筹企业职工医疗费用；

②由企业自行发放的文件中规定的各种补贴，则根据相关国家有关政策依据和企业制定制度及标准，自制原始凭证，如为职工卫生保健、生活、住房、交通等所发放的各项补贴和非货币性福利，具体到职工供养直系亲属医疗补贴、供暖费补贴、职工防暑降温费、职工困难补贴、救济费、职工食堂经费补贴、职工交通补贴及按照其他规定发生的其他职工福利费，包括丧葬补助费、抚恤费、安家费、探亲假路费等。

（2）工会经费。

企业拨缴的工会经费，不超过工资薪金总额2%的部分准予扣除。

4 -6 上市公司
股权激励计划

企业拨缴的职工工会经费，不超过工资薪金总额2%的部分，凭工会组织开具的《工会经费收入专用收据》在企业所得税税前扣除。

委托税务机关代收工会经费的，企业拨缴的工会经费也可凭合法、有效的工会经费代收凭据依法在税前扣除。

（3）职工教育经费。

自2018年1月1日起，企业发生的职工教育经费支出，不超过工资薪金总额8%的部分，准予在计算企业所得税应纳税所得额时扣除；超过部分，准予在以后纳税年度结转扣除。

第一，职工教育经费支出范围。

①上岗和转岗培训；

②各类岗位适应性培训；

③岗位培训、职业技术等级培训、高技能人才培训；

④专业技术人员继续教育；

⑤特种作业人员培训；

⑥企业组织的职工外送培训的经费支出；

⑦职工参加的职业技能鉴定、职业资格认证等经费支出；

⑧购置教学设备与设施；

⑨职工岗位自学成才奖励费用；

⑩职工教育培训管理费用；

⑪经单位批准参加继续教育以及政府有关部门集中举办的专业技术、岗位培训、职业技术等级培训、高技能人才培训所需经费，可从职工所在企业职工教育培训经费中列支；

⑫矿山和建筑企业等聘用外来农民工较多的企业，以及在城市化进程中接受农村转移劳动力较多的企业，对农民工和农村转移劳动力培训所需的费用，可从职工教育培训经费中支出；

⑬有关职工教育的其他开支。

第二，不属于职工教育经费的支出范围。

①企业职工参加社会上的学历教育以及个人为取得学位而参加的在职教育，所需费用应由个人承担，不能挤占企业的职工教育培训经费。

②对于企业高层管理人员的境外培训和考察，其一次性单项支出较高的费用应从其他管理费用中支出，避免挤占日常的职工教育培训经费开支。

③专职教职员工的工资和各项劳保、福利、奖金等，以及按规定发给脱产学习的学员工资，不包括在职工教育经费以内，由本人所在单位按规定开支。

④学员学习用的教科书，参考资料、计算尺（器）、小件绘图仪器（如量角器、三角板、圆规等）和笔墨、纸张等其他学习用品，

应由学员个人自理，不得在职工教育经费中开支。

⑤举办职工教育所必须购置的设备，凡符合固定资产标准的，按规定分别由基建投资或企业更新改造资金、行政、事业费中开支，不列入职工教育经费。

⑥举办职工教育所需的教室、校舍、教育基地，应按因陋就简的原则，尽量在现有房屋中调剂解决。必须新建的，老企业可在企业更新改造资金中安排解决；行政、事业单位在基本建设投资中开支；新建单位在设计时就要考虑职工教育必要的设施，所需资金在新建项目的总投资之内解决。

第三，职工教育经费支出的特殊规定。

①集成电路设计企业和符合条件软件企业的职工培训费用，应单独进行核算并按实际发生额在计算应纳税所得额时扣除。对于不能准确进行划分的，以及准确划分后职工教育经费中扣除职工培训费用的余额，一律按照工资薪金总额8%的比例扣除。

②核力发电企业为培养核电厂操纵员发生的培养费用，可作为企业的发电成本在税前扣除。企业应将核电厂操纵员培养费与员工的职工教育经费严格区分，单独核算，员工实际发生的职工教育经费支出不得计入核电厂操纵员培养费直接扣除。

【例4-2】某企业2024年已计入成本费用的实际发放的合理工资、薪金总额为500万元，实际发生职工福利费72万元，拨缴工会经费14万元，已经取得工会拨缴收据，实际发生职工教育经费45万元，该企业在计算2024年应纳税所得额时，就上述业务应调整的应纳税所得额为多少万元？

职工福利费扣除限额=500×14%=70（万元），实际发生72万元，准予扣除70万元，纳税调增2万元；工会经费扣除限额=500×2%=10（万元），实际拨缴14万元，准予扣除10万元，纳税调增4万元；职工教育经费扣除限额=500×8%=40（万元），实际发生45万元，准予扣除40万元，纳税调增5万元。应调增的应纳税所得额=2+4+5=11（万元）。

4. 专项缴费。

（1）企业依照国务院有关主管部门或者省级人民政府规定的范围和标准为职工缴纳的基本养老保险费、基本医疗保险费、失业保险费、工伤保险费、生育保险费等基本社会保险费和住房公积金，准予扣除。

（2）①补充养老保险范围和标准：自2008年1月1日起，企业根据国家有关政策规定，为在本企业任职或者受雇的全体员工支付的补充养老保险费、补充医疗保险费，分别在不超过职工工资总额5%标准内的部分，在计算应纳税所得额时准予扣除；超过的部分，不予扣除。

②补充养老保险扣除的特殊规定：补充养老保险的缴纳必须惠及"全体员工"，如果只针对部分人员所缴纳的补充养老保险不得扣除。

（3）除企业依照国家有关规定为特殊工种职工支付的人身安全保险费和国务院财政、税务主管部门规定可以扣除的其他商业保险费外，企业为投资者或者职工支付的商业保险费，不得扣除。

5. 借款费用。

（1）企业在生产经营活动中发生的合理的不需要资本化的借款费用，准予扣除。

（2）企业为购置、建造固定资产、无形资产和经过 12 个月以上的建造才能达到预定可销售状态的存货发生借款的，在有关资产购置、建造期间发生的合理的借款费用，应当作为资本性支出计入有关资产的成本；有关资产交付使用后发生的借款利息，可在发生当期扣除。

（3）企业通过发行债券、取得贷款、吸收保户储金等方式融资而发生的合理的费用支出，符合资本化条件的，应计入相关资产成本；不符合资本化条件的，应作为财务费用，准予在企业所得税前据实扣除。

6. 利息费用。

企业在生产经营活动中发生的下列利息支出，准予扣除：

（1）非金融企业向金融企业借款的利息支出、金融企业的各项存款利息支出和同业拆借利息支出、企业经批准发行债券的利息支出。

（2）非金融企业向非金融企业借款的利息支出，不超过按照金融企业同期同类贷款利率计算的数额的部分。

"同期同类贷款利率"是指在贷款期限、贷款金额、贷款担保以及企业信誉等条件基本相同下，金融企业提供贷款的利率。既可以是金融企业公布的同期同类平均利率，也可以是金融企业对某些企业提供的实际贷款利率。

【例 4 - 3】某工业企业 2024 年 4 月 1 日向非金融企业借款 300 万元用于建造厂房，年利率为 8%，借款期限为 12 个月。该厂房于 2023 年开始建造，2024 年 9 月 30 日完工并办理竣工验收手续。已知银行同期同类贷款年利率为 6%，则该企业在计算 2024 年企业所得税应纳税所得额时准予直接扣除的利息支出为多少万元？

2024 年 4 ~ 9 月的利息应作为资本性支出计入厂房的成本，不再发生当期扣除。当年准予扣除的利息支出 = 300 × 6% × 3/12 = 4.5（万元）

7. 从关联方接受借款的利息支出。

（1）关联企业利息费用的扣除。企业从其关联方接受的债权性投资与权益性投资的比例超过规定标准而发生的利息支出，不得在计算应纳税所得额时扣除。

债权性投资，是指企业直接或者间接从关联方获得的，需要偿还本金和支付利息或者需要以其他具有支付利息性质的方式予以补偿的融资。企业间接从关联方获得的债权性投资，包括关联方通过无关联第三方提供的债权性投资、无关联第三方提供的、由关联方担保且负有连带责任的债权性投资和其他间接从关联方获得的具有负债实质的债权性投资。

权益性投资，是指企业接受的不需要偿还本金和支付利息，投资人对企业净资产拥有所有权的投资。

根据《财政部国家税务总局关于企业关联方利息支出税前扣除标准有关税收政策问题的通知》（财税〔2008〕121号）规定：

①在计算应纳税所得额时，企业实际支付给关联方的利息支出，不超过以下规定比例和税法及其实施条例有关规定计算的部分，准予扣除，超过的部分不得在发生当期和以后年度扣除。

企业实际支付给关联方的利息支出，除符合以下②外，其接受关联方债权性投资与其权益性投资比例为：金融企业，为5∶1；其他企业，为2∶1。

②企业如果能够按照税法及其实施条例的有关规定提供相关资料，并证明相关交易活动符合独立交易原则的；或者该企业的实际税负不高于境内关联方的，其实际支付给境内关联方的利息支出，在计算应纳税所得额时准予扣除。

③企业同时从事金融业务和非金融业务，其实际支付给关联方的利息支出，应按照合理方法分开计算；没有按照合理方法分开计算的，一律按本通知第一条有关其他企业的比例计算准予税前扣除的利息支出。

④企业自关联方取得的不符合规定的利息收入应按照有关规定缴纳企业所得税。

【例4-4】某企业2024年年初按金融机构同期同类贷款利率从其关联方借款6 800万元用于生产经营，本年度发生借款利息408万元。已知该企业权益性投资额为3 000万元。该企业在计算企业所得税应纳税所得额时，准予扣除的利息金额为多少万元？

企业实际支付给关联方的利息支出，除另有规定外，需要满足2个条件：①金融企业同期同类贷款利率；②债资比的要求，金融企业为5∶1，其他企业为2∶1。该企业的权益性投资额为3 000万元，接受关联方债权性投资不超过3 000×2＝6 000（万元）的部分对应的利息准予扣除，现借款6 800万元，准予扣除的利息金额是6 000万元产生的利息，借款利率＝408÷6 800×100%＝6%，则可以税前

扣除的利息金额 = 6 000 × 6% = 360（万元）

（2）企业向自然人借款的利息支出在企业所得税税前的扣除。

①企业向股东或其他与企业有关联关系的自然人借款的利息支出，应根据《中华人民共和国企业所得税法》第四十六条及《财政部、国家税务总局关于企业关联方利息支出税前扣除标准有关税收政策问题的通知》（财税〔2008〕121 号）规定的条件，计算企业所得税扣除额。

②企业向除①规定以外的内部职工或其他人员借款的利息支出，其借款情况同时符合以下条件的，其利息支出在不超过按照金融企业同期同类贷款利率计算的数额的部分，准予扣除。

条件一：企业与个人之间的借贷是真实、合法、有效的，并且不具有非法集资目的或其他违反法律、法规的行为；

条件二：企业与个人之间签订了借款合同。

8. 业务招待费。

（1）企业发生的与生产经营活动有关的业务招待费支出，按照发生额的60%扣除，但最高不得超过当年销售（营业）收入的5‰。

（2）业务招待费的支出范围。

①因企业生产经营需要而宴请或工作餐的开支；

②因企业生产经营需要赠送纪念品的开支；

③因企业生产经营需要而发生的旅游景点参观费和交通费及其他费用的开支；

④因企业生产经营需要而发生的业务关系人员的差旅费开支。

（3）计算基数销售（营业）收入。

销售（营业）收入包括销售货物收入、提供劳务收入等主营业务收入，还包括其他业务收入、视同销售收入。但是不含营业外收入（如让渡固定资产或无形资产所有权收入）、投资收益（有特例）。

（4）企业筹建期间业务招待费扣除。

企业在筹建期间，发生的与筹办活动有关的业务招待费支出，可按实际发生额的60%计入企业筹办费，并按有关规定在税前扣除。

（5）股权投资企业业务招待费扣除。

对从事股权投资业务的企业（包括集团公司总部、创业投资企业等），其从被投资企业所分配的股息、红利以及股权转让收入，可以按规定的比例计算业务招待费扣除限额。

【例4-5】某居民企业2024年度取得产品销售收入5 000万元（不含增值税，下同），销售不需要的材料取得收入400万元，分回的投资收益700万元，出租房屋取得租金收入60万元，发生管理费用280万元，其中包括业务招待费50万元。假设无其他需要纳税调整因素，该企业2024年度所得税前可以扣除多少管理费用？

企业发生的与生产经营活动有关的业务招待费支出，按照实际发生额的60%扣除，但最高不得超过当年销售（营业）收入的5‰。销售（营业）收入包含主营业务收入、其他业务收入以及会计上不确认收入但税法上确认收入的视同销售收入。销售（营业）收入 = 5 000 + 400 + 60 = 5 460（万元），业务招待费扣除限额1 = 5 460 × 5‰ = 27.3（万元）。

业务招待费扣除限额2 = 50 × 60% = 30（万元），大于27.3万元，按27.3万元扣除。税前可以扣除的管理费用 = 280 −（50 − 27.3）= 257.3（万元）。

9. 广告与业务宣传费。

（1）企业发生的符合条件的广告费和业务宣传费支出，除国务院财政、税务主管部门另有规定外，不超过当年销售（营业）收入15%的部分，准予扣除；超过部分，准予在以后纳税年度结转扣除。

（2）广告费和业务宣传费支出界定。

①业务宣传费是企业开展业务宣传活动所支付的费用，不一定必须是通过媒体的广告性费用，可以是广告性质的宣传，也包括企业发放的印有企业标志的礼品、纪念品等；

②广告费一般则是企业通过媒体向公众介绍商品、劳务和企业信息等发生的相关费用。广告费一般符合3个条件：一是广告是通过经工商部门批准的专门机构制作的；二是已实际支付费用，并取得相应发票；三是通过一定的媒体传播。

（3）广告费和业务宣传费支出的特殊规定。

①对化妆品制造或销售、医药制造和饮料制造（不含酒类制造）企业发生的广告费和业务宣传费支出，不超过当年销售（营业）收入30%的部分，准予扣除；超过部分，准予在以后纳税年度结转扣除。

②烟草企业的烟草广告费和业务宣传费支出，一律不得在计算应纳税所得额时扣除。

③企业在筹建期间，发生的广告费和业务宣传费，可按实际发生额计入企业筹办费，并按有关规定在税前扣除。

④对签订广告费和业务宣传费分摊协议（以下简称分摊协议）的关联企业，其中一方发生的不超过当年销售（营业）收入税前扣除限额比例内的广告费和业务宣传费支出可以在本企业扣除，也可以将其中的部分或全部按照分摊协议归集至另一方扣除。另一方在计算本企业广告费和业务宣传费支出企业所得税税前扣除限额时，可将按照上述办法归集至本企业的广告费和业务宣传费不计算在内。

【例4−6】某居民企业2024年度取得产品销售收入5 000万元（不含增值税，下同），销售不需要的材料取得收入400万元，分回的投资收益 700 万元，发生广告费和业务宣传费 900 万元。假设无其他需要纳税调整因素，该企业 2024 年度需要调整的应纳税所得额是多少？

企业发生的广告费和业务宣传费用扣除最高不得超过当年销售（营业）收入的 15%。销售（营业）收入包含主营业务收入、其他业务收入以及会计上不确认收入但税法上确认收入的视同销售收入。销售（营业）收入 = 5 000 + 400 = 5 400（万元），广告费和业务宣传费扣除限额 1 = 5 400 × 15% = 810（万元），小于 900 万元，按 810 万元扣除。

需要调增应纳税所得额 = 900 - 810 = 90（万元）。

10. 环境保护专项资金。

企业依照法律、行政法规有关规定提取的用于环境保护、生态恢复等方面的专项资金准予扣除；上述专项资金提取后改变用途的，不得扣除。

11. 保险费支出。

企业参加财产保险，按照规定缴纳的保险费，准予扣除。

12. 租赁费支出。

企业根据生产经营活动的需要租入固定资产支付的租赁费，按照以下方法扣除：

（1）以经营租赁方式租入固定资产发生的租赁费支出，按照租赁期限均匀扣除。

（2）以融资租赁方式租入固定资产发生的租赁费支出，按照规定构成融资租入固定资产价值的部分应当提取折旧费用，分期扣除。

13. 劳动保护费。

（1）企业发生的合理的劳动保护支出，准予扣除。

（2）企业根据其工作性质和特点，由企业统一制作并要求员工工作时统一着装所发生的工作服饰费用，根据《实施条例》第二十七条的规定，可以作为企业合理的支出给予税前扣除。

14. 公益性捐赠支出。

公益性捐赠是指企业通过公益性社会团体或者县级以上人民政府及其部门，用于《中华人民共和国公益事业捐赠法》规定的公益事业的捐赠。

（1）扣除标准。

①企业通过公益性社会组织或者县级（含县级）以上人民政府及其组成部门和直属机构，用于慈善活动、公益事业的捐赠支出，在年度利润总额 12% 以内的部分，准予在计算应纳税所得额时扣除；超过年度利润总额 12% 的部分，准予结转以后三年内在计算应纳税所得额时扣除。

公益性社会组织，应当依法取得公益性捐赠税前扣除资格。

年度利润总额是指企业依照国家统一会计制度的规定计算的年度会计利润。

②企业当年发生及以前年度结转的公益性捐赠支出，准予在当年税前扣除的部分，不能超过企业当年年度利润总额的12%。

③企业发生的公益性捐赠支出未在当年税前扣除的部分，准予向以后年度结转扣除，但结转年限自捐赠发生年度的次年起计算最长不得超过三年。

④企业在对公益性捐赠支出计算扣除时，应先扣除以前年度结转的捐赠支出，再扣除当年发生的捐赠支出。

（2）公益性社会团体，是指同时符合下列条件的基金会、慈善组织等社会团体：

①依法登记，具有法人资格。

②以发展公益事业为宗旨，且不以营利为目的。

③全部资产及其增值为该法人所有。

④收益和营运结余主要用于符合该法人设立目的的事业。

⑤终止后的剩余财产不归属任何个人或者营利组织。

⑥不经营与其设立目的无关的业务。

⑦有健全的财务会计制度。

⑧捐赠者不以任何形式参与社会团体财产的分配。

⑨国务院财政、税务主管部门会同国务院民政部门等登记管理部门规定的其他条件。

（3）用于公益事业的捐赠支出，是指《中华人民共和国公益事业捐赠法》规定的向公益事业的捐赠支出，具体范围包括：

①救助灾害、救济贫困、扶助残疾人等困难的社会群体和个人的活动。

②教育、科学、文化、卫生、体育事业。

③环境保护、社会公共设施建设。

④促进社会发展和进步的其他社会公共和福利事业。

（4）捐赠价值的确认。

公益性社会团体和县级以上人民政府及其组成部门和直属机构在接受捐赠时，捐赠资产的价值，按以下原则确认：

①接受捐赠的货币性资产，应当按照实际收到的金额计算；

②接受捐赠的非货币性资产，应当以其公允价值计算。捐赠方在向公益性社会团体和县级以上人民政府及其组成部门和直属机构捐赠时，应当提供注明捐赠非货币性资产公允价值的证明，如果不能提供上述证明，公益性社会团体和县级以上人民政府及其组成部门和直属机构不得向其开具公益性捐赠票据。

（5）对于通过公益性群众团体发生的公益性捐赠支出，主管税务机关应对照财政、税务部门联合发布的名单，接受捐赠的群众团体位于名单内，则企业或个人在名单所属年度发生的公益性捐赠支出可按规定进行税前扣除；接受捐赠的群众团体不在名单内，或虽在名单内但企业或个人发生的公益性捐赠支出不属于名单所属年度的，不得扣除。

【例4-7】某公司2023～2024年的会计利润和实际发生公益性捐赠情况如下表所示，假设当年无其他纳税调整事项，则该公司2024年应纳税所得额是多少？

项目	2023年	2024年
会计利润	2 000万元	3 500万元
公益性捐赠支出	400万元（非目标脱贫地区）	500万元（其中向目标脱贫地区捐赠100万元）

2023年公益性捐赠的税前扣除限额=2 000×12%=240（万元）。

超过限额的部分=400-240=160（万元）结转以后3个纳税年度扣除；

2024年公益性捐赠的税前扣除限额=3 500×12%=420（万元），先扣除2023年结转的160万元公益性捐赠之后（调减应纳税所得额160万元），剩余可以扣除的限额=420-160=260（万元）。2024年发生的公益性捐赠支出中，用于目标脱贫地区的捐赠支出，可以直接在税前扣除，剩余500-100=400（万元），需要在260万元的限额内扣除，需要结转以后年度扣除的捐赠支出为140万元，当年调增140万元。

2024年的应纳税所得额=3 500-160+140=3 480（万元）。

15. 有关资产的费用。

企业转让各类固定资产发生的费用，允许扣除。企业按规定计算的固定资产折旧费、无形资产和递延资产的摊销费，准予扣除。

16. 资产损失。

企业当期发生的固定资产和流动资产盘亏、毁损净损失，准予扣除。企业向税务机关申报扣除资产损失，仅需填报企业所得税年度纳税申报表《资产损失税前扣除及纳税调整明细表》，不再报送资产损失相关资料，相关资料由企业留存备查。

17. 总机构分摊的费用。

非居民企业在中国境内设立的机构、场所，就其中国境外总机构发生的与该机构、场所生产经营有关的费用，能够提供总机构出具的费用汇集范围、定额、分配依据和方法等证明文件，并合理分摊的，准予扣除。

18. 手续费及佣金。

（1）企业发生与生产经营有关的手续费及佣金支出，不超过以下规定计算限额以内的部分，准予扣除；超过部分，不得扣除。

①保险企业：财产保险企业按当年全部保费收入扣除退保金等后余额的15%（含本数，下同）计算限额；人身保险企业按当年全部保费收入扣除退保金等后余额的10%计算限额。

②房地产企业：企业委托境外机构销售开发产品的，其支付境外机构的销售费用（含佣金或手续费）不超过委托销售收入10%的部分，准予据实扣除。

③电信企业：电信企业在发展客户、拓展业务等过程中（如委托销售电话入网卡、电话充值卡等），需向经纪人、代办商支付手续费及佣金的，其实际发生的相关手续费及佣金支出，不超过企业当年收入总额5%的部分，准予在企业所得税前据实扣除。

④其他企业：按与具有合法经营资格中介服务机构或个人（不含交易双方及其雇员、代理人和代表人等）所签订服务协议或合同确认的收入金额的5%计算限额。

（2）佣金和手续费支出界定。

佣金是指代理人或经纪人为委托人介绍佣金生意或代买代卖而收取的报酬。根据佣金是否在价格条款中表明，可分为"明佣"或"暗佣"。"明佣"是指在合同价格条款中明确规定佣金率。"暗佣"是指暗中约定佣金率。若中间商从买卖双方都获得佣金，则被称"双头佣"。

手续费就是为代理他人办理有关事项，所收取的一种劳务补偿；或对委托人来讲，是属于因他人代为办理有关事项，而支付的相应报酬。如证券交易手续费、代办机票手续费、代扣代缴费用手续费、国债代办手续费等。

（3）佣金和手续费支付的具体要求。

①从事代理服务，主营业务收入为手续费、佣金的企业为取得该类收入实际发生的营业成本（包括手续费、佣金），据实扣除。

②除委托个人代理外，企业以现金等非转账方式支付的手续费及佣金不得在税前扣除。企业为发行权益性证券支付给有关证券承销机构的手续费及佣金不得在税前扣除。

③企业不得将手续费及佣金支出计入回扣、业务提成、返利、进场费等费用。

④企业已计入固定资产、无形资产等相关资产的手续费及佣金支出，应当通过折旧、摊销等方式分期扣除，不得在发生当期直接

扣除。

⑤企业支付的手续费及佣金不得直接冲减服务协议或合同金额，并如实入账。

⑥企业应当如实向当地主管税务机关提供当年手续费及佣金计算分配表和其他相关资料，并依法取得合法真实凭证。

19. 保险公司缴纳的保险保障基金。

20. 企业维简费支出。

企业实际发生的维简费支出，属于收益性支出的，可作为当期费用税前扣除；属于资本性支出的，应计入有关资产成本，并按企业所得税法规定计提折旧或摊销费用在税前扣除。

（1）企业按照有关规定预提的维简费，不得在当期税前扣除。

（2）2013 年 1 月 1 日前，企业按照有关规定提取且已在当期税前扣除的维简费，按以下规定处理：

①尚未使用的维简费，并未作纳税调整的，可不作纳税调整，应先抵减 2013 年实际发生的维简费，仍有余额的，继续抵减以后年度实际发生的维简费，至余额为零时，企业方可按照本公告第一条规定执行；已作纳税调整的，不再调回，直接按照本公告第一条规定执行。

②已用于资产投资并形成相关资产全部成本的，该资产提取的折旧或费用摊销额，不得税前扣除；已用于资产投资并形成相关资产部分成本的，该资产提取的折旧或费用摊销额中与该部分成本对应的部分，不得税前扣除；已税前扣除的，应调整作为 2013 年度应纳税所得额。

21. 企业参与政府统一组织的棚户区改造有关企业所得税政策。

（1）企业参与政府统一组织的工矿（含中央下放煤矿）棚户区改造、林区棚户区改造、垦区危房改造并同时符合一定条件的棚户区改造支出，准予在企业所得税前扣除。

（2）同时符合一定条件的棚户区改造支出，是指同时满足以下条件的棚户区改造支出：

①棚户区位于远离城镇、交通不便，市政公用、教育医疗等社会公共服务缺乏城镇依托的独立矿区、林区或垦区；

②该独立矿区、林区或垦区不具备商业性房地产开发条件；

③棚户区市政排水、给水、供电、供暖、供气、垃圾处理、绿化、消防等市政服务或公共配套设施不齐全；

④棚户区房屋集中连片户数不低于 50 户，其中，实际在该棚户区居住且在本地区无其他住房的职工（含离退休职工）户数占总户数的比例不低于 75%；

⑤棚户区房屋按照《房屋完损等级评定标准》和《危险房屋鉴

4-7 保险公司缴纳的保险保障基金

定标准》评定属于危险房屋、严重损坏房屋的套内面积不低于该片棚户区建筑面积的25%；

⑥棚户区改造已纳入地方政府保障性安居工程建设规划和年度计划，并由地方政府牵头按照保障性住房标准组织实施；异地建设的，原棚户区土地由地方政府统一规划使用或者按规定实行土地复垦、生态恢复。

22. 金融企业贷款损失准备金企业所得税税前扣除有关政策。

23. 关于可转换债券转换为股权投资的税务处理。

4-8　金融企业贷款损失准备金企业所得税税前扣除有关政策

4-9　关于可转换债券转换为股权投资的税务处理

四、不准扣除项目

根据《中华人民共和国企业所得税法》第十条规定，在计算应纳税所得额时，下列支出不得扣除：

1. 向投资者支付的股息、红利等权益性投资收益款项。

2. 企业所得税税款。

3. 税收滞纳金。

4. 罚金、罚款和被没收财物的损失。

5. 超过规定标准的捐赠支出。

6. 赞助支出，指与生产经营无关的非广告性质支出。

7. 未经核定的准备金支出，指不符合规定各项资产减值准备、风险准备等准备金支出。

8. 企业之间支付的管理费、企业内营业机构之间支付的租金和特许权使用费，以及非银行企业内营业机构之间支付的利息，不得扣除。

9. 与取得收入无关的其他支出。

五、亏损弥补

1. 亏损，是指企业依照《企业所得税法》及其《实施条例》的规定，将每一纳税年度的收入总额减除不征税收入、免税收入和各项扣除后小于零的数额。税法规定，企业某一纳税年度发生的亏损可以用下一年度的所得弥补，下一年度的所得不足以弥补的，可以逐年延续弥补，但最长不得超过5年。而且，企业在汇总计算缴纳企业所得税时，其境外营业机构的亏损不得抵减境内营业机构的盈利。

2. 自2018年1月1日起，当年具备高新技术企业或科技型中小企业资格（以下统称资格）的企业，其具备资格年度之前5个年度发生的尚未弥补完的亏损，准予结转以后年度弥补，最长结转年限由

5 年延长至 10 年。

上述所称高新技术企业，是指按照《科技部　财政部　国家税务总局关于修订印发〈高新技术企业认定管理办法〉的通知》（国科发火〔2016〕32 号）规定认定的高新技术企业；所称科技型中小企业，是指按照《科技部　财政部　国家税务总局关于印发〈科技型中小企业评价办法〉的通知》（国科发政〔2017〕115 号）规定取得科技型中小企业登记编号的企业。

3. 企业筹办期间不计算为亏损年度，企业自开始生产经营的年度，为开始计算企业损益的年度。企业从事生产经营之前进行筹办活动期间发生的筹办费用支出，不得计算为当期的亏损，企业可以在开始经营之日的当年一次性扣除，也可以按照税法有关长期待摊费用的处理规定处理，但一经选定，不得改变。

4. 对于税务机关对企业以前年度纳税情况进行检查时调增的应纳税所得额，凡企业以前年度发生亏损且该亏损属于《企业所得税法》规定允许弥补的，应允许以调增的应纳税所得额弥补该亏损。弥补该亏损后仍有余额的，按照《企业所得税法》规定计算缴纳企业所得税。对检查调增的应纳税所得额应根据其情节，依照《税收征收管理法》有关规定进行处理或处罚。

上述规定自 2010 年 12 月 1 日开始执行，以前年度（含 2008 年度之前）没有处理的事项，按本规定执行。

5. 对企业发现以前年度实际发生的、按照税法规定应在企业所得税税前扣除而未扣除或者少扣除的支出，企业作出专项申报及说明后，准予追补至该项目发生年度计算扣除，但追补确认期限不得超过 5 年。

企业由于上述原因多缴的企业所得税税款，可以在追补确认年度的企业所得税应纳税款中抵扣，不足抵扣的，可以向以后年度递延抵扣或申请退税。

亏损企业追补确认以前年度未在企业所得税税前扣除的支出，或盈利企业经过追补确认后出现亏损的，应先调整该项支出所属年度的亏损额，然后再按照弥补亏损的原则计算以后年度多缴的企业所得税税款，并按前款规定处理。

6. 受疫情影响较大的困难行业企业 2020 年度发生的亏损，最长结转年限由 5 年延长至 8 年。

困难行业企业，包括交通运输、餐饮、住宿、旅游（指旅行社及相关服务、游览景区管理两类）四大类，具体判断标准按照现行《国民经济行业分类》执行。困难行业企业 2020 年度主营业务收入须占收入总额（剔除不征税收入和投资收益）的 50% 以上。

六、非居民企业应纳税所得额

1. 股息、红利等权益性投资收益和利息、租金、特许权使用费所得，以收入全额为应纳税所得额。

2. 转让财产所得，以收入全额减除财产净值后的余额为应纳税所得额。

3. 其他所得，参照前两项规定的方法计算应纳税所得额。

第四节　资产的税务处理

资产是由于资本投资而形成的财产，对于资本性支出以及无形资产受让、开办、开发费用，不允许作为成本、费用从纳税人的收入总额中一次性扣除，只能采取分次计提折旧或分次摊销的方式予以扣除。即纳税人经营活动中使用的固定资产的折旧费用、无形资产和长期待摊费用的摊销费用可以扣除。税法规定，纳入税务处理范围的资产形式主要有固定资产、生物资产、无形资产、长期待摊费用、投资资产、存货等，均以历史成本为计税基础。历史成本是指企业取得该项资产时实际发生的支出。企业持有各项资产期间资产增值或者减值，除国务院财政、税务主管部门规定可以确认损益外，不得调整该资产的计税基础。

一、固定资产的税务处理

固定资产，是指企业为生产产品、提供劳务、出租或者经营管理而持有的、使用时间超过 12 个月的非货币性资产，包括房屋、建筑物、机器、机械、运输工具以及其他与生产经营活动有关的设备、器具、工具等。

（一）固定资产计税基础

1. 外购的固定资产，以购买价款和支付的相关税费以及直接归属于使该资产达到预定用途发生的其他支出为计税基础。

2. 自行建造的固定资产，以竣工结算前发生的支出为计税基础。

3. 融资租入的固定资产，以租赁合同约定的付款总额和承租人在签订租赁合同过程中发生的相关费用为计税基础，租赁合同未约定付款总额的，以该资产的公允价值和承租人在签订租赁合同过程中发生的相关费用为计税基础。

4. 盘盈的固定资产，以同类固定资产的重置完全价值为计税基础。

5. 通过捐赠、投资、非货币性资产交换、债务重组等方式取得的固定资产，以该资产的公允价值和支付的相关税费为计税基础。

6. 改建的固定资产，除已足额提取折旧的固定资产和租入的固定资产以外的其他固定资产，以改建过程中发生的改建支出增加计税基础。

（二）固定资产折旧的范围

在计算应纳税所得额时，企业按照规定计算的固定资产折旧，准予扣除。下列固定资产不得计算折旧扣除：

1. 房屋、建筑物以外未投入使用的固定资产。

2. 以经营租赁方式租入的固定资产。

3. 以融资租赁方式租出的固定资产。

4. 已足额提取折旧仍继续使用的固定资产。

5. 与经营活动无关的固定资产。

6. 单独估价作为固定资产入账的土地。

7. 其他不得计算折旧扣除的固定资产。

（三）固定资产折旧的计提方法

1. 企业应当自固定资产投入使用月份的次月起计算折旧；停止使用的固定资产，应当自停止使用月份的次月起停止计算折旧。

2. 企业应当根据固定资产的性质和使用情况，合理确定固定资产的预计净残值。固定资产的预计净残值一经确定，不得变更。

3. 固定资产按照直线法计算的折旧，准予扣除。

（四）固定资产折旧的计提年限

除国务院财政、税务主管部门另有规定外，固定资产计算折旧的最低年限如下：

1. 房屋、建筑物，为20年。

2. 飞机、火车、轮船、机器、机械和其他生产设备，为10年。

3. 与生产经营活动有关的器具、工具、家具等，为5年。

4. 飞机、火车、轮船以外的运输工具，为4年。

5. 电子设备，为3年。

从事开采石油、天然气等矿产资源的企业，在开始进行商业性生产前发生的费用和有关固定资产的折耗、折旧方法，由国务院财政、税务主管部门另行规定。

（五）固定资产折旧的处理

1. 企业固定资产会计折旧年限如果短于税法规定的最低折旧年

限，其按会计折旧年限计提的折旧高于按税法规定的最低折旧年限计提的折旧部分，应调增当期应纳税所得额；企业固定资产会计折旧年限已期满且会计折旧已提足，但税法规定的最低折旧年限尚未到期且税收折旧尚未足额扣除。其未足额扣除的部分准予在剩余的税收折旧年限继续按规定扣除。

2. 企业固定资产会计折旧年限如果长于税法规定的最低折旧年限，其折旧应按会计折旧年限计算扣除，税法另有规定的除外。

3. 企业按会计规定提取的固定资产减值准备，不得税前扣除，其折旧仍按税法确定的固定资产计税基础计算扣除。

4. 企业按税法规定实行加速折旧的，其按加速折旧办法计算的折旧额可全额在税前扣除。

5. 石油天然气开采企业在计提油气资产折耗（折旧）时，由于会计与税法规定的计算方法不同导致的折耗（折旧）差异，应按税法规定进行纳税调整。

（六）固定资产改扩建的税务处理

自 2011 年 7 月 1 日起，企业对房屋、建筑物等固定资产在未足额提取折旧前进行改扩建的，如属于推倒重置的，该资产原值减除提取折旧后的净值，应并入重置后的固定资产计税成本，并在该固定资产投入使用后的次月起，按照税法规定的折旧年限，一并计提折旧；如属于提升功能、增加面积的，该固定资产的改扩建支出，应并入该固定资产计税基础，并从改扩建完工投入使用后的次月起，重新按税法规定的该固定资产折旧年限计提折旧，如该改扩建后的固定资产尚可使用的年限低于税法规定的最低年限的，可以按尚可使用的年限计提折旧。

（七）企业所得税核定征收改为查账征收后有关资产的税务处理

1. 企业能够提供资产购置发票的，以发票载明金额为计税基础；不能提供资产购置发票的，可以凭购置资产的合同（协议）、资金支付证明、会计核算资料等记载金额，作为计税基础。

2. 企业核定征税期间投入使用的资产，改为查账征税后，按照税法规定的折旧、摊销年限，扣除该资产投入使用年限后，就剩余年限继续计提折旧、摊销额并在税前扣除。

（八）文物、艺术品资产的税务处理

企业购买的文物、艺术品用于收藏、展示、保值增值的，作为投资资产进行税务处理。文物、艺术品资产在持有期间，计提的折旧、

摊销费用，不得税前扣除。

二、无形资产的税务处理

无形资产，是指企业长期使用，但没有实物形态的资产，包括专利权、商标权、著作权、土地使用权、非专利技术、商誉等。

（一）无形资产的计税基础

无形资产按照以下方法确定计税基础：

1. 外购的无形资产，以购买价款和支付的相关税费以及直接归属于使该资产达到预定用途发生的其他支出为计税基础。

2. 自行开发的无形资产，以开发过程中该资产符合资本化条件后至达到预定用途前发生的支出为计税基础。

3. 通过捐赠、投资、非货币性资产交换、债务重组等方式取得的无形资产，以该资产的公允价值和支付的相关税费为计税基础。

（二）无形资产摊销的范围

在计算应纳税所得额时，企业按照规定计算的无形资产摊销费用，准予扣除。下列无形资产不得计算摊销费用扣除：

1. 自行开发的支出已在计算应纳税所得额时扣除的无形资产。
2. 自创商誉。
3. 与经营活动无关的无形资产。
4. 其他不得计算摊销费用扣除的无形资产。

（三）无形资产的摊销方法及年限

无形资产的摊销，采取直线法计算。无形资产的摊销年限不得低于 10 年。作为投资或者受让的无形资产，有关法律规定或者合同约定了使用年限的，可以按照规定或者约定的使用年限分期摊销。外购商誉的支出，在企业整体转让或者清算时，准予扣除。

无形资产摊销的起止时间，当月增加的无形资产，当月开始摊销；当月减少的无形资产，当月不再摊销。

第五节 税 收 优 惠

税收优惠，是指国家对某一部分特定企业和课税对象给予减税或免税的一种措施。税法规定的企业所得税优惠方式主要包括免税收

4－10 生物资产的税务处理

4－11 长期待摊费用的税务处理

4－12 存货的税务处理

4－13 投资资产的税务处理

4－14 税法规定与会计规定差异的处理

入、减计收入、加计扣除、加速折旧、所得减免、抵扣应纳税所得额、减低税率、税额抵免等。

企业享受优惠事项采取"自行判别、申报享受、相关资料留存备查"的办理方式。企业应当根据经营情况以及相关税收规定自行判断是否符合优惠事项规定的条件，符合条件的可以按照《企业所得税优惠事项管理目录》列示的时间自行计算减免税额，并通过填报企业所得税纳税申报表享受税收优惠。同时，按照规定归集和留存相关资料备查。

一、居民企业税收优惠政策

（一）从事农、林、牧、渔业项目的所得

1. 企业从事下列项目所得，免征企业所得税：

（1）蔬菜、谷物、薯类、油料、豆类、棉花、麻类、糖料、水果、坚果的种植。

（2）农作物新品种的选育。

（3）中药材的种植。

（4）林木的培育和种植。

（5）林产品的采集。

（6）牲畜、家禽的饲养。

（7）远洋捕捞。

（8）灌溉、农产品初加工、兽医、农技推广、农机作业和维修等农、林、牧、渔服务业。

2. 企业从事下列项目所得，减半征税：

（1）花卉、茶以及其他饮料作物和香料作物的种植。

（2）海水养殖、内陆养殖。

（二）从事国家重点扶持的公共基础设施项目投资经营的所得

《企业所得税法》所称国家重点扶持的公共基础设施项目，是指《公共基础设施项目企业所得税优惠目录》规定的港口码头、机场、铁路、公路、城市公共交通、电力、水利等项目。

1. 企业从事国家重点扶持的公共基础设施项目的投资经营的所得，自项目取得第一笔生产经营收入所属纳税年度起，第 1 年至第 3 年免征企业所得税，第 4 年至第 6 年减半征收（以下简称"三免三减半"）企业所得税。

2. 企业承包经营、承包建设和内部自建自用上述规定的项目，

不得享受上述规定的企业所得税优惠。

3. 企业投资经营符合《公共基础设施项目企业所得税优惠目录》规定条件和标准的公共基础设施项目，采用一次核准、分批次（如码头、泊位、航站楼、跑道、路段、发电机组等）建设，凡同时符合以下条件的，可按每一批次为单位计算所得，并享受企业所得税"三免三减半"优惠：

（1）不同批次在空间上相互独立。

（2）每一批次自身具备取得收入的功能。

（3）以每一批次为单位进行会计核算，单独计算所得，并合理分摊期间费用。

（三）从事符合条件的环境保护、节能节水项目的所得

环境保护、节能节水项目的所得，自项目取得第一笔生产经营收入所属纳税年度起，享受企业所得税"三免三减半"优惠。

符合条件的环境保护、节能节水项目，包括公共污水处理、公共垃圾处理、沼气综合开发利用、节能减排技术改造、海水淡化等。项目的具体条件和范围由国务院财政、税务主管部门商国务院有关部门制定，报国务院批准后公布施行。

但是以上规定享受减免税优惠的项目，在减免税期限内转让的，受让方自受让之日起，可以在剩余期限内享受规定的减免税优惠；减免税期限届满后转让的，受让方不得就该项目重复享受减免税优惠。

（四）继续实施农村饮水安全工程的所得

对农村饮水工程运营管理单位从事《公共基础设施项目企业所得税优惠目录》规定的饮水工程新建项目投资经营的所得，自项目取得第一笔生产经营收入所属纳税年度起，第一年至第三年免征企业所得税，第四年至第六年减半征收企业所得税。

上述所称饮水工程，是指为农村居民提供生活用水而建设的供水工程设施。所称饮水工程运营管理单位，是指负责饮水工程运营管理的自来水公司、供水公司、供水（总）站（厂、中心）、村集体、农民用水合作组织等单位。

（五）符合条件的技术转让所得

1. 享受税收优惠的"技术"范围。

（1）技术转让的范围，包括居民企业转让专利技术、计算机软件著作权、集成电路布图设计权、植物新品种、生物医药新品种，以及财政部和国家税务总局确定的其他技术。其中：专利技术，是指法律授予独占权的发明、实用新型和非简单改变产品图案的外观设计。

（2）本通知所称技术转让，是指居民企业转让其拥有符合本通知第一条规定技术的所有权或 5 年以上（含 5 年）全球独占许可使用权的行为。

2. 享受减免企业所得税优惠的技术转让应符合以下条件：

（1）享受优惠的技术转让主体是《企业所得税法》规定的居民企业。

（2）技术转让属于财政部、国家税务总局规定的范围。

（3）境内技术转让经省级以上科技部门认定。

（4）向境外转让技术经省级以上商务部门认定。

（5）国务院税务主管部门规定的其他条件。

3. 享受优惠的所得额计算。

技术转让所得＝技术转让收入－技术转让成本－相关税费

（1）技术转让收入：当事人履行技术转让合同后获得的价款。其中：技术咨询、技术服务、技术培训（三项服务）的收入须同时具备：①转让方为使受让方掌握所转让技术、实现产业化而提供的必要的三项服务所产生的收入；②在技术转让合同中约定；③三项服务收入与该技术转让项目收入一并收取。

不包括转让设备、仪器、零部件、原材料等非技术性收入，与技术转让无密不可分关系的三项收入。

（2）技术转让成本即转让无形资产的净值。

转让无形资产的净值＝无形资产计税基础－按照规定摊销的扣除额

（3）相关税费指技术转让中实际发生的税费，包括合同签订费、律师费、除增值税外的各项税费与附加。

4. 居民企业非独占技术转让所得优惠。

（1）自 2015 年 10 月 1 日起，全国范围内的居民企业转让 5 年（含，下同）以上非独占许可使用权取得的技术转让所得，纳入享受企业所得税优惠的技术转让所得范围。居民企业的年度技术转让所得不超过 500 万元的部分，免征企业所得税；超过 500 万元的部分，减半征收企业所得税。

所称技术包括专利（含国防专利）、计算机软件著作权、集成电路布图设计专有权、植物新品种权、生物医药新品种，以及财政部和国家税务总局确定的其他技术。其中，专利是指法律授予独占权的发明、实用新型以及非简单改变产品图案和形状的外观设计。

（2）企业转让符合条件的 5 年以上非独占许可使用权的技术，限于其拥有所有权的技术。技术所有权的权属由国务院行政主管部门确定。其中，专利由国家知识产权局确定权属；国防专利由总装备部确定权属；计算机软件著作权由国家版权局确定权属；集成电路布图设计专有权由国家知识产权局确定权属；植物新品种权由农业部确定权属；生物医药新品种由国家食品药品监督管理总局确定权属。

（3）符合条件的 5 年以上非独占许可使用权技术转让所得应按以下方法计算：

$$\text{技术转让所得} = \text{技术转让收入} - \text{无形资产摊销费用} - \text{相关税费} - \text{应分摊期间费用}$$

技术转让收入是指转让方履行技术转让合同后获得的价款，不包括销售或转让设备、仪器、零部件、原材料等非技术性收入。不属于与技术转让项目密不可分的技术咨询、服务、培训等收入，不得计入技术转让收入。技术许可使用权转让收入，应按转让协议约定的许可使用权人应付许可使用权使用费的日期确认收入的实现。

无形资产摊销费用是指该无形资产按税法规定当年计算摊销的费用。涉及自用和对外许可使用的，应按照受益原则合理划分。

相关税费是指技术转让过程中实际发生的有关税费，包括除企业所得税和允许抵扣的增值税以外的各项税金及其附加、合同签订费用、律师费等相关费用。

应分摊期间费用（不含无形资产摊销费用和相关税费）是指技术转让按照当年销售收入占比分摊的期间费用。

5. 技术转让应签订技术转让合同。其中，境内的技术转让须经省级以上（含省级）科技部门认定登记，跨境的技术转让须经省级以上（含省级）商务部门认定登记，涉及财政经费支持生产技术的转让，需经省级以上（含省级）科技部门审批。

6. 居民企业技术出口应由有关部门按照商务部、科技部发布的《中国禁止出口限制出口技术目录》（商务部、科技部令 2008 年第 12 号）进行审查。居民企业取得禁止出口和限制出口技术转让所得，不享受技术转让减免企业所得税优惠政策。

7. 不享受税收优惠的技术转让。

（1）居民企业取得的禁止出口和限制出口的技术转让所得。

（2）居民企业从直接或间接持有股份 100% 的关联方取得的技术转让收入。

（3）未单独计算技术转让所得、期间费用分摊不合理的。

二、高新技术企业优惠

（一）高新技术企业的优惠税率

国家需要重点扶持的高新技术企业减按 15% 的税率征收企业所得税。国家需要重点扶持的高新技术企业，是指拥有核心自主知识产权，并同时符合下列条件的企业：

4－15 生产和装配伤残人员专门用品企业的所得

4－16 经营性文化事业单位转制为企业的所得

1. 企业申请认定时须注册成立一年以上。

2. 企业通过自主研发、受让、受赠、并购等方式，获得对其主要产品（服务）在技术上发挥核心支持作用的知识产权的所有权。

3. 对企业主要产品（服务）发挥核心支持作用的技术属于《国家重点支持的高新技术领域》规定的范围。

4. 企业从事研发和相关技术创新活动的科技人员占企业当年职工总数的比例不低于10%。

5. 企业近3个会计年度（实际经营期不满3年的按实际经营时间计算，下同）的研究开发费用总额占同期销售收入总额的比例符合如下要求：

（1）最近一年销售收入小于5 000万元（含）的企业，比例不低于5%。

（2）最近一年销售收入在5 000万元至2亿元（含）的企业，比例不低于4%。

（3）最近一年销售收入在2亿元以上的企业，比例不低于3%。

其中，企业在中国境内发生的研究开发费用总额占全部研究开发费用总额的比例不低于60%。

6. 近一年高新技术产品（服务）收入占企业同期总收入的比例不低于60%。

7. 企业创新能力评价应达到相应要求。

8. 企业申请认定前一年内未发生重大安全、重大质量事故或严重环境违法行为。

（二）高新技术企业境外所得适用税率及税收抵免规定

根据《财政部　国家税务总局关于高新技术企业境外所得适用税率及税收抵免问题的通知》（财税〔2011〕47号）规定，自2010年1月1日起，高新技术企业境外所得适用税率及税收抵免有关问题按以下规定执行：

1. 以境内、境外全部生产经营活动有关的研究开发费用总额、总收入、销售收入总额、高新技术产品（服务）收入等指标申请并经认定的高新技术企业，其来源于境外的所得可以享受高新技术企业所得税优惠政策，即对其来源于境外所得可以按照15%的优惠税率缴纳企业所得税，在计算境外抵免限额时，可按照15%的优惠税率计算境内外应纳税总额。

2. 上述高新技术企业境外所得税收抵免的其他事项，仍按照《财政部　国家税务总局关于企业境外所得税收抵免有关问题的通知》（财税〔2009〕125号）的有关规定执行。

3. 此处所称高新技术企业，是指依照《企业所得税法》及其

《实施条例》规定，经认定机构按照《高新技术企业认定管理办法》（国科发火〔2008〕172号）和《高新技术企业认定管理工作指引》（国科发火〔2008〕362号）认定取得高新技术企业证书并正在享受企业所得税15%税率优惠的企业。

（三）高新技术企业资格复审期间企业所得税预缴规定

根据《国家税务总局关于实施高新技术企业所得税优惠政策有关问题的公告》（国家税务总局公告2017年第24号）规定，高新技术企业资格复审结果公示之前企业所得税预缴按以下规定执行：

企业的高新技术企业资格期满当年，在通过重新认定前，其企业所得税暂按15%的税率预缴，在年底前仍未取得高新技术企业资格的，应按规定补缴相应期间的税款。

（四）取消高新技术企业资格的情况

已认定的高新技术企业有下列行为之一的，由认定机构取消其高新技术企业资格。

1. 在申请认定过程中存在严重弄虚作假行为的。

2. 发生重大安全、重大质量事故或有严重环境违法行为的。

3. 未按期报告与认定条件有关重大变化情况，或累计2年未填报年度发展情况报表的。

对被取消高新技术企业资格的企业，由认定机构通知税务机关按《税收征收管理法》及有关规定，追缴其自发生上述行为之日所属年度起已享受的高新技术企业税收优惠。

三、技术先进型服务企业优惠

（一）技术先进型服务企业的优惠税率

自2017年1月1日起，在全国范围内对经认定的技术先进型服务企业，减按15%的税率征收企业所得税。

（二）技术先进型服务企业的条件

享受符合规定的企业所得税优惠政策的技术先进型服务企业必须同时符合以下条件：

1. 在中国境内（不包括港、澳、台地区）注册的法人企业。

2. 从事《技术先进型服务业务认定范围（试行）》中的一种或多种技术先进型服务业务，采用先进技术或具备较强的研发能力。

3. 具有大专以上学历的员工占企业职工总数的50%以上。

4. 从事《技术先进型服务业务认定范围（试行）》中的技术先进型服务业务取得的收入占企业当年总收入的50%以上。

5. 从事离岸服务外包业务取得的收入不低于企业当年总收入的35%。

从事离岸服务外包业务取得的收入，是指企业根据境外单位与其签订的委托合同，由本企业或其直接转包的企业为境外单位提供《技术先进型服务业务认定范围（试行）》中所规定的信息技术外包服务（ITO）、技术性业务流程外包服务（BPO）和技术性知识流程外包服务（KPO），而从上述境外单位取得的收入。

4-17　技术先进型服务企业的认定管理

四、从事污染防治的第三方企业优惠

1. 根据财政部、税务总局、国家发展改革委、生态环境部公告2023年第38号规定，对符合条件的从事污染防治的第三方企业（以下称第三方防治企业），自2024年1月1日起至2027年12月31日止减按15%的税率征收企业所得税。

上述所称第三方防治企业是指受排污企业或政府委托，负责环境污染治理设施（包括自动连续监测设施，下同）运营维护的企业。

2. 上述所称第三方防治企业应当同时符合以下条件：

（1）在中国境内（不包括港、澳、台地区）依法注册的居民企业；

（2）具有1年以上连续从事环境污染治理设施运营实践，且能够保证设施正常运行；

（3）具有至少5名从事本领域工作且具有环保相关专业中级及以上技术职称的技术人员，或者至少2名从事本领域工作且具有环保相关专业高级及以上技术职称的技术人员；

（4）从事环境保护设施运营服务的年度营业收入占总收入的比例不低于60%；

（5）具备检验能力，拥有自有实验室，仪器配置可满足运行服务范围内常规污染物指标的检测需求；

（6）保证其运营的环境保护设施正常运行，使污染物排放指标能够连续稳定达到国家或者地方规定的排放标准要求；

（7）具有良好的纳税信用，近三年内纳税信用等级未被评定为C级或D级。

3. 第三方防治企业，自行判断其是否符合上述条件，符合条件的可以申报享受税收优惠，相关资料留存备查。税务部门依法开展后续管理过程中，可转请生态环境部门进行核查，生态环境部门可以委托专业机构开展相关核查工作，具体办法由税务总局会同国家发展改革委、生态环境部制定。

五、小型微利企业优惠

（一）小型微利企业 2023 年 1 月 1 日至 2027 年 12 月 31 日优惠政策

1. 对小型微利企业减按 25% 计算应纳税所得额，按 20% 的税率缴纳企业所得税。

2. 小型微利企业是指从事国家非限制和禁止行业，且同时符合年度应纳税所得额不超过 300 万元、从业人数不超过 300 人、资产总额不超过 5 000 万元三个条件的企业。从业人数，包括与企业建立劳动关系的职工人数和企业接受的劳务派遣用工人数。所称从业人数和资产总额指标，应按企业全年的季度平均值确定。具体计算公式如下：

$$季度平均值 =（季初值 + 季末值）\div 2$$
$$全年季度平均值 = 全年各季度平均值之和 \div 4$$

年度中间开业或者终止经营活动的，以其实际经营期作为一个纳税年度确定上述相关指标。

（二）小型微利企业所得税的征收管理

自 2023 年 1 月 1 日起，小型微利企业所得税的征收管理按以下规定执行：

1. 符合财政部、国家税务总局规定的小型微利企业条件的企业（以下简称小型微利企业），按照相关政策规定享受小型微利企业所得税优惠政策。

企业设立不具有法人资格分支机构的，应当汇总计算总机构及其各分支机构的从业人数、资产总额、年度应纳税所得额，依据合计数判断是否符合小型微利企业条件。

2. 小型微利企业无论按查账征收方式或核定征收方式缴纳企业所得税，均可享受小型微利企业所得税优惠政策。

3. 小型微利企业在预缴和汇算清缴企业所得税时，通过填写纳税申报表，即可享受小型微利企业所得税优惠政策。

小型微利企业应准确填报基础信息，包括从业人数、资产总额、年度应纳税所得额、国家限制或禁止行业等，信息系统将为小型微利企业智能预填优惠项目、自动计算减免税额。

4. 小型微利企业预缴企业所得税时，资产总额、从业人数、年度应纳税所得额指标，暂按当年度截至本期预缴申报所属期末的情况进行判断。

5. 原不符合小型微利企业条件的企业，在年度中间预缴企业所得税时，按照相关政策标准判断符合小型微利企业条件的，应按照截至本期预缴申报所属期末的累计情况，计算减免税额。当年度此前期间如因不符合小型微利企业条件而多预缴的企业所得税税款，可在以后季度应预缴的企业所得税税款中抵减。

6. 企业预缴企业所得税时享受了小型微利企业所得税优惠政策，但在汇算清缴时发现不符合相关政策标准的，应当按照规定补缴企业所得税税款。

7. 小型微利企业所得税统一实行按季度预缴。

按月度预缴企业所得税的企业，在当年度 4 月、7 月、10 月预缴申报时，若按相关政策标准判断符合小型微利企业条件的，下一个预缴申报期起调整为按季度预缴申报，一经调整，当年度内不再变更。

六、加计扣除优惠

加计扣除是指对企业支出项目按规定的比例给予税前扣除的基础上再给予追加扣除。加计扣除优惠包括以下四项内容。

（一）企业研究开发费的加计扣除

1. 自 2023 年 1 月 1 日起，企业开展研发活动中实际发生的研发费用，未形成无形资产计入当期损益的，在按照规定据实扣除的基础上，再按照实际发生额的 100% 在税前加计扣除；形成无形资产的，按照无形资产成本的 200% 在税前摊销。

上述所称企业是指除烟草制造业、住宿和餐饮业、批发和零售业、房地产业、租赁和商务服务业、娱乐业以外的企业。

2. 研发费用税前加计扣除归集范围。

（1）人员人工费用。人员人工费用包括直接从事研发活动人员的工资薪金、基本养老保险费、基本医疗保险费、失业保险费、工伤保险费、生育保险费和住房公积金，以及外聘研发人员的劳务费用。

（2）直接投入费用。

①研发活动直接消耗的材料、燃料和动力费用。

②用于中间试验和产品试制的模具、工艺装备开发及制造费，不构成固定资产的样品、样机及一般测试手段购置费，试制产品的检验费。

③用于研发活动的仪器、设备的运行维护、调整、检验、维修等费用，以及通过经营租赁方式租入的用于研发活动的仪器、设备租赁费。

（3）折旧费用。折旧费用包括用于研发活动的仪器、设备的折旧费。

（4）无形资产摊销。无形资产摊销包括用于研发活动的软件、专利权、非专利技术（包括许可证、专有技术、设计和计算方法等）的摊销费用。

（5）新产品设计费、新工艺规程制定费、新药研制的临床试验费、勘探开发技术的现场试验费。

（6）其他相关费用。包括与研发活动直接相关的其他费用，如技术图书资料费、资料翻译费、专家咨询费、高新科技研发保险费，研发成果的检索、分析、评议、论证、鉴定、评审、评估、验收费用，知识产权的申请费、注册费、代理费，差旅费、会议费等。此项费用总额不得超过可加计扣除研发费用总额的 10%。

企业按照以下公式计算《财政部　国家税务总局　科技部关于完善研究开发费用税前加计扣除政策的通知》（财税〔2015〕119号）第一条第（一）项"允许加计扣除的研发费用"第 6 目规定的"其他相关费用"的限额，其中资本化项目发生的费用在形成无形资产的年度统一纳入计算：

$$\text{全部研发项目的其他相关费用限期} = \text{全部研发项目的人员人工等五项费用之和} \times 10\% \div (1-10\%)$$

"人员人工等五项费用"是指财税〔2015〕119 号文件第一条第（一）项"允许加计扣除的研发费用"第 1 目至第 5 目费用，包括"人员人工费用""直接投入费用""折旧费用""无形资产摊销"和"新产品设计费、新工艺规程制定费、新药研制的临床试验费、勘探开发技术的现场试验费"。

当其他相关费用实际发生数小于限额时，按实际发生数计算税前加计扣除数额；当其他相关费用实际发生数大于限额时，按限额计算税前加计扣除数额。

（7）财政部和国家税务总局规定的其他费用。

3. 下列活动不适用税前加计扣除政策。

（1）企业产品（服务）的常规性升级。

（2）对某项科研成果的直接应用，如直接采用公开的新工艺、材料、装置、产品、服务或知识等。

（3）企业在商品化后为顾客提供的技术支持活动。

（4）对现存产品、服务、技术、材料或工艺流程进行的重复或简单改变。

（5）市场调查研究、效率调查或管理研究。

（6）作为工业（服务）流程环节或常规的质量控制、测试分析、维修维护。

（7）社会科学、艺术或人文学方面的研究。

4. 特别事项的处理。

（1）企业委托外部机构或个人进行研发活动所发生的费用，按照费用实际发生额的80%计入委托方研发费用并计算加计扣除，受托方不得再进行加计扣除。委托外部研究开发费用实际发生额应按照独立交易原则确定。

企业委托外部机构或个人开展研发活动发生的费用，可按规定税前扣除；加计扣除时按照研发活动发生费用的80%计入委托方研发费用，并作为加计扣除基数按规定计算加计扣除，受托方不得再进行加计扣除。委托外部研发费用实际发生额应按照独立交易原则确定。委托个人研发的，应凭个人出具的发票等合法有效凭证在税前加计扣除。

（2）委托方与受托方存在关联关系的，受托方应向委托方提供研发项目费用支出明细情况。

（3）企业共同合作开发的项目，由合作各方就自身实际承担的研发费用分别计算加计扣除。

（4）企业集团根据生产经营和科技开发的实际情况，对技术要求高、投资数额大，需要集中研发的项目，其实际发生的研发费用，可以按照权利和义务相一致、费用支出和收益分享相配比的原则，合理确定研发费用的分摊方法，在受益成员企业间进行分摊，由相关成员企业分别计算加计扣除。

（5）企业为获得创新性、创意性、突破性的产品进行创意设计活动而发生的相关费用，可按照规定进行税前加计扣除。

创意设计活动是指多媒体软件、动漫游戏软件开发，数字动漫、游戏设计制作；房屋建筑工程设计（绿色建筑评价标准为三星）、风景园林工程专项设计；工业设计、多媒体设计、动漫及衍生产品设计、模型设计等。

5. 委托境外进行研发活动。

企业委托境外进行研发活动所发生的费用，按照费用实际发生额的80%计入委托方的委托境外研发费用。委托境外研发费用不超过境内符合条件的研发费用2/3的部分，可以按规定在企业所得税税前加计扣除。

（1）费用实际发生额应按照独立交易原则确定。委托方与受托方存在关联关系的，受托方应向委托方提供研发项目费用支出明细情况。

（2）委托境外进行研发活动应签订技术开发合同，并由委托方到科技行政主管部门进行登记。相关事项按技术合同认定登记管理办法及技术合同认定规则执行。

（3）企业应在年度申报享受优惠时，按照《国家税务总局关于发布修订后的〈企业所得税优惠政策事项办理办法〉的公告》（国家税务总局公告 2018 年第 23 号）的规定办理有关手续，并留存备查以下资料：

①企业委托研发项目计划书和企业有权部门立项的决议文件。

②委托研究开发专门机构或项目组的编制情况和研发人员名单。

③经科技行政主管部门登记的委托境外研发合同。

④"研发支出"辅助账及汇总表。

⑤委托境外研发银行支付凭证和受托方开具的收款凭据。

⑥当年委托研发项目的进展情况等资料。

企业如果已取得地市级（含）以上科技行政主管部门出具的鉴定意见，应作为资料留存备查。

（4）企业对委托境外研发费用以及留存备查资料的真实性、合法性承担法律责任。

（二）支持我国基础研究的加计扣除

自 2022 年 1 月 1 日起，支持我国基础研究加计扣除按以下规定执行。

1. 对企业出资给非营利性科学技术研究开发机构（科学技术研究开发机构以下简称科研机构）、高等学校和政府性自然科学基金用于基础研究的支出，在计算应纳税所得额时可按实际发生额在税前扣除，并可按 100% 在税前加计扣除。

对非营利性科研机构、高等学校接收企业、个人和其他组织机构基础研究资金收入，免征企业所得税。

2. 上述第 1 条所称非营利性科研机构、高等学校包括国家设立的科研机构和高等学校、民办非营利性科研机构和高等学校，具体按以下条件确定：

（1）国家设立的科研机构和高等学校是指利用财政性资金设立的、取得《事业单位法人证书》的科研机构和公办高等学校，包括中央和地方所属科研机构和高等学校。

（2）民办非营利性科研机构和高等学校，是指同时满足以下条件的科研机构和高等学校：

①根据《民办非企业单位登记管理暂行条例》在民政部门登记，并取得《民办非企业单位（法人）登记证书》。

②对于民办非营利性科研机构，其《民办非企业单位（法人）登记证书》记载的业务范围应属于科学研究与技术开发、成果转让、科技咨询与服务、科技成果评估范围。对业务范围存在争议的，由税务机关转请县级（含）以上科技行政主管部门确认。

对于民办非营利性高等学校，应取得教育主管部门颁发的《民办学校办学许可证》，记载学校类型为"高等学校"。

③经认定取得企业所得税非营利组织免税资格。

3. 上述第 1 条所称政府性自然科学基金是指国家和地方政府设立的自然科学基金委员会管理的自然科学基金。

4. 上述第 1 条所称基础研究是指通过对事物的特性、结构和相互关系进行分析，从而阐述和检验各种假设、原理和定律的活动。具体依据以下内容判断：

（1）基础研究不预设某一特定的应用或使用目的，主要是为获得关于现象和可观察事实的基本原理的新知识，可针对已知或具有前沿性的科学问题，或者针对人们普遍感兴趣的某些广泛领域，以未来广泛应用为目标。

（2）基础研究可细分为两种类型：一是自由探索性基础研究，即为了增进知识，不追求经济或社会效益，也不积极谋求将其应用于实际问题或把成果转移到负责应用的部门。二是目标导向（定向）基础研究，旨在获取某方面知识、期望为探索解决当前已知或未来可能发现的问题奠定基础。

（3）基础研究成果通常表现为新原理、新理论、新规律或新知识，并以论文、著作、研究报告等形式为主。同时，由于基础研究具有较强的探索性、存在失败的风险，论文、著作、研究报告等也可以体现为试错或证伪等成果。

上述基础研究不包括在境外开展的研究，也不包括社会科学、艺术或人文学方面的研究。

5. 企业出资基础研究应签订相关协议或合同，协议或合同中需明确资金用于基础研究领域。

6. 企业和非营利性科研机构、高等学校和政府性自然科学基金管理单位应将相关资料留存备查，包括企业出资协议、出资合同、相关票据等，出资协议、出资合同和出资票据应包含出资方、接收方、出资用途（注明用于基础研究）、出资金额等信息。

7. 非营利性科研机构、高等学校和政府性自然科学基金管理单位应做好企业投入基础研究的资金管理，建立健全监督机制，确保资金用于基础研究，提高资金使用效率。

（三）提高集成电路和工业母机企业研发费用的加计扣除

根据财政部、国家税务总局、国家发展改革委、工业和信息化部公告 2023 年第 44 号规定，为促进集成电路产业和工业母机产业高质量发展，现就有关企业研发费用税前加计扣除政策如下：

1. 集成电路企业和工业母机企业开展研发活动中实际发生的研发费用，未形成无形资产计入当期损益的，在按规定据实扣除的基础上，在 2023 年 1 月 1 日至 2027 年 12 月 31 日期间，再按照实际发生额的 120% 在税前扣除；形成无形资产的，在上述期间按照无形资产成本的 220% 在税前摊销。

2. 第 1 条所称集成电路企业是指国家鼓励的集成电路生产、设计、装备、材料、封装、测试企业。具体按以下条件确定：

（1）国家鼓励的集成电路生产企业是指符合《财政部　国家税务总局　发展改革委　工业和信息化部关于促进集成电路产业和软件产业高质量发展企业所得税政策的公告》（财政部　国家税务总局　发展改革委　工业和信息化部公告 2020 年第 45 号）第一条规定的生产企业或项目归属企业，企业清单由国家发展改革委、工业和信息化部会同财政部、国家税务总局等部门制定。

（2）国家鼓励的集成电路设计企业是指符合《财政部　国家税务总局　发展改革委　工业和信息化部关于促进集成电路产业和软件产业高质量发展企业所得税政策的公告》（财政部　国家税务总局　发展改革委　工业和信息化部公告 2020 年第 45 号）第四条规定的重点集成电路设计企业，企业清单由国家发展改革委、工业和信息化部会同财政部、国家税务总局等部门制定。

（3）国家鼓励的集成电路装备、材料、封装、测试企业是指符合《中华人民共和国工业和信息化部　国家发展改革委　财政部　国家税务总局公告》（2021 年第 9 号）规定条件的企业。如有更新，从其规定。

3. 第 1 条所称工业母机企业是指生产销售符合本公告附件《先进工业母机产品基本标准》产品的企业，具体适用条件和企业清单由工业和信息化部会同国家发展改革委、财政部、税务总局等部门制定。

4. 企业享受研发费用加计扣除政策的其他政策口径和管理要求，按照《财政部　国家税务总局　科技部关于完善研究开发费用税前加计扣除政策的通知》（财税〔2015〕119 号）、《财政部　国家税务总局　科技部关于企业委托境外研究开发费用税前加计扣除有关政策问题的通知》（财税〔2018〕64 号）等文件相关规定执行。

5. 该规定的税收优惠政策，采用清单管理的，由国家发展改革委、工业和信息化部于每年 3 月底前按规定向财政部、国家税务总局提供上一年度可享受优惠的企业清单；不采取清单管理的，税务机关可按《财政部　国家税务总局　发展改革委　工业和信息化部关于促进集成电路产业和软件产业高质量发展企业所得税政策的公告》（财政部　国家税务总局　发展改革委　工业和信息化部公告 2020 年第 45 号）规定的核查机制转请发展改革、工业和信息化部门进行核查。

（四）企业安置残疾人员所支付工资加计扣除

企业安置残疾人员所支付工资费用的加计扣除，是指企业安置残疾人员的，在按照支付给残疾职工工资据实扣除的基础上，按照支付给残疾职工工资的100%加计扣除。残疾人员的范围适用《中华人民共和国残疾人保障法》的有关规定。企业安置国家鼓励安置的其他就业人员所支付的工资的加计扣除办法，由国务院另行规定。

企业所得税的法定优惠如表4－1所示。

表4－1   企业所得税的法定优惠

优惠类型	优惠对象		优惠内容
税率优惠	国家重点扶持的高新技术企业、技术先进型服务企业		15%
	小型微利企业（年应纳税所得额不超过30万元）		20%
	B类非居民企业取得的境内所得		10%
税基优惠	国债利息收入		免税
	居民企业之间股息红利等权益性投资收益		免税
	符合条件的非营利性组织的收入		免税
	综合利用资源生产国家产业政策规定产品取得的收入		减记10%
	技术转让所得	不超过500万元的部分	免税
		超过500万元的部分	减半征收
	三新研发费用	未形成无形资产的部分	减半征税
		形成无形资产的部分	加记75%扣除
			按175%摊销10年
税率优惠	残疾职工工资		加计100%扣除
	符合条件的固定资产		加速折旧
	未上市的中小高新技术企业满2年以上的股权投资		按投资额的70%扣除（可结转）
税额优惠	农、林、牧、渔业项目的所得		免税或减税
	国家重点扶持的公共基础设施项目投资经营所得		"三免三减半"
	符合条件的环境保护、节能节水项目所得		"三免三减半"
	环保、节能节水、安全生产等专用设备		投资额的10%抵免税额（可结转）
特别优惠	地方属于民族自治地方分享的企业所得税部分		减税或免税
	特别优惠根据国民经济和社会发展的需要，或者由于突发事件等原因对企业经营活动产生重大影响的		临时性专项优惠

4－18 企业预缴申报享受研发费用加计扣除的方法

七、创业投资企业优惠

创业投资企业优惠，是指创业投资企业采取股权投资方式直接投资于初创科技型企业满 2 年的，可以按照其投资额的 70% 在股权持有满 2 年的当年抵扣该创业投资企业的应纳税所得额；当年不足抵扣的，可以在以后纳税年度结转抵扣。

1. 创业投资企业是指依照《创业投资企业管理暂行办法》（国家发展和改革委员会等十部委令 2005 年第 39 号）和《外商投资创业投资企业管理规定》（商务部等五部委令 2003 年第 2 号）在中华人民共和国境内设立的专门从事创业投资活动的企业或其他经济组织。

2. 创业投资企业采取股权投资方式投资于未上市的中小高新技术企业 2 年（24 个月）以上，凡符合以下条件的，可以按照其对中小高新技术企业投资额的 70%，在股权持有满 2 年的当年抵扣该创业投资企业的应纳税所得额；当年不足抵扣的，可以在以后纳税年度结转抵扣：

（1）经营范围符合《创业投资企业管理暂行办法》规定，且工商登记为"创业投资有限责任公司""创业投资股份有限公司"等专业性法人创业投资企业。

（2）按照《创业投资企业管理暂行办法》规定的条件和程序完成备案，经备案管理部门年度检查核实，投资运作符合《创业投资企业管理暂行办法》的有关规定。

（3）财政部、国家税务总局规定的其他条件。

3. 中小企业接受创业投资之后，经认定符合高新技术企业标准的，应自其被认定为高新技术企业的年度起，计算创业投资企业的投资期限。该期限内中小企业接受创业投资后，企业规模超过中小企业标准，但仍符合高新技术企业标准的，不影响创业投资企业享受有关税收优惠。

八、加速折旧优惠

（一）可以加速折旧的固定资产

企业的固定资产由于技术进步等原因，确需加速折旧的，可以缩短折旧年限或者采取加速折旧的方法。可采用以上折旧方法的固定资产是指：

1. 由于技术进步，产品更新换代较快的固定资产。

2. 常年处于强震动、高腐蚀状态的固定资产。

采取缩短折旧年限方法的，最低折旧年限不得低于规定折旧年限的 60%；采取加速折旧方法的，可以采取双倍余额递减法或者年数总和法。

（二）设备、器具等固定资产一次性扣除规定

根据财政部、国家税务总局公告 2023 年第 37 号规定，为引导企

4－19　生物药品制造等 6 个行业加速折旧的规定

4－20　轻工、纺织、机械、汽车四个领域重点行业加速折旧规定

4－21　支持制造业企业加快技术改造和设备更新

业加大设备、器具投资力度，现就有关企业所得税政策公告如下：

企业在 2024 年 1 月 1 日至 2027 年 12 月 31 日期间新购进的设备、器具（指除房屋、建筑物以外的固定资产），单位价值不超过 500 万元的，允许一次性计入当期成本费用在计算应纳税所得额时扣除，不再分年度计算折旧；单位价值超过 500 万元的，仍按《实施条例》《财政部　国家税务总局关于完善固定资产加速折旧企业所得税政策的通知》（财税〔2014〕75 号）和《财政部　国家税务总局关于进一步完善固定资产加速折旧企业所得税政策的通知》（财税〔2015〕106 号）等相关规定执行。

九、减计收入优惠

（一）综合利用资源

企业综合利用资源，生产符合国家产业政策规定的产品所取得的收入，可以在计算应纳税所得额时减计收入。

减计收入，是指企业以《资源综合利用企业所得税优惠目录》规定的资源作为主要原材料，生产国家非限制和禁止并符合国家和行业相关标准的产品取得的收入，减按 90% 计入收入总额。

上述所称原材料占生产产品材料的比例不得低于《资源综合利用企业所得税优惠目录》规定的标准。

（二）支持农村金融发展

根据财政部、国家税务总局公告 2023 年第 55 号规定，为支持农村金融发展，至 2027 年 12 月 31 日止实施如下优惠政策：

1. 对金融机构农户小额贷款的利息收入，在计算应纳税所得额时，按 90% 计入收入总额。

（1）上述所称农户，是指长期（1 年以上）居住在乡镇（不包括城关镇）行政管理区域内的住户，还包括长期居住在城关镇所辖行政村范围内的住户和户口不在本地而在本地居住一年以上的住户，国有农场的职工和农村个体工商户。位于乡镇（不包括城关镇）行政管理区域内和在城关镇所辖行政村范围内的国有经济的机关、团体、学校、企事业单位的集体户；有本地户口，但举家外出谋生一年以上的住户，无论是否保留承包耕地均不属于农户。农户以户为统计单位，既可以从事农业生产经营，也可以从事非农业生产经营。农户贷款的判定应以贷款发放时的承贷主体是否属于农户为准。

（2）上述所称小额贷款，是指单笔且该农户贷款余额总额在 10 万元（含本数）以下的贷款。

（3）金融机构应对符合条件的农户小额贷款利息收入进行单独核算，不能单独核算的不得适用上述第1条规定的优惠政策。

2. 对保险公司为种植业、养殖业提供保险业务取得的保费收入，在计算应纳税所得额时，按90%计入收入总额。

上述所称保费收入，是指原保险保费收入加上分保费收入减去分出保费后的余额。

十、税额抵免优惠

税额抵免，是指企业购置并实际使用《环境保护专用设备企业所得税优惠目录（2017年版）》《节能节水专用设备企业所得税优惠目录（2017年版）》《安全生产专用设备企业所得税优惠目录》规定的环境保护、节能节水、安全生产等专用设备的，该专用设备的投资额的10%可以从企业当年的应纳税额中抵免；当年不足抵免的，可以在以后5个纳税年度结转抵免。

享受前款规定的企业所得税优惠的企业，应当实际购置并自身实际投入使用前款规定的专用设备；企业购置上述专用设备在5年内转让、出租的，应当停止享受企业所得税优惠，并补缴已经抵免的企业所得税税款。转让的受让方可以按照该专用设备投资额的10%抵免当年企业所得税应纳税额；当年应纳税额不足抵免的，可以在以后5个纳税年度结转抵免。

企业所得税的优惠目录，由国务院财政、税务主管部门商国务院有关部门制定，报国务院批准后公布施行。

企业同时从事适用不同企业所得税待遇的项目的，其优惠项目应当单独计算所得，并合理分摊企业的期间费用；没有单独计算的，不得享受企业所得税优惠。

自2009年1月1日起，增值税一般纳税人购进固定资产发生的进项税额可从其销项税额中抵扣。如增值税进项税额允许抵扣，其专用设备投资额不再包括增值税进项税额；如增值税进项税额不允许抵扣，其专用设备投资额应为增值税专用发票上注明的价税合计金额。企业购买专用设备取得普通发票的，其专用设备投资额为普通发票上注明的金额。

十一、民族自治地方的优惠

民族自治地方的自治机关对本民族自治地方的企业应缴纳的企业所得税中属于地方分享的部分，可以决定减征或者免征。自治州、自治县决定减征或者免征的，须报省、自治区、直辖市人民政府批准。

《企业所得税法》所称民族自治地方，是指依照《中华人民共和国民族区域自治法》的规定，实行民族区域自治的自治区、自治州、自治县。

对民族自治地方内国家限制和禁止行业的企业，不得减征或者免征企业所得税。

民族自治地方在新税法实施前已经按照《财政部　国家税务总局　海关总署关于西部大开发税收优惠政策问题的通知》（财税〔2001〕202 号）第二条第 2 款有关减免税规定批准享受减免企业所得税（包括减免中央分享企业所得税的部分）的，自 2008 年 1 月 1 日起计算，对减免税期限在 5 年以内（含 5 年）的，继续执行至期满后停止；对减免税期限超过 5 年的，从第 6 年起按《企业所得税法》第二十九条规定执行。

十二、非居民企业优惠

非居民企业减按 10% 的税率征收企业所得税。这里的非居民企业，是指在中国境内未设立机构、场所的，或者虽设立机构、场所但取得的所得与其所设机构、场所没有实际联系的企业。该类非居民企业取得下列所得免征企业所得税。

1. 外国政府向中国政府提供贷款取得的利息所得。

2. 国际金融组织向中国政府和居民企业提供优惠贷款取得的利息所得。

3. 经国务院批准的其他所得。

十三、海南自由贸易港企业所得税优惠

1. 自 2020 年 1 月 1 日起至 2024 年 12 月 31 日，对注册在海南自由贸易港并实质性运营的鼓励类产业企业，减按 15% 的税率征收企业所得税。

鼓励类产业企业，是指以海南自由贸易港鼓励类产业目录中规定的产业项目为主营业务，且其主营业务收入占企业收入总额 60% 以上的企业。所称实质性运营，是指企业的实际管理机构设在海南自由贸易港，并对企业生产经营、人员、账务、财产等实施实质性全面管理和控制。对不符合实质性运营的企业，不得享受优惠。

海南自由贸易港鼓励类产业目录包括《产业结构调整指导目录（2019 年版）》《鼓励外商投资产业目录（2019 年版）》和海南自由贸易港新增鼓励类产业目录。上述目录在执行期限内修订的，自修订版实施之日起按新版本执行。

对总机构设在海南自由贸易港的符合条件的企业，仅就其设在海南自由贸易港的总机构和分支机构的所得，适用15%税率；对总机构设在海南自由贸易港以外的企业，仅就其设在海南自由贸易港内的符合条件的分支机构的所得，适用15%税率。具体征管办法按照国家税务总局有关规定执行。

2. 对在海南自由贸易港设立的旅游业、现代服务业、高新技术产业企业新增境外直接投资取得的所得，免征企业所得税。

新增境外直接投资所得应当符合以下条件：

（1）从境外新设分支机构取得的营业利润，或从持股比例超过20%（含）的境外子公司分回的，与新增境外直接投资相对应的股息所得。

（2）被投资国（地区）的企业所得税法定税率不低于5%。

上述所称旅游业、现代服务业、高新技术产业，按照海南自由贸易港鼓励类产业目录执行。

3. 对在海南自由贸易港设立的企业，新购置（含自建、自行开发）固定资产或无形资产，单位价值不超过500万元（含）的，允许一次性计入当期成本费用在计算应纳税所得额时扣除，不再分年度计算折旧和摊销；新购置（含自建、自行开发）固定资产或无形资产，单位价值超过500万元的，可以缩短折旧、摊销年限或采取加速折旧、摊销的方法。

上述所称固定资产，是指除房屋、建筑物以外的固定资产。

十四、西部大开发的税收优惠

（一）适用范围

适用范围包括重庆市、四川省、贵州省、云南省、西藏自治区、陕西省、甘肃省、宁夏回族自治区、青海省、新疆维吾尔自治区、新疆生产建设兵团、内蒙古自治区和广西壮族自治区（上述地区统称西部地区）。湖南省湘西土家族苗族自治州、湖北省恩施土家族苗族自治州、吉林省延边朝鲜族自治州、江西省赣州市，可以比照西部地区的税收优惠政策执行。

（二）具体内容

1. 对设在西部地区国家鼓励类产业企业，在2021年1月1日至2030年12月31日期间，减按15%的税率征收企业所得税。

国家鼓励类产业企业，是指以《西部地区鼓励类产业目录》（2005年版）中规定的产业项目为主营业务，其主营业务收入占企业收入总额 60% 以上的企业。

2. 对在西部地区新办交通、电力、水利、邮政、广播电视企业，上述项目业务收入占企业收入总额 60% 以上的，可以享受企业所得税如下优惠政策：内资企业自开始生产经营之日起，享受企业所得税"两免三减半"税收优惠。

4 - 22　特殊行业优惠

第六节　应纳所得税额的计算

一、查账征收方法

（一）居民企业查账征收

查账征收也称"查账计征"或"自报查账"。是指纳税人在规定的纳税期限内根据自己的财务报表或经营情况，向税务机关申请其营业额和所得额，经税务机关审核后，先开缴款书，由纳税人限期向当地代理金库的银行缴纳税款。这种征收方式适用于账簿、凭证、财务核算制度比较健全，能够据以如实核算，反映生产经营成果，正确计算应纳税款的纳税人。

（二）非居民企业查账征收

非居民企业应当按照税收征管法及有关法律法规设置账簿，根据合法、有效凭证记账，进行核算，并应按照其实际履行的功能与承担的风险相匹配的原则，准确计算应纳税所得额，据实申报缴纳企业所得税。

（三）查账征收方法下应纳所得税额的计算

应纳税额 = 应纳税所得额 × 适用税率 - 减免税额 - 抵免税额

在实际过程中，应纳税所得额的计算一般有两种方法。

1. 直接计算法。

在直接计算法下，企业每一纳税年度的收入总额减除不征税收入、免税收入、各项扣除以及允许弥补的以前年度亏损后的余额为应纳税所得额。计算公式为：

$$应纳税所得额 = 收入总额 - 不征税收入 - 免税收入 - 各项扣除金额 - 允许弥补的以前年度亏损$$

2. 间接计算法。

在间接计算法下，是在会计利润总额的基础上加或减按照税法规定调整的项目金额后，即为应纳税所得额。计算公式为：

应纳税所得额 = 会计利润总额 ± 纳税调整项目金额

二、核定征收方法

（一）居民企业核定征收

1. 居民企业核定征收的范围。

核定征收企业所得税的核定征收办法适用于居民企业纳税人，纳税人具有下列情形之一的，核定征收企业所得税：

（1）依照法律、行政法规的规定可以不设置账簿的。

（2）依照法律、行政法规的规定应当设置但未设置账簿的。

（3）擅自销毁账簿或者拒不提供纳税资料的。

（4）虽设置账簿，但账目混乱或者成本资料、收入凭证、费用凭证残缺不全，难以查账的。

（5）发生纳税义务，未按照规定的期限办理纳税申报，经税务机关责令限期申报，逾期仍不申报的。

（6）申报的计税依据明显偏低，又无正当理由的。

特殊行业、特殊类型的纳税人和一定规模以上的纳税人不适用核定征收，具体由国家税务总局单独明确。

2. 居民企业核定征收企业所得税的方法。

（1）企业具有下列情形之一的，核定其应税所得率：

①能正确核算（查实）收入总额，但不能正确核算（查实）成本费用总额的。

②能正确核算（查实）成本费用总额，但不能正确核算（查实）收入总额的。

③通过合理方法，能计算和推定纳税人收入总额或成本费用总额的。

纳税人不属于以上情形的，核定其应纳所得税额。

（2）税务机关采用下列方法核定征收企业所得税：

①参照当地同类行业或者类似行业中经营规模和收入水平相近的纳税人的税负水平核定。

②按照应税收入额或成本费用支出额定率核定。

③按照耗用的原材料、燃料、动力等推算或测算核定。

④按照其他合理方法核定。

采用前款所列一种方法不足以正确核定应纳税所得额或应纳税额的，可以同时采用两种以上的方法核定。采用两种以上方法测算的应纳税额不一致时，可按测算的应纳税额从高核定。

采用应纳所得率方式核定征收企业所得税的，应纳所得税额计算公式如下：

$$应纳所得税额 = 应纳税所得额 \times 适用税率$$
$$= 应税收入额 \times 应税所得率 \times 适用税率$$

或：
$$= 成本（费用）支出额 \div （1 - 应税所得率）$$
$$\times 应税所得率 \times 适用税率$$

【例4-8】某批发兼零售的居民企业（职工60人，资产500万元），2024年度自行申报营业收入总额350万元，成本费用总额370万元，当年亏损20万元，经税务机关审核，该企业申报的收入总额无法核实，成本费用核算正确。假定对该企业采取核定征收企业所得税，应税所得率为8%，该居民企业2024年度应缴纳多少企业所得税？

应纳企业所得税 $= 370 \div （1 - 8\%） \times 8\% \times 50\% \times 20\% = 3.22$（万元）

（二）非居民企业核定征收

非居民企业因会计账簿不健全，资料残缺难以查账，或者其他原因不能准确计算并据实申报其应纳税所得额的，税务机关有权采取以下方法核定其应纳税所得额。

（1）按收入总额核定应纳税所得额：适用于能够正确核算收入或通过合理方法推定收入总额，但不能正确核算成本费用的非居民企业。计算公式如下：

$$应纳税所得额 = 收入总额 \times 经税务机关核定的利润率$$

（2）按成本费用核定应纳税所得额：适用于能够正确核算成本费用，但不能正确核算收入总额的非居民企业。计算公式如下：

$$应纳税所得额 = 成本费用总额 \div （1 - 经税务机关核定的利润率）$$
$$\times 经税务机关核定的利润率$$

（3）按经费支出换算收入核定应纳税所得额：适用于能够正确核算经费支出总额，但不能正确核算收入总额和成本费用的非居民企业。计算公式：

$$应纳税所得额 = 经费支出总额 \div （1 - 经税务机关核定的利润率）$$
$$\times 经税务机关核定的利润率$$

（4）税务机关可按照以下标准确定非居民企业的利润率：

①从事承包工程作业、设计和咨询劳务的，利润率为15%～30%；

②从事管理服务的，利润率为30%～50%；

③从事其他劳务或劳务以外经营活动的，利润率不低于15%。

税务机关有根据认为非居民企业的实际利润率明显高于上述标准

的，可以按照比上述标准更高的利润率核定其应纳税所得额。

（5）非居民企业与中国居民企业签订机器设备或货物销售合同，同时提供设备安装、装配、技术培训、指导、监督服务等劳务，其销售货物合同中未列明提供上述劳务服务收费金额，或者计价不合理的，主管税务机关可以根据实际情况，参照相同或相近业务的计价标准核定劳务收入。无参照标准的，以不低于销售货物合同总价款的10%为原则，确定非居民企业的劳务收入。

（6）非居民企业为中国境内客户提供劳务取得的收入，凡其提供的服务全部发生在中国境内的，应全额在中国境内申报缴纳企业所得税。凡其提供的服务同时发生在中国境内外的，应以劳务发生地为原则划分其境内外收入，并就其在中国境内取得的劳务收入申报缴纳企业所得税。税务机关对其境内外收入划分的合理性和真实性有疑义的，可以要求非居民企业提供真实有效的证明，并根据工作量、工作时间、成本费用等因素合理划分其境内外收入；如非居民企业不能提供真实有效的证明，税务机关可视同其提供的服务全部发生在中国境内，确定其劳务收入并据以征收企业所得税。

（7）采取核定征收方式征收企业所得税的非居民企业，在中国境内从事适用不同核定利润率的经营活动，并取得应税所得的，应分别核算并适用相应的利润率计算缴纳企业所得税；凡不能分别核算的，应从高适用利润率，计算缴纳企业所得税。

【例4-9】某外国企业常驻机构2024年度的经费支出额为300万元，核定利润率为15%。

要求：计算该机构2024年度应纳税所得税税额。

【解答】该机构2024年度应纳税所得税税额 = $300 \div (1 - 15\%) \times 15\% \times 25\% = 13.24$（万元）

4-23　境外所得税的计算

第七节　所得税的汇算清缴

一、所得税纳税期限

1. 企业所得税按年计征，分月或者分季预缴，年终汇算清缴，多退少补。

2. 企业所得税的纳税年度，自公历1月1日起至12月31日止。

3. 企业在一个纳税年度的中间开业，或者由于合并、关闭等原因终止经营活动，使该纳税年度的实际经营期不足12个月的，应当以其实际经营期为 1 个纳税年度。

4. 企业清算时，应当以清算期间作为 1 个纳税年度。

5. 自年度终了之日起 5 个月内，向税务机关报送年度企业所得税纳税申报表，并汇算清缴，结清应缴应退税款。

6. 企业在年度中间终止经营活动的，应当自实际经营终止之日起 60 日内，向税务机关办理当期企业所得税汇算清缴。

二、所得税汇算清缴

1. 汇总纳税企业实行"统一计算、分级管理、就地预缴、汇总清算、财政调库"的企业所得税征收管理办法：

（1）统一计算，是指总机构统一计算包括汇总纳税企业所属各个不具有法人资格分支机构在内的全部应纳税所得额、应纳税额。

（2）分级管理，是指总机构、分支机构所在地的主管税务机关都有对当地机构进行企业所得税管理的责任，总机构和分支机构应分别接受机构所在地主管税务机关的管理。

（3）就地预缴，是指总机构、分支机构应按本办法的规定，分月或分季分别向所在地主管税务机关申报预缴企业所得税。

（4）汇总清算，是指在年度终了后，总机构统一计算汇总纳税企业的年度应纳税所得额、应纳所得税额，抵减总机构、分支机构当年已就地分期预缴的企业所得税款后，多退少补。

（5）财政调库，是指财政部定期将缴入中央国库的汇总纳税企业所得税待分配收入，按照核定的系数调整至地方国库。

2. 汇总纳税企业预缴申报时，总机构除报送企业所得税预缴申报表和企业当期财务报表外，还应报送汇总纳税企业分支机构所得税分配表和各分支机构上一年度的年度财务报表（或年度财务状况和营业收支情况）；分支机构除报送企业所得税预缴申报表（只填列部分项目）外，还应报送经总机构所在地主管税务机关受理的汇总纳税企业分支机构所得税分配表。在一个纳税年度内，各分支机构上一年度的年度财务报表（或年度财务状况和营业收支情况）原则上只需报送一次。

3. 汇总纳税企业应当自年度终了之日起 5 个月内，由总机构汇总计算企业年度应纳所得税额，扣除总机构和各分支机构已预缴的税款，计算出应缴应退税款，按照本办法规定的税款分摊方法计算总机构和分支机构的企业所得税应缴应退税款，分别由总机构和分支机构就地办理税款缴库或退库。

汇总纳税企业在纳税年度内预缴企业所得税税款少于全年应缴企业所得税税款的，应在汇算清缴期内由总、分机构分别结清应缴的企业所得税税款；预缴税款超过应缴税款的，主管税务机关应及时按有关规定分别办理退税，或者经总、分机构同意后分别抵缴其下一年度应缴企业所得税税款。

4. 汇总纳税企业汇算清缴时，总机构除报送企业所得税年度纳税申报表和年度财务报表外，还应报送汇总纳税企业分支机构所得税分配表、各分支机构的年度财务报表和各分支机构参与企业年度纳税调整情况的说明；分支机构除报送企业所得税年度纳税申报表（只填列部分项目）外，还应报送经总机构所在地主管税务机关受理的汇总纳税企业分支机构所得税分配表、分支机构的年度财务报表（或年度财务状况和营业收支情况）和分支机构参与企业年度纳税调整情况的说明。

【例4－10】某企业为居民企业，2024年发生经营业务如下：

（1）取得产品销售收入6 000万元；

（2）应结转产品销售成本4 000万元；

（3）发生销售费用1 000万元（其中广告费950万元），管理费用400万元（其中业务招待费32万元），财务费用60万元；

（4）税金及附加80万元；

（5）营业外收入100万元，营业外支出70万元（含通过公益性社会团体向贫困山区捐款60万元，支付税收滞纳金10万元）；

（6）计入成本、费用中的实发工资总额300万元、拨缴职工工会经费7万元、发生职工福利费45万元、发生职工教育经费30万元。

要求：计算该企业2024年度实际应缴纳的企业所得税。

（1）会计利润总额 $= 6\,000 - 4\,000 - 1\,000 - 400 - 60 - 80 + 100 - 70 = 490$（万元）

（2）广告费和业务宣传费调增所得额 $= 950 - 6\,000 \times 15\% = 50$（万元）

（3）业务招待费调增所得额 $= 32 - 32 \times 60\% = 12.8$（万元），$6\,000 \times 5\% = 30$（万元）$> 32 \times 60\% = 19.2$（万元）

（4）捐赠支出应调增所得额 $= 60 - 490 \times 12\% = 1.2$（万元）

（5）工会经费应调增所得额 $= 7 - 300 \times 2\% = 1$（万元）

（6）职工福利费应调增所得额 $= 45 - 300 \times 14\% = 3$（万元）

（7）职工教育经费应调增所得额 $= 30 - 300 \times 8\% = 6$（万元）

（8）应纳税所得额 $= 490 + 50 + 12.8 + 1.2 + 1 + 3 + 6 + 10 = 574$（万元）

（9）该企业2024年应缴纳企业所得税 $= 574 \times 25\% = 143.5$（万元）

【例4－11】某制造业中小企业，职工100人，资产总额4 000万元。2024年度生产经营业务如下：

（1）取得产品销售收入3 000万元、国债利息收入20万元；

（2）应扣除与产品销售收入配比的成本 1 900 万元；

（3）发生销售费用 252 万元、管理费用 390 万元（其中业务招待费 28 万元、新产品研发费用 148 万元）；

（4）向非金融企业借款 200 万元，支付年利息费用 18 万元（金融企业同期同类借款年利息率为 6%）；

（5）企业所得税税前准许扣除的税金及附加 20 万元；

（6）10 月购进符合《环境保护专用设备企业所得税优惠目录》的专用设备，取得增值税专用发票注明金额 30 万元、增值税进项税额 3.9 万元，该设备当月投入使用；

（7）计入成本、费用中的实发工资总额 200 万元、拨缴职工工会经费 4 万元、发生职工福利费 35 万元、发生职工教育经费 10 万元。

要求：计算该企业 2024 年度应缴纳的企业所得税。

（1）会计利润总额 = 3 000 + 20 − 1 900 − 252 − 390 − 18 − 20 = 440（万元）

（2）国债利息收入免征企业所得税，应调减所得额 20 万元。

（3）业务招待费应调增所得额 = 28 − 15 = 13（万元），28 × 60% = 16.8（万元）> 3 000 × 5‰ = 15（万元）

（4）新产品研发费用应调减所得额 = 148 × 100% = 148（万元）

（5）利息费用支出应调增所得额 = 18 − 200 × 6% = 6（万元）

（6）工会经费应调增所得额 = 4 − 200 × 2% = 0

（7）职工福利费应调增所得额 = 35 − 200 × 14% = 7（万元）

（8）职工教育经费扣除限额 = 200 × 8% = 16（万元）

职工教育经费实际发生额小于扣除限额，不用作纳税调整。

（9）应纳税所得额 = 440 − 20 + 13 − 148 + 6 + 7 = 298（万元）

（10）该企业 2024 年度应缴纳企业所得税 = 298 × 25% × 20% − 30 × 10% = 11.9（万元）

【本 章 小 结】

在本章中，我们深入探讨了企业所得税的基本原理、征税对象、税率、优惠政策等方面的内容。企业所得税作为国家财政收入的重要组成部分，对调节收入分配、促进经济发展具有重要作用。通过本章的学习，学生应能够掌握企业所得税的基本概念、计算方法和合规要求，为将来在税务筹划和税务合规方面打下坚实的基础。

【本章重要术语】

企业所得税　应纳税所得额　免税收入　不征税收入　税前扣除
税率　税收优惠　研发费用扣除　汇算清缴

4 −24　视野拓展

第五章
个人所得税

【学 习 目 标】

知识目标：掌握个人所得税的征税对象、税率、计税依据和税收优惠等基本知识，理解个人所得税的立法精神和税制原则，能够准确描述个人所得税的征收范围和各类所得的计税方法。

能力目标：掌握税金计算、纳税申报和税款缴纳等技能，能够为纳税人选择适合的个人所得税专项附加扣除项目并计算扣除额，能够熟练使用个人所得税 App 完成纳税申报与汇算清缴。

育人目标：增强纳税责任意识与使命感，争做诚信纳税的纳税人；了解个人所得税的优惠政策，激发创新创业意识和爱国主义精神。

第一节 个人所得税概述

一、个人所得税的概念、特点

（一）个人所得税的概念

个人所得税是以自然人取得的各类应税所得为征税对象而征收的一种所得税，是政府利用税收对个人收入进行调解的一种手段。

一般来说，个人所得的含义有狭义和广义两种。狭义的个人所得仅限于每年经常、反复发生的所得，而广义的个人所得包括在一定时期内个人获得的一切利益，而不论其利益的来源及方式，不论其是偶然的还是临时的，是货币、有价证券还是实物。目前，包括我国在内的世界各国实行的个人所得税一般均以这种广义含义的个人所得概念为基础。

（二）我国个人所得税具有下列特点

1. 分类与综合相结合征收。

世界各国的个人所得税制大体分为三种类型：分类所得税制、综合所得税制和混合所得税制。分类所得税制，就是将纳税人不同来源、性质的所得项目，分别规定不同的税率征税；综合所得税制，是对纳税人全年的各项所得加以汇总，就其总额进行征税；混合所得税制，是对纳税人不同来源、性质的所得先分别按照不同的税率征税，然后将全年的各项所得进行汇总征税。这3种税制各有所长，各国在设计税制时需根据具体情况加以运用。

目前，我国个人所得税的征收采用的是混合所得税制（分类与综合相结合税制），即对工资薪金，劳务报酬，稿酬和特许权使用费这四项劳动性所得合并为综合所得，适用统一的7级超额累进税率征税；对利息、股息、红利，财产租赁，财产转让，偶然所得以及其他所得采取分类征收的方式征税。分类与综合相结合所得税制在组织财政收入、提高公民纳税意识，尤其在调节个人收入分配差距方面具有重要作用，而且这种税制所遵循的基本原则之一就是公平性原则，主要是指纳税人收入要与征税额度相适应，保持一个基本持平的状态，同时还要各个纳税人间的赋税水平均等。

2. 超额累进税率与比例税率并用。

我国现行的个人所得税利用比例税率和累进税率的优点，即累进税率体现公平，比例税率体现效率；累进税率调节收入水平，比例税率实现普遍纳税，将其适当地运用于个人所得税制中。对综合所得和经营所得采用超额累进税率，实行量能负担，合理调节收入分配，体现公平；对利息、股息、红利所得，财产租赁所得，财产转让所得和偶然所得，采用比例税率，实行等比负担，计算方便，便于源泉扣缴。

3. 计算简便。

我国现行的个人所得税的费用扣除采取总额扣除法，免去了按个人实际生活费用支出项目逐项计算的麻烦，而且各种所得项目分类计算，各有明确的减除费用规定，减除项目及方法易于掌握，计算比较简单，符合税制简便原则。

4. 采取源泉扣缴和自行申报两种征税方法。

我国现行个人所得税，以所得人为纳税义务人，以支付所得的单位或者个人为扣缴义务人，实行源泉扣缴。对取得综合所得需要办理汇算清缴，从中国境外取得所得的、在两处以上取得工资、薪金所得或者取得应税所得但没有扣缴义务人的，以及具有国务院规定的其他情形的，纳税义务人就应当按照国家规定自行申报纳税。

二、个人所得税征收目的

政府开征每一个税种都有特定的目的，个人所得税概莫能外。从最初是筹集财政收入的税种发展到具有筹集财政收入、调节收入分配、稳定经济等多功能的重要税种，个人所得税的发展经历了较长的时间，具体作用如下：

（一）增加财政收入

个人所得税是当今世界许多国家的主体税种，个人所得税收入在税收总额中占有重要的位置。尤其是伴随着经济的发展，人们的收入渠道在逐步增多，个人所得税的税基宽广，税额就必然会逐年上升。对于西方发达国家等以直接税为主要财政收入的国家，个人所得税作为主体税种，筹集财政收入的功能就非常明显。我国个人所得税的税收增长速度很快，1999 年我国的个人所得税收入只有 413.66 亿元，到 2023 年，我国的个人所得税收入已经增加到 14 775 亿元，与 1999 年相比增长了约 35.7 倍；1999 年，个人所得税收入占全部税收收入的比重大约为 3.87%，到 2023 年，我国的个人所得税占税收收入的比重已经上升为 8%，可见个人所得税税收收入的增长潜力巨大。

（二）调节收入分配

政府对收入分配的调节主要依靠税收和转移支付，税收本身就是政府凭借自身的权威无偿在国民收入中取得的一部分所得，是一种再分配手段。税收的固定性和强制性，能够保证政府在任何情况下都有比较稳定的收入来源用于转移支付等财政支出。其中个人所得税就是税收体系中针对居民个人或家庭的所得进行课税的税种，通过对不同所得的纳税人征收不同的税额，增加对高收入群体的课税，增加对财产所得、经营所得的课税，减轻对普通工薪阶层税收负担，达到调节收入分配差距的作用。

首先，个人所得税累进税率的税制特征决定了其收入再分配能力比较突出，当纳税人应税所得较多时，累进的税率就会使税额进一步增加；反之，如果纳税人应税所得减少时，累进的税率就会使税额加速地减少。这样来达到高所得者多纳税，低所得者少纳税的效果。这种让穷人少纳税或不纳税，富人多纳税的形式，就相当于将财富从多数人手中转移到少数人手中，达到了财富转移的目的，也就是对个人收入进行了再分配。

其次，个人所得税作为直接税种，是对财富的流量征税，能够在收入的取得环节来缩小收入的差距，纳税人和负税人相重合，税负不容易转嫁，并且个人所得税的税基广泛，一直是各国用来调节收入分配的主要税种。

（三）经济波动的自动稳定器

在宏观上，个人所得税是经济的"内在稳定器"。当经济处于繁荣时期，人们的收入都有所增长，随着所得的增长，税基变宽，所缴纳的税款也就相应增多，个人实际可支配收入减少。这样通过税收抑制总需求的减少，抑制经济的过度膨胀。当经济处于衰退时期，人们的收入都有所减少，税基变窄，应缴纳的税款就相应变少，这样个人的实际可支配收入相对降低幅度变小，通过个人所得税对消费、储蓄、投资的影响，进而抑制总需求的过分减少，加速经济的复苏。

在微观上，个人所得税与个人的劳动、消费、储蓄、投资等都存在着紧密的作用，个人所得税能使个人的可支配收入变化趋于平缓，从而通过对个人可支配收入变化的影响，实现对个人的消费、储蓄、投资等经济活动的调节，进而减缓经济的过度波动，促进经济的平稳增长。

在实践中，个人所得税大多采用累进税率，能够加大力度地调节个人可支配收入，避免经济出现过度波动。个人所得税中的其他税收优惠，能够随着经济的波动而变化，这样也能够达到稳定经济的作用。同时在制定个人所得税制的各项要素时，比如起征点、税率和税收优惠时，国家可以采取相机抉择的税收政策。当经济处于繁荣时期，可以调高税率，减少税收优惠等措施，加大税收的力度；当经济处于衰退时期，可以实行减税措施，给经济复苏以宽松的环境，刺激消费和投资的增长，给经济发展以动力。

第二节 纳税义务人和征税范围

一、纳税义务人

（一）基本规定

个人所得税的纳税义务人，包括中国公民、个体工商业户、个人独资企业、合伙企业投资者、在中国境内有所得的外籍人员（包括无国籍人员，下同）和香港、澳门、台湾同胞。上述纳税义务人依据住所和居住时间两个标准，区分为居民个人和非居民个人，分别承担不同的纳税义务。

（二）居民个人和非居民个人的划分

1. 居民个人。

居民个人是指在中国境内有住所，或者无住所而一个纳税年度内在中国境内居住累计满183天的个人，也就是住所标准和居住时间标准只要具备以下一个就成为居民个人：

（1）住所标准："在中国境内有住所"是指因户籍、家庭、经济利益关系而在中国境内习惯性居住。

（2）居住时间标准：在一个纳税年度（即公历1月1日起至12月31日止，下同）内，在中国境内居住满183日。在计算居住天数时，按纳税人一个纳税年度内在境内的实际居住时间确定，即境内无住所的个人在一个纳税年度内无论出境多少次，只要在我国境内累计住满183天，就可判定为我国的居民个人。

居民个人负有无限纳税义务，其取得的应纳税所得，无论是来源于中国境内还是中国境外任何地方，都要在中国缴纳个人所得税。

2. 非居民个人。

非居民个人是指在中国境内无住所又不居住，或者无住所而一个纳税年度内在中国境内居住累计不满183天的个人。即非居民个人的判定标准是以下两条必须同时具备：

（1）在中国境内无住所。

（2）在中国境内不居住或在一个纳税年度内，在境内居住累计不满183天。

非居民个人承担有限纳税义务，只就其来源于中国境内的所得向中国缴纳个人所得税。

3. 无住所个人境内居住天数的规定。

无住所个人一个纳税年度内在中国境内累计居住天数，按照个人在中国境内累计停留的天数计算。在中国境内停留的当天满24小时的，计入中国境内居住天数，在中国境内停留的当天不足24小时的，不计入中国境内居住天数。

现行《个人所得税法》中"中国境内"的概念，是指中国大陆地区，暂不包括中国香港、澳门和台湾地区。

二、征税范围

（一）工资、薪金所得

工资、薪金所得，是指个人因任职或者受雇而取得的工资、薪金、奖金、年终加薪、劳动分红、津贴、补贴以及与任职或者受雇有关的其他劳动所得。

除工资、薪金以外，奖金、年终加薪、劳动分红、津贴、补贴也被确定为工资、薪金范畴。其中，奖金是指所有具有工资性质的奖金，免税奖金的范围在税法中另有规定。年终加薪、劳动分红不分种类和取得情况，一律按工资、薪金所得课税，如公司职工取得的用于购买企业国有股权的劳动分红，按"工资、薪金所得"项目计征个人所得税。津贴、补贴等则有例外。

根据我国目前个人收入的构成情况，规定对于一些不属于工资、薪金性质的补贴、津贴或者不属于纳税人本人工资、薪金所得项目的收入，不予征税。这些项目包括：

（1）独生子女补贴；

（2）执行公务员工资制度未纳入基本工资总额的补贴、津贴差额和家属成员的副食品补贴；

（3）托儿补助费；

（4）差旅费津贴、误餐补助。其中，误餐补助是指按照财政部规定，个人因公在城区、郊区工作，不能在工作单位或返回就餐的，根据实际误餐顿数，按规定的标准领取的误餐费。单位以误餐补助名义发给职工的补助、津贴不能包括在内。

出租汽车经营单位对出租车驾驶员采取单车承包或承租方式运营，出租车驾驶员从事客货营运取得的收入，按"工资、薪金所得"项目征税。

（二）劳务报酬所得

劳务报酬所得，是指个人从事各种非雇佣的各种劳务所取得的所得，内容包括设计、装潢、安装、制图、化验、测试、医疗、法律、会计、咨询、讲学、翻译、审稿、书画、雕刻、影视、录音、录像、演出、表演、广告、展览、技术服务、介绍服务、经纪服务、代办服务、其他劳务等。

在实际操作过程中，还可能出现难以判定一项所得是属于工资、薪金所得，还是属于劳务报酬所得的情况。这两者的区别在于：工资、薪金所得是属于非独立个人劳务活动，即在机关、团体、学校、部队、企业、事业单位及其他组织中任职、受雇而得到的报酬；而劳务报酬所得则是个人独立从事各种技艺、提供各项劳务取得的报酬。

（三）稿酬所得

稿酬所得，是指个人因其作品以图书、报刊形式出版、发表而取得的所得。将稿酬所得独立划归一个征税项目，而对不以图书、报刊形式出版、发表的翻译、审稿、书画所得归为劳务报酬所得，主要是考虑了出版、发表作品的特殊性。第一，它是一种依靠较高智力创作的精神产品；第二，它具有普遍性；第三，它与社会主义精神文明和物质文明密切相关；第四，它的报酬相对偏低。因此，稿酬所得应当与一般劳务报酬相区别，并给予适当优惠照顾。

（四）特许权使用费所得

特许权使用费所得是指个人提供专利权、商标权、著作权、非专利技术以及其他特许权的使用权取得的所得。提供著作权的使用权取得的所得，不包括稿酬所得。

（五）经营所得

经营所得是指个体工商户的生产、经营所得以及对企事业单位的承包经营、承租经营所得。其中，个体工商户的生产、经营所得包括以下几种。

（1）个体工商户从事工业、手工业、建筑业、交通运输业、商业、饮食业、服务业、修理业及其他行业取得的所得。

（2）个人经政府有关部门批准，取得执照，从事办学、医疗、咨询以及其他有偿服务活动取得的所得。

（3）上述个体工商户和个人取得的与生产、经营有关的各项应税所得。

（4）个人因从事彩票代销业务而取得的所得，应按照"个体工商户的生产、经营所得"项目计征个人所得税。

（5）从事个体出租车运营的出租车驾驶员取得的收入，按个体工商户的生产、经营所得项目缴纳个人所得税。

出租车属个人所有，但挂靠出租汽车经营单位或企事业单位，驾驶员向挂靠单位缴纳管理费的，或出租汽车经营单位将出租车所有权转移给驾驶员的，出租车驾驶员从事客货运营取得的收入，比照个体工商户的生产、经营所得项目征税。

（6）个人独资企业、合伙企业的个人投资者以企业资金为本人、家庭成员及其相关人员支付与企业生产经营无关的消费性支出及购买汽车、住房等财产性支出，视为企业对个人投资者利润分配，并入投资者个人的生产经营所得，依照个体工商户的生产、经营所得项目计征个人所得税。

（7）其他个人从事个体工商业生产、经营取得的所得。

经营所得中对企事业单位的承包经营、承租经营所得，是指：个人承包经营或承租经营以及转包、转租取得的所得。承包项目可分多种，如生产经营、采购、销售、建筑安装等各种承包。转包包括全部转包或部分转包。

（六）利息、股息、红利所得

利息、股息、红利所得，是指个人拥有债权、股权而取得的利息、股息、红利所得。利息，是指个人拥有债权而取得的利息，包括存款利息、贷款利息和各种债券的利息。股息、红利，是指个人拥有股权取得的股息、红利，按照一定的比率对每股发给的息金叫股息；公司、企业应分配的利润，按股份分配的叫红利。

除个人独资企业、合伙企业以外的其他企业的个人投资者，以企业资金为本人、家庭成员及其相关人员支付与企业生产经营无关的消费性支出及购买汽车、住房等财产性支出，视为企业对个人投资者的红利分配，依照"利息、股息、红利所得"项目计征个人所得税。企业的上述支出不允许在所得税前扣除。

纳税年度内个人投资者从其投资企业（个人独资企业、合伙企业除外）借款，在该纳税年度终了后既不归还又未用于企业生产经营的，其未归还的借款可视为企业对个人投资者的红利分配，依照"利息、股息、红利所得"项目计征个人所得税。

（七）财产租赁所得

财产租赁所得，是指个人出租建筑物、土地使用权、机器设备、车船以及其他财产取得的所得。个人取得的财产转租收入，属于"财产租赁所得"的征税范围，由财产转租人缴纳个人所得税。

（八）财产转让所得

财产转让所得，是指个人转让有价证券、股权、合伙企业中的财产份额、建筑物、土地使用权、机器设备、车船以及其他财产取得的所得。在现实生活中，个人进行的财产转让主要是个人财产所有权的转让。财产转让实际上是一种买卖行为，当事人双方通过签订、履行财产转让合同，形成财产买卖的法律关系，使出让财产的个人从对方取得价款（收入）或其他经济利益。

（九）偶然所得

偶然所得，是指个人得奖、中奖、中彩以及其他偶然性质的所得。得奖是指参加各种有奖竞赛活动，取得名次得到的奖金；中奖、中彩是指参加各种有奖活动，如有奖销售、有奖储蓄或者购买彩票，经过规定程序，抽中、摇中号码而取得的奖金。偶然所得应缴纳的个人所得税税款，一律由发奖单位或机构代扣代缴。

以上九项所得中，居民个人取得第一项至第四项所得（以下称"综合所得"），按纳税年度合并计算个人所得税；非居民个人取得第一项至第四项所得，按月或者按次分项计算个人所得税。纳税人取得第五项至第九项所得，依照税法规定分别计算个人所得税。

第三节 应纳税额的计算

一、税率

个人所得税采用的税率包括累进税率和比例税率，根据所得类别的不同适用不同的税率。

（一）综合所得适用税率

综合所得适用七级超额累进税率，税率为 3% ~ 45%，如表 5 - 1 所示。

表 5 - 1　　　　　　　　综合所得个人所得税税率

级数	全年应纳税所得额	税率（%）	速算扣除数
1	不超过 36 000 元的	3	0
2	超过 36 000 元至 144 000 元的部分	10	2 520
3	超过 144 000 元至 300 000 元的部分	20	16 920
4	超过 300 000 元至 420 000 元的部分	25	31 920
5	超过 420 000 元至 660 000 元的部分	30	52 920
6	超过 660 000 元至 960 000 元的部分	35	85 920
7	超过 960 000 元的部分	45	181 920

注：（1）本表所称全年应纳税所得额是指依照税法规定，居民个人取得综合所得以每一纳税年度收入额减除费用 60 000 元以及专项扣除、专项附加扣除和依法确定的其他扣除后的余额。

（2）非居民个人取得工资、薪金所得，劳务报酬所得，稿酬所得和特许权使用费所得，依照本表按月换算后计算应纳税额。

（二）经营所得适用税率

经营所得适用 5% ~ 35% 的五级超额累进税率，如表 5 - 2 所示。

表 5 - 2　　　　　　　　经营所得个人所得税税率

级数	全年应纳税所得额	税率（%）	速算扣除数
1	不超过 30 000 元的	5	0
2	超过 30 000 元至 90 000 元的部分	10	1 500

续表

级数	全年应纳税所得额	税率（%）	速算扣除数
3	超过 90 000 元至 300 000 元的部分	20	10 500
4	超过 300 000 元至 500 000 元的部分	30	40 500
5	超过 500 000 元的部分	35	65 500

注：本表所称全年应纳税所得额是指依照税法规定，以每一纳税年度的收入总额减除成本、费用以及损失后的余额。

（三）其他所得适用税率

利息、股息、红利所得，财产租赁所得，财产转让所得和偶然所得适用税率为 20%。

二、应纳税所得额的规定

由于个人所得税的应税项目不同，并且取得某项所得所需费用也不相同，因此，计算个人应纳税所得额，需按不同应税项目分项计算。以某项应税项目的收入额减去税法规定的该项目费用减除标准后的余额，为该应税项应纳税所得额。

（一）每次收入的确定

《个人所得税法》对纳税义务人的征税方法有三种：一是按年计征，如经营所得，居民个人取得的综合所得；二是按月计征，如非居民个人取得的工资、薪金所得；三是按次计征，如利息、股息、红利所得，财产租赁所得，财产转让所得，偶然所得和非居民个人取得的劳务报酬所得、稿酬所得和特许权使用费所得等。

对于按次征收的项目，《个人所得税法实施条例》中作出了明确规定。具体是：

1. 非居民个人在取得劳务报酬所得、稿酬所得、特许权使用费所得时，根据不同劳务项目的特点，分别规定为：

（1）只有一次性收入的，以取得该项收入为一次。

劳务报酬所得方面。例如从事设计、安装、装潢、制图、化验、测试等劳务，往往是接受客户的委托，按照客户的要求完成一次劳务后取得收入，属于只有一次性的收入，应以每次提供劳务取得的收入为一次。

稿酬所得方面。以每次出版、发表取得的收入为一次；即使以预付稿酬或分次支付稿酬等形式取得了多笔稿酬收入，也应合并计算为一次；因添加印数而追加稿酬的，应与以前出版、发表时取得的稿酬合并计算为一次；因再版取得的所得，则视作另一次稿酬所得。同一作品在报刊上连载取得收入的,以连载完成后取得的所有收入合并为一次。同一作品先在报刊上连载,然后再出版,或先出版再在报刊上连载的,应视为两次稿酬所得征税,即连载作为一次,出版作为另一次。

特许权使用费所得方面。以某项使用权的一次转让所取得的收入为一次。如果该次转让取得的收入是分笔支付的,则应将各笔收入相加为一次的收入,计征个人所得税。

(2)属于同一事项连续取得收入的,以1个月内取得的收入为一次。

需注意,由于居民个人取得的劳务报酬所得、稿酬所得和特许权使用费所得均纳入综合所得按年征收,因此,当居民个人取得这些所得时,其扣缴义务人仍需按"次"预扣预缴相应税款。

2. 财产租赁所得,以1个月内取得的收入为一次。

3. 利息、股息、红利所得,以支付利息、股息、红利时取得的收入为一次。

4. 偶然所得,以每次收入为一次。

(二)费用减除标准

1. 居民个人的综合所得,以每一纳税年度的收入额减除费用60 000万元以及专项扣除、专项附加扣除和依法确定的其他扣除后的余额,为应纳税所得额。专项扣除、专项附加扣除和依法确定的其他扣除,以居民个人一个纳税年度的应纳税所得额为限,一个纳税年度扣除不完的,不结转以后年度扣除。具体规则如下:

(1)收入额的确定。劳务报酬所得、稿酬所得、特许权使用费所得,以收入减除20%的费用后的余额为收入额;此外,稿酬所得的收入额再减按70%计算。个人兼有不同的劳务报酬所得、稿酬所得、特许权使用费所得,应当分别减除费用。

(2)法定减除项目的规定。专项扣除,包括居民个人按照国家规定的范围和标准缴纳的基本养老保险、基本医疗保险、失业保险等社会保险费和住房公积金等。专项附加扣除,包括3岁以下婴幼儿照护、子女教育、继续教育、大病医疗、住房贷款利息或者住房租金、赡养老人等支出,具体范围、标准和实施步骤由国务院确定,并报全国人民代表大会常务委员会备案。依法确定的其他扣除,包括个人缴付符合国家规定的企业年金、职业年金,个人购买的符合国家规定的商业健康保险、税收递延型商业养老保险的支出,以及国务院规定可以扣除的其他项目。

(3)专项附加扣除项目的规定。目前包含了3岁以下婴幼儿照护、子女教育、继续教育、大病医疗、住房贷款利息、住房租金、赡养老人等7项。

①3 岁以下婴幼儿照护。纳税人照护 3 岁以下婴幼儿子女的相关支出，按照每个婴幼儿每月 2 000 元（每年 24 000 元）的标准定额扣除。

父母可以选择由一方按扣除标准的 100% 扣除，也可以选择由双方分别按扣除标准的 50% 扣除，具体扣除方式在一个纳税年度内不能变更。

②子女教育。纳税人的子女接受学前教育和学历教育的相关支出，按照每个子女每月 2 000 元（每年 24 000 元）的标准定额扣除。

学前教育包括年满 3 岁至小学入学前教育；学历教育包括义务教育（小学、初中教育）、高中阶段教育（普通高中、中等职业、技工教育）、高等教育（大学专科、大学本科、硕士研究生、博士研究生教育）。

父母可以选择由一方按扣除标准的 100% 扣除，也可以选择由双方分别按扣除标准的 50% 扣除，具体扣除方式在一个纳税年度内不能变更。

③继续教育。纳税人在中国境内接受学历（学位）继续教育的支出，在学历（学位）教育期间按照每月 400 元定额扣除。同一学历（学位）继续教育的扣除期限不能超过 48 个月。纳税人接受技能人员职业资格继续教育、专业技术人员职业资格继续教育的支出，在取得相关证书的当年，按照 3 600 元定额扣除。

个人接受本科及以下学历（学位）继续教育，符合税法规定扣除条件的，可以选择由其父母扣除，也可以选择由本人扣除。

④大病医疗。在一个纳税年度内，纳税人发生的与基本医保相关的医药费用支出，扣除医保报销后个人负担（指医保目录范围内的自付部分）累计超过 15 000 元的部分，由纳税人在办理年度汇算清缴时，在 80 000 元限额内据实扣除。

纳税人发生的医药费用支出可以选择由本人或者其配偶扣除；未成年子女发生的医药费用支出可以选择由其父母一方扣除。

⑤住房贷款利息。纳税人本人或者配偶，单独或者共同使用商业银行或者住房公积金个人住房贷款，为本人或者其配偶购买中国境内住房，发生的首套住房贷款利息支出，在实际发生贷款利息的年度，按照每月 1 000 元（每年 12 000 元）的标准定额扣除，扣除期限最长不超过 240 个月（20 年）。纳税人只能享受一套首套住房贷款的利息扣除。

⑥住房租金。纳税人在主要工作城市没有自有住房，且其配偶在纳税人的主要工作城市没有自有住房的，纳税人所发生的住房租金支出，可以按照以下标准定额扣除：

租房位于直辖市、省会（首府）城市、计划单列市以及国务院确定的其他城市扣除标准为每月 1 500 元（每年 18 000 元）；除上述所列城市外，市辖区户籍人口超 100 万的城市为每月 1 100 元（每年 13 200 元）；不超 100 万的城市为每月 800 元（每年 9 600 元）。

夫妻双方主要工作城市相同的，只能由一方扣除住房租金支出。纳税人及其配偶在一个纳税年度内，不得同时享受住房贷款利息专项附加扣除和住房租金专项附加扣除。

⑦赡养老人。纳税人赡养一位及以上被赡养人的赡养支出，统一按以下标准定额扣除。

a. 纳税人为独生子女的，按每月 3 000 元（每年 36 000 元）标准定额扣除；纳税人为非独生子女的，与其兄弟姐妹按照老人指定分摊或约定分摊的方式（指定分摊优先）分摊每月 3 000 元的扣除额度，每人分摊扣除额最高不超过每月 1 500 元。

b. 被赡养人是指纳税人年满 60 岁（含）的父母，以及子女均已去世的年满 60 岁的祖父母、外祖父母。

2. 非居民个人的工资、薪金所得，以每月收入额减除费用 5 000 元后的余额为应纳税所得额；劳务报酬所得、稿酬所得、特许权使用费所得，以每次收入额为应纳税所得额。非居民个人取得的劳务报酬所得、稿酬所得和特许权使用费所得，以收入减除 20% 的费用后的余额为收入额。稿酬所得的收入额减按 70% 计算。

3. 经营所得，以每一纳税年度的收入总额减除成本、费用以及损失后的余额，为应纳税所得额。

成本、费用，是指纳税义务人从事生产、经营所发生的各项直接支出和分配计入成本的间接费用以及销售费用、管理费用、财务费用，这里所说的损失，是指纳税义务人在生产、经营过程中发生的各项营业外支出。

个人独资企业的投资者以全部生产经营所得为应纳税所得额；合伙企业的投资者按照合伙企业的全部生产经营所得和合伙协议约定的分配比例，确定应纳税所得额，合伙协议没有约定分配比例的，以全部生产经营所得和合伙人数量平均计算每个投资者的应纳税所得额。上述所称生产经营所得，包括企业分配给投资者个人的所得和企业当年留存的所得（利润）。

对个体工商户业主、个人独资企业和合伙企业自然人投资者的生产经营所得依法计征个人所得税时，个体工商户业主、个人独资企业和合伙企业自然人投资者本人的费用扣除标准统一确定为 60 000 元/年（5 000 元/月）。

特别地，取得经营所得的个人，没有综合所得的，在计算其每一纳税年度的应纳税所得额时，应当减除费用 60 000 元、专项扣除、专项附加扣除以及依法确定的其他扣除。专项附加扣除应在办理汇算清缴时减除。

从事生产、经营的纳税义务人未提供完整、准确的纳税资料，不能正确计算应纳税所得额的，由主管税务机关核定其应纳税所得额。

4. 财产租赁所得，每次收入不超过 4 000 的，减除费用 800 元；400 以上的，减除 20% 的费用，其余额为应纳税所得额。

5. 财产转让所得，以转让财产的收入额减除财产原值和合理费用后的余额，为应纳税所得额。财产原值，是指：

（1）有价证券，为买入价以及买入时按照规定缴纳的有关费用；

（2）建筑物，为建造费或者购进价格以及其他有关费用；

（3）土地使用权，为取得土地使用权所支付的金额、开发土地的费用以及其他有关费用；

（4）机器设备、车船，为购进价格、运输费、安装费以及其他有关费用；

（5）其他财产，参照以上方法确定。

纳税义务人未提供完整、准确的财产原值凭证，不能正确计算财产原值的，由主管税务机关核定其财产原值。

合理费用，是指卖出财产时按照规定支付的有关费用。

6. 利息、股息、红利所得以及偶然所得，以每次收入额为应纳税所得额。

（三）应纳税所得额的其他规定

1. 个人将其所得通过中国境内的社会团体、国家机关向教育和其他社会公益事业以及遭受严重自然灾害地区、贫困地区捐赠，捐赠额未超过纳税义务人申报的应纳税所得额 30% 的部分，可以从其应纳税所得额中扣除。国务院规定对公益慈善事业捐赠实行全额税前扣除的，从其规定。

2. 个人取得的应纳税所得，包括现金、实物和有价证券。所得为实物的，应当按照取得的凭证上所注明的价格计算应纳税所得额；无凭证的实物或者凭证上所注明的价格明显偏低的，由主管税务机关参照当地的市场价格核定应纳税所得额。所得为有价证券的，由主管税务机关根据票面价格和市场价格核定应纳税所得额。

三、应纳税额的计算

（一）全员全额扣缴申报纳税

全员全额扣缴申报，是指扣缴义务人应当在代扣税款的次月 15 日内，向主管税务机关报送其支付所得的所有个人的有关信息、支付所得数额、扣除事项和数额、扣缴税款的具体数额和总额以及其他相关涉税信息资料。这种方法有利于控制税源、防止漏税和逃税。

为便于理解，本部分先介绍应由扣缴义务人承担扣缴义务的全员全额扣缴申报纳税的规则，再介绍纳税人取得各类所得的应纳税额的计算规则。当居民个人取得综合所得的应纳税额与预扣预缴的税额不一致时，可以通过次年的综合所得汇算清缴进行纳税申报，申请退还多缴纳的税款，或申请补缴少缴纳的税款，具体规则参见本章第五节。

1. 扣缴义务人和代扣预扣税款的范围。

（1）扣缴义务人，是指向个人支付所得的单位或者个人。所称支付，包括现金支付、汇拨支付、转账支付和以有价证券、实物以及其他形式的支付。

（2）实行个人所得税全员全额扣缴申报的应税所得包括：工资、薪金所得；劳务报酬所得；稿酬所得；特许权使用费所得；利息、股息、红利所得；财产租赁所得；财产转让所得；偶然所得。

2. 不同项目所得的扣缴方法。

（1）居民个人取得工资、薪金所得。

扣缴义务人向居民个人支付工资、薪金所得时，应当按照累计预扣法计算预扣税款，并按月办理扣缴申报。

累计预扣法，是指扣缴义务人在一个纳税年度内预扣预缴税款时，以纳税人在本单位截至当前月份工资、薪金所得累计收入减除累计免税收入、累计减除费用、累计专项扣除、累计专项附加扣除和累计依法确定的其他扣除后的余额为累计预扣预缴应纳税所得额，适用居民个人工资、薪金所得预扣预缴率（见表5-3），计算累计应预扣预缴税额，再减除累计减免税额和累计已预扣预缴税额，其余额为本期应预扣预缴税额。余额为负值时，暂不退税。纳税年度终了后余额仍为负值时，由纳税人通过办理综合所得年度汇算清缴，税款多退少补。

表5-3　　　　　　居民个人工资、薪金所得预扣预缴率

级数	累计预扣预缴应纳税所得额	预扣率（％）	速算扣除数
1	不超过36 000元的	3	0
2	超过36 000元至144 000元的部分	10	2 520
3	超过144 000元至300 000元的部分	20	16 920
4	超过300 000元至420 000元的部分	25	31 920
5	超过420 000元至660 000元的部分	30	52 920
6	超过660 000元至960 000元的部分	35	85 920
7	超过960 000元的部分	45	181 920

年度预扣预缴税额与年度应纳税额不一致的，由居民个人于次年3月1日至6月30日向主管税务机关办理综合所得年度汇算清缴，税款多退少补。

居民个人向扣缴义务人提供有关信息并依法要求办理专项附加扣除的，扣缴义务人应当按照规定在工资、薪金所得按月预扣预缴税款时予以扣除，不得拒绝。

具体计算公式为：

本期应预扣预缴税额 =（累计预扣预缴应纳税所得额 × 预扣率

　　　　　　　　－速算扣除数）－累计减免税额

　　　　　　　　－累计已预扣预缴税额

累计预扣预缴应纳税所得额 = 累计收入 － 累计免税收入 － 累计减除费用

　　　　　　　　－累计专项扣除 － 累计专项附加扣除

　　　　　　　　－累计依法确定的其他扣除

【例5-1】 张某是我国的个人所得税居民个人，2024年，张某每月取得工资收入10 000元，每月缴纳社保费用和住房公积金1 500元，全年均享受住房贷款利息专项附加扣除，请计算其扣缴义务人2024年每月应预扣预缴的税款金额。

2024年1月：

累计预扣预缴应纳税所得额 = 累计收入 － 累计免税收入 － 累计基本减除费用 － 累计专项扣除 － 累计专项附加扣除 － 累计依法确定的其他扣除 = 10 000 － 5 000 － 1 500 － 1 000 = 2 500（元）

本期应预扣预缴税额 = 2 500 × 3% － 0 = 75（元）

……

2024年2月：

累计预扣预缴应纳税所得额 = 累计收入 － 累计免税收入 － 累计基本减除费用 － 累计专项扣除 － 累计专项附加扣除 － 累计依法确定的其他扣除 = 20 000 － 10 000 － 3 000 － 2 000 = 5 000（元）

本期应预扣预缴税额 =（5 000 × 3% － 0）－ 累计减免税额 － 累计已预扣预缴税额 = 150 － 75 = 75（元）

2024年12月：

累计预扣预缴应纳税所得额 = 累计收入 － 累计免税收入 － 累计基本减除费用 － 累计专项扣除 － 累计专项附加扣除 － 累计依法确定的其他扣除 = 120 000 － 60 000 － 18 000 － 12 000 = 30 000（元）

本期应预扣预缴税额 =（30 000 × 3% － 0）－ 累计减免税额 － 累计已预扣预缴税额 = 900 － 75 × 11 = 75（元）

（2）居民个人取得劳务报酬所得、稿酬所得、特许权使用费所得。

扣缴义务人向居民个人支付劳务报酬所得、稿酬所得、特许权使用费所得时，应当按照以下方法按次或者按月预扣预缴税款：

①劳务报酬所得、稿酬所得、特许权使用费所得以收入减除费用后的余额为收入额；其中，稿酬所得的收入额减按70%计算。

②减除费用：预扣预缴税款时，劳务报酬所得、稿酬所得、特许权使用费所得每次收入不超过4 000元的，减除费用按800元计算；每次收入4 000元以上的，减除费用按收入的20%计算。

③应纳税所得额：劳务报酬所得、稿酬所得、特许权使用费所得，以每次收入额为预扣预缴应纳税所得额，计算应预扣预缴税额。劳务报酬所得适用居民个人劳务报酬所得预扣预缴率（见表5-4），稿酬所得、特许权使用费所得适用20%的比例预扣率。

表5-4　　　　　　　　居民个人劳务报酬所得预扣预缴率

级数	预扣预缴应纳税所得额	预扣率（％）	速算扣除数
1	不超过20 000元的	20	0
2	超过20 000元至50 000元的部分	30	2 000
3	超过50 000元的部分	40	7 000

④预扣预缴税额计算公式为：

$$劳务报酬所得应预扣预缴税额 = 预扣预缴应纳税所得额 \times 预扣率 - 速算扣除数$$

$$稿酬所得、特许权使用费所得应预扣预缴税额 = 预扣预缴应纳税所得额 \times 20\%$$

【例5-2】2024年12月，居民个人刘某取得一次表演收入40 000元，请计算其扣缴义务人应预扣预缴个人所得税税额。

应预扣预缴税额＝预扣预缴应纳税所得额×（1-20%）×预扣率-速算扣除数＝40 000×（1-20%）×30%-2 000＝7 600（元）

【例5-3】李某为居民个人，2024年10月取得一次未扣除个人所得税的稿酬收入20 000元，请计算其扣缴义务人应预扣预缴的个人所得税税额。

应预扣预缴税额＝预扣预缴应纳税所得额×预扣率＝20 000×（1-20%）×70%×20%＝2 240（元）

（3）非居民个人取得工资、薪金所得，劳务报酬所得，稿酬所得和特许权使用费所得。

有扣缴义务人的，由扣缴义务人按月或者按次代扣代缴税款，不办理汇算清缴。扣缴义务人向非居民个人支付工资、薪金所得，劳务报酬所得，稿酬所得和特许权使用费所得时，应当按照以下方法按月或者按次代扣代缴税款：

①非居民个人的工资、薪金所得，以每月收入额减除费用5 000

元后的余额为应纳税所得额。

②劳务报酬所得、稿酬所得、特许权使用费所得，以每次收入额为应纳税所得额，适用非居民个人工资、薪金所得，劳务报酬所得，稿酬所得，特许权使用费所得适用税率表（见表5-5）计算应纳税额。劳务报酬所得、稿酬所得、特许权使用费所得以收入减除20%的费用后的余额为收入额，其中，稿酬所得的收入额减按70%计算。

③税款扣缴计算公式为：

$$\text{非居民个人工资、薪金所得，劳务报酬所得，稿酬所得，特许权使用费所得应纳税额} = \text{应纳税所得额} \times \text{税率} - \text{速算扣除数}$$

（4）纳税人取得利息、股息、红利所得，财产租赁所得，财产转让所得或者偶然所得。

扣缴义务人应当依法按次或者按月代扣代缴税款。扣缴义务人判断"次数"的标准与前述对非居民个人收入确定中的标准一致。即劳务报酬所得、稿酬所得、特许权使用费所得，属于一次性收入的，以取得该收入为一次；属于同一项目连续性收入的，以一个月内取得的收入为一次。财产租赁所得，以一个月内取得的收入为一次。利息、股息、红利所得，以支付利息、股息、红利时取得的收入为一次。偶然所得，以每次取得该项收入为一次。

（二）居民个人综合所得应纳税额的计算

居民个人综合所得的费用减除办法前已述及，综合所得应纳税额的计算公式为：

$$\text{应纳税额} = \text{应纳税所得额} \times \text{适用税率} - \text{速算扣除数}$$
$$= (\text{每年综合所得收入额} - 60\,000\text{元} - \text{专项扣除}$$
$$- \text{专项附加扣除} - \text{依法确定的其他扣除})$$
$$\times \text{适用税率} - \text{速算扣除数}$$

这里需要说明的是，由于综合所得在计算应纳个人所得税额时，适用的是超额累进税率，所以计算比较烦琐，运用速算扣除数计算法，可以简化计算过程。速算扣除数是指在采用超额累进税率征税的情况下，根据超额累进税率表中划分的应纳税所得额级距和税率，先用全额累进方法计算出税额，再减去用超额累进方法计算的应征税额以后的差额。当超额累进税率表中的级距和税率确定以后，各级速算扣除数也固定不变成为计算应纳税额时的常数。

【例5-4】王某是我国的居民纳税人，她在2023年共取得含税工资收入22万元，劳务报酬2万元，稿酬1万元。已知王某为独生子女；王某与丈夫育有两个子女，子女都处于义务教育阶段，且均由其扣除子女教育附加；王某的父母健在且均已年满60岁；此外王某还符合住房贷款专项附加扣除的条件。请为王某计算其当年应缴纳的个人所得税税额。

应纳税所得额 = [220 000 + 20 000 × (1 – 20%) + 10 000 × (1 – 20%) × 70%] – 60 000 – 12 000 – 12 000 × 2 – 24 000 = 241 600 – 120 000 = 121 600 （元）

应纳税额 = 121 600 × 10% – 2 520 = 9 640 （元）

（三）非居民个人取得工资、薪金所得，劳务报酬所得，稿酬所得和特许权使用费所得应纳税额的计算

1. 非居民个人取得工资、薪金所得，劳务报酬所得，稿酬所得和特许权使用费所得，依照表 5 – 1 按月换算后计算应纳税额。因此，非居民个人从我国境内取得这些所得时，适用的税率见表 5 – 5。

表 5 – 5　　　　　非居民个人工资、薪金所得，劳务报酬所得，稿酬所得和特许权使用费所得适用税率

级数	应纳税所得额	预扣率（%）	速算扣除数
1	不超过 3 000 元的	3	0
2	超过 3 000 元至 12 000 元的部分	10	210
3	超过 12 000 元至 25 000 元的部分	20	1 410
4	超过 25 000 元至 35 000 元的部分	25	2 660
5	超过 35 000 元至 55 000 元的部分	30	4 410
6	超过 55 000 元至 80 000 元的部分	35	7 160
7	超过 80 000 元的部分	45	15 160

【例 5 – 5】某商贸公司是一家外商投资企业，2024 年 12 月，一位在本企业工作的美国专家 Tommy（为非居民纳税人）取得由该企业发放的含税工资收入 10 400 元人民币，此外还从别处取得劳务报酬 5 000 元人民币。请计算当月其应纳个人所得税税额。

（1）该非居民个人当月工资、薪金所得应纳税额 = （ 10 400 – 5 000 ） × 10% – 210 = 330 （元）

（2）该非居民个人当月劳务报酬所得应纳税额 = 5 000 × (1 – 20%) × 10% – 210 = 190 （元）

2. 非居民个人在一个纳税年度内税款扣缴方法保持不变，达到居民个人条件时，应当告知扣缴义务人基础信息变化情况，年度终了后按照居民个人有关规定办理汇算清缴。

（四）经营所得应纳税额的计算

经营所得应纳税额的计算公式为：

$$应纳税额 = 应纳税所得额 \times 适用税率 - 速算扣除数 或$$
$$= (全年收入总额 - 成本、费用以及损失)$$
$$\times 适用税率 - 速算扣除数$$

1. 个体工商户应纳税额的计算。

个体工商户应纳税所得额的计算，以权责发生制为原则，属于当期的收入和费用，不论款项是否收付，均作为当期的收入和费用；不属于当期的收入和费用，即使款项已经在当期收付，均不作为当期收入和费用。财政部、国家税务总局另有规定的除外。基本规定如下。

（1）计税基本规定。

①纳税人的经营所得，以每一纳税年度的收入总额，减除成本、费用、税金、损失、其他支出以及允许弥补的以前年度亏损后的余额，为应纳税所得额。

纳税人从事生产经营以及与生产经营有关的活动（以下简称生产经营）取得的货币形式和非货币形式的各项收入，为收入总额。包括销售货物收入、提供劳务收入、转让财产收入、利息收入、租金收入、接受捐赠收入和其他收入等。其他收入包括纳税人资产溢余收入、逾期一年以上的未退包装物押金收入、确实无法偿付的应付款项、已作坏账损失处理后又收回的应收款项、债务重组收入、补贴收入、违约金收入和汇兑收益等。

成本，是指纳税人在生产经营活动中发生的销售成本、销货成本、业务支出以及其他耗费。

费用，是指纳税人在生产经营活动中发生的销售费用、管理费用和财务费用，已经计入成本的有关费用除外。

税金，是指纳税人在生产经营活动中发生的除个人所得税和允许抵扣的增值税以外的各项税金及其附加。

损失，是指纳税人在生产经营活动中发生的固定资产和存货的盘亏、毁损、报废损失，转让财产损失，坏账损失，自然灾害等不可抗力因素造成的损失以及其他损失。发生的损失，减除责任人赔偿和保险赔款后的余额，参照财政部、国家税务总局有关企业资产损失税前扣除的规定扣除。纳税人已经作为损失处理的资产，在以后纳税年度又全部收回或者部分收回时，应当计入收回当期的收入。

其他支出，是指除成本、费用、税金、损失外，纳税人在生产经营活动中发生的与生产经营活动有关的、合理的支出。

纳税人发生的支出应当区分收益性支出和资本性支出。收益性支出在发生当期直接扣除；资本性支出应当分期扣除或者计入有关资产成本，不得在发生当期直接扣除。

前款所称支出，是指与取得收入直接相关的支出。所称亏损，是指纳税人依照本办法规定计算的应纳税所得额小于0的数额。

除税收法律法规另有规定外，纳税人实际发生的成本、费用、税金、损失和其他支出，不得重复扣除。

②纳税人下列支出不得扣除：

个人所得税税款；税收滞纳金；罚金、罚款和被没收财物的损失；不符合扣除规定的捐赠支出；赞助支出；用于个人和家庭的支出；与取得生产经营收入无关的其他支出；国家税务总局规定不准扣除的支出。

③纳税人生产经营活动中，应当分别核算生产经营费用和个人、家庭费用。对于生产经营与个人、家庭生活混用难以分清的费用，其40%视为与生产经营有关费用，准予扣除。

④纳税人在纳税年度发生的亏损，准予向以后年度结转，用以后年度的生产经营所得弥补，但结转年限最长不得超过五年。

⑤纳税人使用或者销售存货，按照规定计算的存货成本，准予在计算应纳税所得额时扣除。

⑥纳税人转让资产，该项资产的净值，准予在计算应纳税所得额时扣除。

⑦纳税人取得与生产、经营活动无关的所得，应当按规定分别计算中征收个人所得税。

（2）扣除项目及标准。

①纳税人实际支付给从业人员的、合理的工资薪金支出，准予扣除。个体工商户业主的费用扣除标准，确定为 60 000 元/年（5 000 元/月），业主的工资薪金支出不得税前扣除。

②纳税人按照国务院有关主管部门或者省级人民政府规定的范围和标准为其业主和从业人员缴纳的基本养老保险费、基本医疗保险费、失业保险费、生育保险费、工伤保险费和住房公积金，准予扣除。

纳税人为从业人员缴纳的补充养老保险费、补充医疗保险费，分别在不超过从业人员工资总额5%标准内的部分据实扣除；超过部分，不得扣除。

纳税人本人缴纳的补充养老保险费、补充医疗保险费，以当地（地级市）上年度社会平均工资的3倍为计算基数，分别在不超过该计算基数5%标准内的部分据实扣除，超过部分，不得扣除。

除纳税人依照国家有关规定为特殊工种从业人员支付的人身安全保险费和财政部、国家税务总局规定可以扣除的其他商业保险费外，纳税人业主本人或为从业人员支付的商业保险费，不得扣除。

纳税人参加财产保险，按照规定缴纳的保险费，准予扣除。

③纳税人在生产经营活动中发生的合理的不需要资本化的借款费用，准予扣除。纳税人为购置、建造固定资产、无形资产和经过 12

个月以上的建造才能达到预定可销售状态的存货发生借款的，在有关资产购置、建造期间发生的合理的借款费用，应当作为资本性支出计入有关资产的成本，并依照本办法的规定扣除。

④纳税人在生产经营活动中发生的下列利息支出，准予扣除：

向金融企业借款的利息支出；向非金融企业和个人借款的利息支出，不超过按照金融企业同期同类贷款利率计算的数额的部分。

⑤纳税人在货币交易中，以及纳税年度终了时将人民币以外的货币性资产、负债按照期末即期人民币汇率中间价折算为人民币时产生的汇兑损失，除已经计入有关资产成本部分外，准予扣除。

⑥纳税人向当地工会组织拨缴的工会经费、实际发生的职工福利费支出、职工教育经费支出分别在工资薪金总额的 2%、14%、2.5% 的标准内据实扣除。

工资薪金总额是指允许在当期税前扣除的工资薪金支出数额。

职工教育经费的实际发生数额超出规定比例当期不能扣除的数额，准予在以后纳税年度结转扣除。

纳税人本人向当地工会组织缴纳的工会经费、实际发生的职工福利费支出、职工教育经费支出，以当地（地级市）上年度社会平均工资的3倍为计算基数，在规定比例内据实扣除。

⑦纳税人发生的与生产经营活动有关的业务招待费按照实际发生额的60%扣除，但最高不得超过当年销售（营业）收入的5‰。业主自申请营业执照之日起至开始生产经营之日止所发生的业务招待费，按照实际发生额的60%计入纳税人的开办费。

⑧纳税人每一纳税年度发生的与其生产经营活动直接相关的广告费和业务宣传费不超过当年销售（营业）收入15%的部分，可以据实扣除；超过部分，准予在以后纳税年度结转扣除。

⑨纳税人代其从业人员或者他人负担的税款，不得税前扣除。

⑩纳税人按照规定缴纳的摊位费、行政性收费、协会会费等，按实际发生数额扣除。

⑪纳税人根据生产经营活动的需要租入固定资产支付的租赁费，按照以下方法扣除：

以经营租赁方式租入固定资产发生的租赁费支出，按照租赁期限均匀扣除。

以融资租赁方式租入固定资产发生的租赁费支出，按照规定构成融资租入固定资产价值的部分应当提取折旧费用，分期扣除。

⑫纳税人发生的合理的劳动保护支出，准予扣除。

⑬纳税人自申请营业执照之日起至开始生产经营之日止所发生符合本办法规定的费用，除为取得固定资产、无形资产的支出，以及应计入资产价值的汇兑损益、利息支出外，作为开办费，纳税人可以选

择在开始生产经营的当年一次性扣除，也可自生产经营月份起在不短于 3 年期限内摊销扣除，但一经选定，不得改变。开始生产经营之日为个体工商户取得第一笔销售（营业）收入的日期。

⑭纳税人通过公益性社会团体或者县级以上人民政府及其部门，用于《中华人民共和国公益事业捐赠法》规定的公益事业的捐赠，捐赠额不超过其应纳税所得额 30% 的部分可以据实扣除。财政部、国家税务总局规定可以全额在税前扣除的捐赠支出项目，按有关规定执行。纳税人直接对受益人的捐赠不得扣除。公益性社会团体的认定，按照财政部、国家税务总局、民政部有关规定执行。

赞助支出，是指纳税人发生的与生产经营活动无关的各种非广告性质支出。

⑮纳税人研究开发新产品、新技术、新工艺所发生的开发费用，以及研究开发新产品、新技术而购置单台价值在 10 万元以下的测试仪器和试验性装置的购置费准予直接扣除；单台价值在 10 万元以上（含 10 万元）的测试仪器和试验性装置，按固定资产管理，不得在当期直接扣除。

【例 5－6】"邹师傅阳光货车队"是个体工商户，账证健全，2024 年 12 月取得营业额为 220 000 元，准许扣除的当月成本、费用（已含个人已计费用按标准扣除的部分）及相关税金共计 170 600 元。此外，2024 年 1～11 月累计应纳税所得额 68 400 元，1～11 月累计已预缴个人所得税 3 240 元。计算该个体工商户 2024 年度应补缴的个人所得税。

按照税收法律、法规和文件规定，先计算全年应纳税所得额，再计算全年应纳税额。

全年应纳税所得额 = 220 000 － 170 600 ＋ 68 400 － 5 000 × 12 = 57 800（元）

全年应缴纳个人所得税 = 57 800 × 10% － 1 500 = 4 280（元）

该个体工商户 2024 年度应补缴的个人所得税 = 4 280 － 3 240 = 1 040（元）

2. 个人独资企业的投资者、合伙企业的合伙人所取得的生产经营所得，其个人所得税应纳税额的计算有查账征税和核定征收两种方法。实行查账征税的计税办法与个体工商户基本一致。

5－1　个人独资企业和合伙企业查账征税的应纳税额计算

（五）利息、股息、红利所得应纳税额的计算

利息、股息、红利所得应纳税额的计算公式为：

应纳税额 = 应纳税所得额 × 适用税率 = 每次收入额 × 20%

【例 5－7】陈某持有朝阳股份有限公司的债券，2024 年底收到持有债券的利息 3 500 元，请计算陈某获得的利息收入应缴纳的个人

所得税。

利息，股息、红利所得，以每次收入额为应纳税所得额，适用税率为20%。

应纳税额 = 3 500 × 20% = 700（元）

（六）财产租赁所得应纳税额的计算

1. 应纳税所得额。

财产租赁所得一般以个人每次取得的收入，定额或定率减除规定费用后的余额为应纳税所得额。每次收入不超过4 000元，定额减除费用800元；每次收入在4 000元以上，定率减除20%的费用。财产租赁所得以1个月内取得的收入为一次。在确定财产租赁的应纳税所得额时，纳税人在出租财产过程中缴纳的税金和教育费附加，可持完税（缴款）凭证，从其财产租赁收入中扣除。准予扣除的项目除了规定费用和有关税、费外，还准予扣除能够提供有效、准确凭证，证明由纳税人负担的该出租财产实际开支的修缮费用。允许扣除的修缮费用，以每次800元为限。一次扣除不完的，准予在下次继续扣除，直到扣完为止。

个人出租财产取得的财产租赁收入，在计算缴纳个人所得税时，应依次扣除以下费用：

（1）财产租赁过程中缴纳的税费。

（2）由纳税人负担的该出租财产实际开支的修缮费用。

（3）税法规定的费用扣除标准。

应纳税所得额的计算公式为：

（1）每次（月）收入不超过4 000元的：

$$应纳税所得额 = 每次（月）收入额 - 准予扣除项目 - 修缮费用（800元为限） - 800元$$

（2）每次（月）收入超过4 000元的：

$$应纳税所得额 = [每次（月）收入额 - 准予扣除项目 - 修缮费用（800元为限）] × (1 - 20\%)$$

2. 个人将承租房屋转租取得的租金收入，属于个人所得税应税所得，应按"财产租赁所得"项目计算缴纳个人所得税。具体规定为：

（1）取得转租收入的个人向房屋出租方支付的租金，凭房屋租赁合同和合法支付凭据允许在计算个人所得税时，从该项转租收入中扣除。

（2）有关财产租赁所得个人所得税前扣除税费的扣除次序调整为：

①财产租赁过程中缴纳的税费；

②向出租方支付的租金；

③由纳税人负担的租赁财产实际开支的修缮费用；

④税法规定的费用扣除标准。

3. 应纳税额的计算方法。

财产租赁所得适用20%的比例税率。但对个人按市场价格出租的居民住房取得的所得，自2001年1月1日起暂减按10%的税率征收个人所得税。其应纳税额的计算公式为：

$$应纳税额 = 应纳税所得额 \times 适用税率$$

【例5-8】汪某自2024年1月起将其自有的面积为100平方米的公寓按市场价出租给李某居住，汪某每月取得租金收入2 500元，全年租金收入30 000元。请计算汪某全年租金收入应缴纳的个人所得税。

财产租赁收入以每月内取得的收入为一次，按市场价出租给个人居住适用10%的税率，因此，汪某每月及全年应纳税额为：

（1）每月应纳税额 = (2 500 - 800) × 10% = 170（元）

（2）全年应纳税额 = 170 × 12 = 2 040（元）

本例在计算个人所得税时未考虑其他税费。如果对租金收入计征增值税、城市维护建设税、房产税和教育费附加等，还应将其从税前的收入中先扣除后再计算应缴纳的个人所得税。

【例5-9】假定【例5-8】中，当年2月因下水道堵塞找人修理，发生修理费用1 000元，有维修部门的正式收据，则2月和3月的应纳税额为：

（1）2月应纳税额 = (2 500 - 800 - 800) × 10% = 90（元）

（2）3月应纳税额 = (2 500 - 200 - 800) × 10% = 150（元）

在实际征税过程中，有时会出现财产租赁所得的纳税人不明确的情况。对此，在确定财产租赁所得纳税人时，应以产权凭证为依据。无产权凭证的，由主管税务机关根据实际情况确定纳税人。如果产权所有人死亡，在未办理产权继承手续期间，该财产出租且有租金收入的，以领取租金收入的个人为纳税人。

（七）财产转让所得应纳税额的计算

1. 一般情况下财产转让所得应纳税额的计算。

财产转让所得应纳税额的计算公式为：

$$应纳税额 = 应纳税所得额 \times 适用税率 = （收入总额 - 财产原值$$
$$- 合理税费） \times 20\%$$

【例5-10】赵某于2024年建房一幢，造价360 000元，支付其他费用50 000元。建成后将房屋出售，售价600 000元，在售房过程中按规定支付交易费等相关税费35 000元，其应纳个人所得税税额的计算过程为：

（1）应纳税所得额＝财产转让收入财产原值－合理费用

＝600 000－（360 000＋50 000）－35 000＝155 000（元）

（2）应纳税额＝155 000×20%＝3 100（元）

2. 个人住房转让所得应纳税额的计算。

（1）以实际成交价格为转让收入。纳税人申报的住房成交价格明显低于市场价格且无正当理由的，征收机关依法有权根据有关信息核定其转让收入，但必须保证各税种计税价格一致。

（2）纳税人可凭原购房合同、发票等有效凭证，经税务机关审核后，允许从其转让收入中减除房屋原值、转让住房过程中缴纳的税金及有关合理费用。

如何确定房屋原值具体参见表5－6。

表5－6　　　　　　　不同类型个人住房的房屋原值

序号	房屋类型	房屋原值的确定方法
1	商品房	购置该房屋时实际支付的房价款及缴纳的相关税费
2	自建住房	实际发生的建造费用及建造和取得产权时实际缴纳的相关税费
3	经济适用房（含集资合作建房、安居工程住房）	原购房人实际支付的房价款及相关税费，以及按规定缴纳的土地出让金
4	已购公有住房	原购公有住房标准面积按当地经济适用房价格计算的房价款，加上原购公有住房超标准面积实际支付的房价款以及按规定向财政部门（或原产权单位）缴纳的所得收益及相关税费
5	城镇拆迁安置住房	（1）房屋拆迁取得货币补偿后购置房屋的，为购置该房屋实际支付的房价款及缴纳的相关税费； （2）房屋拆迁采取产权调换方式的，所调换房屋原值为《房屋拆迁补偿安置协议》注明的价款及缴纳的相关税费； （3）房屋拆迁采取产权调换方式，被拆迁人除取得所调换房屋，又取得部分货币补偿的，所调换房屋原值为《房屋拆迁补偿安置协议》注明的价款和缴纳的相关税费，减去货币补偿后的余额； （4）房屋拆迁采取产权调换方式，被拆迁人取得所调换房屋，又支付部分货币的，所调换房屋原值为《房屋拆迁补偿安置协议》注明的价款，加上所支付的货币及缴纳的相关税费

转让住房过程中缴纳的税金是指纳税人在转让住房时实际缴纳的城市维护建设税、教育费附加、土地增值税、印花税等税金。

合理费用是指纳税人按照规定实际支付的住房装修费用、住房贷款利息、手续费、公证费等费用，凭有关部门出具的有效证明据实扣除。

转让住房合理费用的扣除规定如表5－7所示。

表 5 –7　　　　　　　　　　转让住房合理费用的扣除规定

序号	费用	扣除规定
1	住房装修费用	纳税人能提供实际支付装修费用的税务统一发票，并且发票上所列付款人姓名与转让房屋产权人一致的，经税务机关审核，其转让的住房在转让前实际发生的装修费用，可在以下规定比例内扣除： （1）已购公有住房、经济适用房，最高扣除限额为房屋原值的15%； （2）商品房及其他住房，最高扣除限额为房屋原值的10%； （3）纳税人原购房为装修房，即合同注明价款中含有装修费（铺装了地板，装配了洁具、厨具等）的，不得再重复扣除装修费用
2	住房贷款利息	纳税人出售以按揭贷款方式购置的住房，其向贷款银行实际支付的住房贷款利息，凭贷款银行出具的有效证明据实扣除
3	其他费用	纳税人按照有关规定实际支付的手续费、公证费等，凭有关部门出具的有效证明据实扣除

（3）纳税人未提供完整、准确的房屋原值凭证，不能正确计算房屋原值和应纳税额的，税务机关可根据《税收征收管理法》第三十五条的规定，对其实行核定征税，即按纳税人住房转让收入的一定比例核定应纳个人所得税额。具体比例由省级地方税务局或者省级地方税务局授权的地市级地方税务局根据纳税人出售住房的所处区域、地理位置、建造时间、房屋类型、住房平均价格水平等因素，在住房转让收入 1% ~ 3% 的幅度内确定。

（八）偶然所得应纳税额的计算

偶然所得应纳税额的计算公式为：

$$应纳税额 = 应纳税所得额 × 适用税率$$
$$= 每次收入额 × 20\%$$

【例 5 –11】王某参加某航空公司金卡会员新年抽奖，抽得一等奖，获得价值 6 000 元的赴新加坡往返机票一组，计算王某获奖应缴纳的个人所得税。

偶然所得，以每次收入额为应纳税所得额，适用税率为 20%

应纳税额 = 6 000 × 20% = 1 200（元）

四、应纳税额计算中的特殊问题

全年一次性奖金是指行政机关、企事业单位等扣缴义务人根据其全年经济效益和对雇员全年工作业绩的综合考核情况，向雇员发放的一次性奖金。一次性奖金包括年终加薪、实行年薪制和绩效工资办法

5 –2　个人转让股权应纳税额的计算

的单位根据考核情况兑现的年薪和绩效工资。

居民个人取得全年一次性奖金,在 2027 年 12 月 31 日前,可选择不并入当年综合所得,按以下计税办法,由扣缴义务人发放时代扣代缴,即将居民个人取得的全年一次性奖金,除以 12 个月,按其商数依照按月换算后的综合所得税率表确定适用税率和速算扣除数(见表 5 - 8)。

表 5 - 8   按月换算后的综合所得税率

级数	月应纳税所得额	预扣率(%)	速算扣除数
1	不超过 3 000 元的	3	0
2	超过 3 000 元至 12 000 元的部分	10	210
3	超过 12 000 元至 25 000 元的部分	20	1 410
4	超过 25 000 元至 35 000 元的部分	25	2 660
5	超过 35 000 元至 55 000 元的部分	30	4 410
6	超过 55 000 元至 80 000 元的部分	35	7 160
7	超过 80 000 元的部分	45	15 160

在一个纳税年度内,对每一个纳税人,该计税办法只允许采用一次。

实行年薪制和绩效工资的单位,居民个人取得年终兑现的年薪和绩效工资按上述方法执行。居民个人取得全年一次性奖金,也可以选择并入当年综合所得计算纳税。居民个人取得除全年一次性奖金以外的其他各种名目奖金,如半年奖、季度奖、加班奖、先进奖、考勤奖等,一律与当月工资、薪金收入合并,按税法规定缴纳个人所得税。

【例 5 - 12】假定中国居民个人徐某 2024 年在我国境内 1 ~ 12 月每月的税后工资为 5 200 元,当年度 12 月 31 日又一次性领取年终含税奖金 60 000 元。请计算徐某取得年终奖金应缴纳的个人所得税。

(1)年终奖金适用的税率和速算扣除数为:按 12 个月分摊后,每月的奖金 = 60 000 ÷ 12 = 5 000(元),根据工资、薪金七级超额累进税率的规定,适用的税率和速算扣除数分别为 10%、210 元。

(2)该笔年终奖应缴纳的个人所得税为:

应纳税额 = 年终奖金收入 × 适用的税率 - 速算扣除数

            = 60 000 × 10% - 210

            = 6 000 - 210

            = 5 790(元)

5 - 3   商业保险与个人养老金的个人所得税政策

第四节　减免税优惠

一、免征个人所得税的税收优惠政策

1. 省级人民政府、国务院部委和中国人民解放军军以上单位，以及外国组织、国际组织颁发的科学、教育、技术、文化、卫生、体育、环境保护等方面的奖金。

2. 国债和国家发行的金融债券利息，以及地方政府发行的债券利息。

3. 按照国家统一规定发给的补贴、津贴。

4. 福利费、抚恤金、救济金。

5. 保险赔款。

6. 军人的转业费、复员费、退役金。

7. 按照国家统一规定发给干部、职工的安家费、退职费、基本养老金或者退休费、离休费、离休生活补助费。

8. 依照有关法律规定应予免税的各国驻华使馆、领事馆的外交代表、领事官员和其他人员的所得。

9. 中国政府参加的国际公约、签订的协议中规定免税的所得。

10. 对乡、镇（含乡、镇）以上人民政府或经县（含县）以上人民政府主管部门批准成立的有机构、有章程的见义勇为基金或者类似性质组织，奖励见义勇为者的奖金或奖品，经主管税务机关核准，免征个人所得税。对居民储蓄存款利息，暂免征收个人所得税。

11. 按照国家规定，单位为个人缴付和个人缴付的基本养老保险费、基本医疗保险费、失业保险费、住房公积金，从纳税义务人的应纳税所得额中扣除。个人领取原提存的住房公积金、医疗保险金、基本养老保险金时，免予征收个人所得税。按照国家或省级地方政府规定的比例缴付的住房公积金、医疗保险金、基本养老保险金、失业保险基金存入银行个人账户取得的利息收入免征个人所得税。

12. 生育妇女按规定取得的生育津贴、生育医疗费或者其他属于生育保险性质的津贴、补贴，免征个人所得税。

13. 对工伤职工及其近亲属按照规定取得的工伤保险待遇，免征个人所得税。

14. 储蓄机构内从事代扣代缴工作的办税人员取得的扣缴利息税

手续费所得，免征个人所得税。

15. 居民储蓄存款利息，暂免征收个人所得税。个人取得的教育储蓄存款利息所得以及国务院财政部门确定的其他专项储蓄存款或者储蓄性专项基金存款的利息所得，免征个人所得税。

16. 对个体工商户或个人，以及个人独资企业和合伙企业从事种植业、养殖业、饲养业和捕捞业（以下简称"四业"），取得的"四业"所得暂不征收个人所得税。

17. 个人举报、协查各种违法、犯罪行为而获得的奖金。

18. 个人办理代扣代缴税款手续，按规定取得的扣缴手续费。

19. 个人转让自用达 5 年以上并且是唯一的家庭居住用房取得的所得。

20. 外籍个人从外商投资企业取得的股息、红利所得。

21. 符合条件的外籍专家取得的工资、薪金所得可免征个人所得税。

22. 对被拆迁人按照国家规定的标准取得的拆迁补偿款，免征个人所得税。

23. 对个人投资者从投保基金公司取得的行政和解金，暂免征收个人所得税。

24. 对个人转让上市公司股票取得的所得暂免征收个人所得税。

25. 个人从公开发行和转让市场取得的上市公司股票：持股期限超过 1 年的，股息红利所得暂免征收个人所得税；持股期限在 1 个月以上至 1 年（含 1 年）的，暂减按 50% 计入应纳税所得额；持股期限在 1 个月以内（含 1 个月）的，其股息红利所得全额计入应纳税所得额。

26. 乡镇企业的职工和农民取得的青苗补偿费，暂不征收个人所得税。

27. 个人取得的下列中奖所得，暂免征收个人所得税：

（1）单张有奖发票奖金所得不超过 800 元（含 800 元）的，暂免征收个人所得税；个人取得单张有奖发票奖金所得超过 800 元的，应全额按照税法规定的"偶然所得"项目征收个人所得税。

（2）购买社会福利有奖募捐奖券、体育彩票一次中奖收入不超过 10 000 元的暂免征收个人所得税；对一次中奖收入超过 10 000 元的，应按税法规定全额征税。

28. 对法律援助人员按照《中华人民共和国法律援助法》规定获得的法律援助补贴，免征个人所得税。法律援助机构向法律援助人员支付法律援助补贴时，应当为获得补贴的法律援助人员办理个人所得税劳务报酬所得免税申报。

29. 经国务院财政部门批准免税的所得。

二、减征个人所得税的税收优惠政策

1. 对个人投资者持有 2024 ~ 2027 年发行的铁路债券取得的利息收入，减按 50% 计入应纳税所得额计算征收个人所得税。税款由兑付机构在向个人投资者兑付利息时代扣代缴。

2. 至 2027 年 12 月 31 日，一个纳税年度内在船航行时间累计满 183 天的远洋船员，其取得的工资薪金收入减按 50% 计入应纳税所得额，依法缴纳个人所得税。

3. 有下列情形之一的，可以减征个人所得税：

（1）残疾、孤老人员和烈属的所得；

（2）因严重自然灾害造成重大损失的；

（3）其他经国务院财政部门批准减税的。

【例 5 - 13】假定居民纳税人李某 2024 年全年含税综合收入为 160 000 元，当年收到储蓄存款利息 3 300 元，转让持有的上市公司股票盈利 30 000 元，本年度无其他专项及专项附加扣除。计算李某本年度个人所得税的应纳税所得额。

居民储蓄利息和个人转让上市公司股票免征个人所得税，所以不计入应纳税所得额。

应纳税所得额 = 160 000 - 60 000 = 100 000（元）

【例 5 - 14】假定居民纳税人李某，持有上市公司股票 3 个月的时候收到股利 5 000 元，2024 年底收到持有的铁路债券的利息为 2 400，李某 2024 年全年含税综合收入为 100 000 元，无其他专项及专项附加扣除，计算本年度个人所得税的应纳税所得额。

个人持有上市公司股票，持股期限在 1 个月以上至 1 年（含 1 年）的，收到的股息红利暂减按 50% 计入应纳税所得额，铁路债券的利息减按 50% 计入应纳税所得额计算征收个人所得税。

应纳税所得额 = 100 000 + 5 000 × 50% + 2 400 × 50% - 60 000 = 43 700（元）

第五节　征收管理

一、自行申报纳税

我国实行的个人所得税的纳税办法有自行申报纳税和全员全额扣缴申报纳税两种。此外，《税收征收管理法》还对无法查账征收的纳税人规定了核定征收的方式。有关全员全额扣缴申报纳税的内容已在本章第三节介绍。

自行申报纳税，是由纳税人自行在税法规定的纳税期限内，向税务机关申报取得的应税所得项目和数额，如实填写个人所得税纳税申报表，并按照税法规定计算应纳税额，据此缴纳个人所得税的一种方法。

（一）有下列情形之一的纳税人应当依法办理纳税申报

1. 取得综合所得需要办理汇算清缴；
2. 取得应税所得没有扣缴义务人；
3. 取得应税所得，扣缴义务人未扣缴税款；
4. 取得境外所得；
5. 因移居境外注销中国户籍；
6. 非居民个人在中国境内从两处以上取得工资、薪金所得；
7. 国务院规定的其他情形。

（二）取得综合所得需要办理汇算清缴的情形

取得综合所得且符合下列情形之一的纳税人，应当依法办理汇算清缴：

1. 从两处以上取得综合所得，且综合所得年收入额减除专项扣除后的余额超过 60 000 元。
2. 取得劳务报酬所得、稿酬所得、特许权使用费所得中一项或者多项所得，且综合所得年收入额减除专项扣除的余额超过 60 000 元。
3. 纳税年度内预缴税额低于应纳税额。
4. 纳税人申请退税。

需要办理汇算清缴的纳税人，应当在取得所得的次年 3 月 1 日至 6 月 30 日内，向任职、受雇单位所在地主管税务机关办理纳税申报。纳税人有两处以上任职、受雇单位的，选择向其中一处任职、受雇单位所在地主管税务机关办理纳税申报；纳税人没有任职、受雇单位的，向户籍所在地或经常居住地主管税务机关办理纳税申报。

至 2027 年 12 月 31 日，居民个人取得的综合所得，年度综合所得收入不超过 120 000 元且需要汇算清缴补税的，或者年度汇算清缴补税金额不超过 400 元的，居民个人可免于办理个人所得税综合所得汇算清缴。居民个人取得综合所得时存在扣缴义务人未依法预扣预缴税款的情形除外。

（三）取得经营所得的纳税申报

个体工商户业主、个人独资企业投资者、合伙企业个人合伙人、承包承租经营者个人以及其他从事生产、经营活动的个人取得经营所得，包括以下情形：

1. 个体工商户从事生产、经营活动取得的所得，个人独资企业投资人、合伙企业的个人合伙人来源于境内注册的个人独资企业、合伙企业生产、经营的所得。

2. 个人依法从事办学、医疗、咨询以及其他有偿服务活动取得的所得。

3. 个人对企业、事业单位承包经营、承租经营以及转包、转租取得的所得。

4. 个人从事其他生产、经营活动取得的所得。

纳税人取得经营所得，按年计算个人所得税，由纳税人在月度或季度终了后 15 日内，向经营管理所在地主管税务机关办理预缴纳税申报。在取得所得的次年 3 月 31 日前，向经营管理所在地主管税务机关办理汇算清缴；从两处以上取得经营所得的，选择向其中一处经营管理所在地主管税务机关办理年度汇总申报。

（四）取得应税所得，扣缴义务人未扣缴税款的纳税申报

纳税人取得应税所得，扣缴义务人未扣缴税款的，应当区别以下情形办理纳税申报：

1. 居民个人取得综合所得的，且符合前述第（二）项所述情形的，应当依法办理汇算清缴。

2. 非居民个人取得工资、薪金所得，劳务报酬所得，稿酬所得，特许权使用费所得的，应当在取得所得的次年 6 月 30 日前，向扣缴义务人所在地主管税务机关办理纳税申报。有两个以上扣缴义务人均未扣缴税款的，选择向其中一处扣缴义务人所在地主管税务机关办理纳税申报。非居民个人在次年 6 月 30 日前离境（临时离境除外）的，应当在离境前办理纳税申报。

3. 纳税人取得利息、股息、红利所得，财产租赁所得，财产转让所得和偶然所得的，应当在取得所得的次年 6 月 30 日前，按相关规定向主管税务机关办理纳税申报。

税务机关通知限期缴纳的，纳税人应当按照期限缴纳税款。

纳税人取得应税所得没有扣缴义务人的，应当在取得所得的次月 15 日内向税务机关报送纳税申报表，并缴纳税款。

（五）取得境外所得的纳税申报

居民个人从中国境外取得所得的，应当在取得所得的次年 3 月 1 日至 6 月 30 日内，向中国境内任职、受雇单位所在地主管税务机关办理纳税申报；在中国境内没有任职、受雇单位的，向户籍所在地

或中国境内经常居住地主管税务机关办理纳税申报；户籍所在地与中国境内经常居住地不一致的，选择其中一地主管税务机关办理纳税申报；在中国境内没有户籍的，向中国境内经常居住地主管税务机关办理纳税申报。

5–4 境外所得的税额扣除

二、纳税申报期限

个人所得税纳税申报期限规定如表5–9所示。

表5–9　　　　　　　　个人所得税纳税申报期限规定

序号	所得来源	纳税申报期限
1	综合所得	居民个人取得综合所得，按年计算个人所得税；有扣缴义务人的，由扣缴义务人按月或者按次预扣预缴税款；需要办理汇算清缴的，应当在取得所得的次年3月1日至6月30日内办理汇算清缴
		非居民个人取得工资、薪金所得，劳务报酬所得，稿酬所得和特许权使用费所得，有扣缴义务人的，由扣缴义务人按月或者按次代扣代缴税款，不办理汇算清缴
2	经营所得	按年计算个人所得税，由纳税人在月度或者季度终了后15日内向税务机关报送纳税申报表，并预缴税款；在取得所得的次年3月31日前办理汇算清缴
3	利息、股息、红利所得，财产租赁所得，财产转让所得和偶然所得	按月或者按次计算个人所得税，有扣缴义务人的，由扣缴义务人按月或者按次代扣代缴税款
4	取得应税所得没有扣缴义务人的	应当在取得所得的次月15日内向税务机关报送纳税申报表，并缴纳税款
5	取得应税所得扣缴义务人未扣缴税款的	纳税人应当在取得所得的次年6月30日前，缴纳税款；税务机关通知限期缴纳的，纳税人应当按照期限缴纳税款
6	取得境外所得	应当在取得所得的次年3月1日至6月30日内申报纳税
7	非居民个人在中国境内从两处以上取得工资、薪金所得的	应当在取得所得的次月15日内申报纳税
8	纳税人因移居境外注销中国户籍的	应当在注销中国户籍前办理税款清算

【本 章 小 结】

本章主要围绕个人所得税的基本概念、征税范围、应纳税额的计算方法、减免税优惠以及征收管理等方面进行了介绍。个人所得税是国家对个人取得的各项所得征收的一种税，具有广泛性、连续性和调节收入分配的作用。通过对个人所得税的了解，我们可以更好地认识到税收在实现社会公平、调节收入分配方面的重要意义。

纳税义务人包括居民个人和非居民个人，其划分标准与纳税义务各不相同；个人所得税的征税范围涵盖了九种所得类型，居民个人的工资薪金所得、劳务报酬所得、特许权使用费所得和稿酬所得合称为综合所得。

在应纳税额的计算方面，同学们要区分"全员全额扣缴申报纳税"中扣缴义务人的扣税办法，与纳税人的应纳税额的计算办法之间的异同点，避免使用错误的计税方法。这部分内容既是本章的重点，也是本章的难点。

本章还介绍了个人所得税的减免税优惠政策和个人所得税的征收管理等问题。总之，本章通过对个人所得税的全面介绍，同学们要能够系统地掌握个人所得税的基本知识和应纳税额的计算方法，提高纳税意识，为我国税收事业的发展贡献力量。在今后的工作和生活中，我们也要不断学习税收政策，严格遵守税收法律法规，做到诚信纳税，为国家的繁荣富强贡献自己的一分力量。

【本章重要术语】

综合所得　专项附加扣除　全员全额扣缴申报纳税　速算扣除数

5－5　视野拓展

第六章
城市维护建设税和烟叶税

【学 习 目 标】

知识目标：掌握城市维护建设税应纳税额的计算，掌握教育费附加和地方教育附加的计算，熟悉烟叶税应纳税额的计算。

能力目标：能结合企业增值税、消费税纳税情况进行城市维护建设税、教育费附加和地方教育附加的计算和申报。

育人目标：了解城市维护建设税、教育费附加和地方教育附加的征收对我国城市建设和教育发展的意义。

第一节　城市维护建设税

城市维护建设税是对缴纳增值税、消费税的单位和个人征收的一种税。2020 年 8 月 11 日，第十三届全国人民代表大会常务委员会第二十一次会议通过《中华人民共和国城市维护建设税法》，该法自 2021 年 9 月 1 日起施行；国务院于 1985 年 2 月 8 日颁布的《中华人民共和国城市维护建设税暂行条例》同时废止。

城市维护建设税具有三个特点：一是属于附加税。城市维护建设税没有独立的征税对象，而是以实际缴纳的增值税、消费税之和为计税依据。二是征收范围较广。因增值税、消费税是我国现行税制中的主体税种，而城市维护建设税又是其附加税，因此城市维护建设税的征税范围也相应较广。三是税率与城镇规模相关。城镇规模越大，所需要的建设与维护资金越多，与此相适应，城市维护建设税的税率越高，反之越低。

223

一、纳税义务人

凡缴纳增值税、消费税的单位和个人，为城市维护建设税的纳税人。

城市维护建设税的扣缴义务人为负有增值税、消费税扣缴义务的单位和个人，在扣缴增值税、消费税的同时扣缴城市维护建设税。

对进口货物或者境外单位和个人向境内销售劳务、服务、无形资产缴纳的增值税、消费税税额，不征收城市维护建设税。

二、税率

城市维护建设税实行地区差别比例税率，纳税人所在地区不同，适用不同档次的税率。税率具体如下：

（1）纳税人所在地在市区的，税率为7%；

（2）纳税人所在地在县城、镇的，税率为5%；

（3）纳税人所在地不在市区、县城或者镇的，税率为1%。

纳税人所在地，是指纳税人住所地或者与纳税人生产经营活动相关的其他地点，具体地点由省、自治区、直辖市确定。市区、县城、镇按照行政区划确定。

城市维护建设税的适用税率，一般规定按纳税人所在地的适用税率执行。但对下列两种情况，可按纳税人缴纳增值税、消费税所在地的规定税率就地缴纳城市维护建设税：一是由受托方代收、代扣增值税、消费税的单位和个人；二是流动经营等无固定纳税地点的单位和个人。

三、税收优惠

城市维护建设税原则上不单独规定减免税。但针对一些特殊情况，财政部和国家税务总局作出了一些特别税收优惠规定。

1. 对黄金交易所会员单位通过黄金交易所销售且发生实物交割的标准黄金，免征城市维护建设税。

2. 对上海期货交易所会员和客户通过上海期货交易所销售且发生实物交割并已出库的标准黄金，免征城市维护建设税。

3. 对国家重大水利工程建设基金免征城市维护建设税。

4. 自2023年1月1日至2027年12月31日，对增值税小规模纳税人、小型微利企业和个体工商户减半征收城市维护建设税。

四、计税依据和应纳税额的计算

（一）计税依据

城市维护建设税以纳税人依法实际缴纳的增值税、消费税税额为计税依据。

依法实际缴纳的增值税、消费税税额，是指纳税人依照增值税、消费税相关法律法规和税收政策规定计算的应当缴纳的增值税、消费税税额（不含因进口货物或境外单位和个人向境内销售劳务、服务、无形资产缴纳的税额），加上增值税免抵税额，扣除直接减免的增值税、消费税税额和期末留抵退税退还的增值税税额后的金额。

城市维护建设税计税依据不包括加收的滞纳金和罚款。对出口产品退还增值税、消费税的，不退还已缴纳的城市维护建设税。

（二）应纳税额的计算

维护建设税的应纳税额按以下公式计算：

应纳税额 =（实际缴纳的增值税额 + 实际缴纳的消费税额）× 适用税率

【例 6-1】 位于某县城的甲公司 2024 年 11 月缴纳增值税 80 万元，其中含进口环节增值税 20 万元，缴纳消费税 40 万元，其中含进口环节消费税 10 万元。税务机关查补上年增值税 10 万元并处罚款 3 万元，滞纳金 0.75 万元。计算甲公司当月应缴纳的城市维护建设税。

6-1　城市维护建设税计算例题答案解析

五、征收管理

城市维护建设税的纳税义务发生时间、纳税地点、纳税期限比照增值税、消费税的相应规定，城市维护建设税的纳税义务发生时间是指在缴纳增值税、消费税时，在同一缴纳地点、同一缴纳期限内，一并缴纳对应的城市维护建设税。

第二节　教育费附加和地方教育附加

教育费附加和地方教育附加是对缴纳增值税、消费税的单位和个人，就其实际缴纳的税额为计算依据征收的一种附加费。

教育费附加，是为加快发展地方教育事业、扩大地方教育经费的资金来源，对缴纳增值税、消费税的单位和个人征收的政府性基金。

地方教育附加，是指省、自治区、直辖市人民政府根据《中华人民共和国教育法》和国务院的有关规定，开征的用于教育的政府性基金。

一、缴费人

凡缴纳增值税、消费税的单位和个人，为教育费附加和地方教育附加的缴费人。

二、征收比率

教育费附加的征收比率为3%。地方教育附加征收比率为2%。

三、优惠政策

1. 对由于减免增值税、消费税而发生退税的，可同时退还已征收的教育费附加。但对出口产品退还增值税、消费税的，不退还已征收的教育费附加。

2. 对国家重大水利工程建设基金免征教育费附加。

3. 自2016年2月1日起，按月纳税的月销售额或营业额不超过10万元（按季度纳税的季度销售额或营业额不超过30万元）的缴纳义务人，免征教育费附加、地方教育附加。

4. 自2023年1月1日至2027年12月31日，对增值税小规模纳税人、小型微利企业和个体工商户减半征收教育费附加、地方教育附加。

四、教育费附加和地方教育附加的计算

教育费附加和地方教育附加的计费依据与城市维护建设税的计税依据保持一致，以纳税人依法实际缴纳的增值税、消费税税额为计费依据。

对海关代征的进口商品增值税、消费税，不征收教育费附加和地方教育附加。经税务部门正式审核批准的当期免抵的增值税税额应纳入教育费附加、地方教育附加的计征范围，按规定的附加率征收教育费附加、地方教育附加。

应缴教育费附加和地方教育附加 = 实际缴纳的增值税、消费税 × 征收比率

【例6-2】乙企业2024年11月实际缴纳增值税6万元，缴纳消费税4万元。计算该企业应缴纳的教育费附加和地方教育附加。

6-2　教育费附加和地方教育附加计算例题答案解析

五、征收管理

教育费附加和地方教育附加的缴费时间、缴费地点、缴费期限比照增值税、消费税的相应规定，教育费附加和地方教育附加分别与增值税、消费税同时缴纳。

第三节　烟　叶　税

烟叶税是以纳税人收购烟叶的价款总额为计税依据征收的一种税。

对烟草征税始于明朝末年，1958 年我国颁布实施了《中华人民共和国农业税条例》。2005 年 12 月 29 日，第十届全国人民代表大会常务委员会第十九次会议决定，《中华人民共和国农业税条例》自 2006 年 1 月 1 日起废止。为保持政策连续性，2006 年 4 月 28 日，《中华人民共和国烟叶税暂行条例》公布施行。2017 年 12 月 27 日，《中华人民共和国烟叶税法》颁布，自 2018 年 7 月 1 日起施行，《中华人民共和国烟叶税暂行条例》同时废止。

一、纳税义务人

在中华人民共和国境内，依照《中华人民共和国烟草专卖法》的规定收购烟叶的单位为烟叶税的纳税人，烟叶的生产销售方不是烟叶税的纳税人，烟叶的收购方是烟叶税的纳税人。

二、征税对象和税率

（一）征税对象

烟叶税的征税对象是烟叶，包括烤烟叶、晾晒烟叶。

（二）税率

烟叶税实行比例税率，税率为 20%。

三、计税依据

烟叶税的计税依据是收购烟叶实际支付的价款总额。

227

实际支付的价款总额，包括纳税人支付给烟叶生产销售单位和个人的烟叶收购价款和价外补贴。其中，价外补贴统一按烟叶收购价款的10%计算。

计税依据的计算公式如下：

$$实际支付的价款总额 = 收购价款 \times (1 + 10\%)$$

四、应纳税额的计算

烟叶税应纳税额的计算公式为：

$$应纳税额 = 实际支付的价款总额 \times 税率$$

【例6-3】2024年11月，某烟草公司向烟农收购一批烟叶，收购价款为400万元（不含价外补贴），另外支付的价外补贴为烟叶收购价款的10%，烟叶税税率为20%，请计算该烟草公司应缴纳的烟叶税。

6-3 烟叶税计算例题答案解析

五、征收管理

烟叶税的纳税义务发生时间为纳税人收购烟叶的当天。纳税人收购烟叶，应当向烟叶收购地的主管税务机关申报纳税。烟叶税按月计征，纳税人应当于纳税义务发生月终了之日起15日内申报并缴纳税款。

【本章小结】

城市维护建设税的纳税人是缴纳增值税、消费税的单位和个人；计税依据是实际缴纳的增值税、消费税；按照纳税人所在地区设置了7%、5%、1%三档税率。教育费附加和地方教育附加计费依据与城市维护建设税的计税依据保持一致，征收比率分别为3%、2%。烟叶税税率为20%，烟叶税的计税依据是收购烟叶实际支付的价款总额。

【本章重要术语】

依法实际缴纳的增值税　消费税税额　收购烟叶实际支付的价款总额

6-4 视野拓展

第七章
关　税

【学习目标】

知识目标：了解关税的概念及特点，了解关税税率，掌握一般进口货物完税价格和应纳税额的计算。

能力目标：掌握不同情形下进出口关税的计算，通过比较不同国家关税政策，培养全球化意识。

育人目标：了解关税是国家主权的象征，关税是一国税收及国家财政收入的主要来源；了解关税已成为世界各国政府维护本国政治利益和经济权益的重要武器。

第一节　关税概述

一、关税的概念及特点

关税是指货物或物品经过一国的关境时，由政府所设置的海关行政机构依法对进出口商及货物携带者征收的一种税收。

关税除具有一般税收的特点以外，还有以下三个特点：一是征收的对象是准许进出口的货物和进出境物品。二是单一环节的价外税。关税的完税价格中不包括关税。三是有较强的涉外性。关税税则的制定、税率的高低，直接影响到国际贸易的开展。关税政策和经济政策、外交政策紧密相关，具有较强的涉外性。

二、关税的分类

（一）按征税对象分类

按征税货物和物品进出方向不同进行分类，可将关税分为进口关税、出口关税。

1. 进口关税。

进口关税是海关对进口货物和进境物品所征收的关税，它是关税中最主要的一种征税形式。

进口关税有正税和附加税之分。正税是按照税则中法定税率征收的进口税；附加税则是在征收进口正税的基础上额外加征关税，主要为了保护本国生产和增加财政收入，用以补充正税的不足，通常属于临时性的限制进口措施。附加税的目的和名称繁多，如反倾销税、反补贴税、报复关税、紧急进口税等。

2. 出口关税。

出口关税是海关对出口货物和出境物品所征收的关税。除对部分出口货物征收出口关税外，各国一般不对出口产品征收关税。

（二）按计税方式分类

按计税方式分类，可将关税分为从量税、从价税、复合税、选择税、滑准税。

1. 从量税。

按货物的计量单位（重量、长度、面积、容积、数量等）作为计税依据，以每一计量单位应纳的关税金额作为税率，称为从量税。

2. 从价税。

以货物的价格作为计税依据而征收的税称为从价税，从价税的税率表现为货物价格的百分比。

3. 复合税。

复合税又称混合税。在税则的同一税目中，有从价和从量两种税率，征税时既采用从量又采用从价两种税率计征税款的，称为复合税。

4. 选择税。

在税则的同一税目中，有从价和从量两种税率，征税时由海关选择其中一种计征的称为选择税。海关一般选择税额较高的一种征税，但由于选择税征税标准摇摆不定，海关计税手续繁杂，不利于国际贸易的顺利进行。

5. 滑准税。

滑准税是在税则中预先按产品的价格高低分档制定若干不同的税

率，然后根据进出口商品价格的变动而增减进出口税率的一种关税。商品价格上涨，采用较低税率，商品价格下跌则采用较高税率，其目的是使该种商品的国内市场价格保持稳定，免受或少受国际市场价格波动的影响。

第二节　征税对象和纳税义务人

一、征税对象

关税的征税对象是准许进出口的货物、进出境物品。货物是指贸易性商品，物品是指入境旅客随身携带的行李物品、个人邮递物品、各种运输工具上的服务人员携带进口的自用物品、馈赠物品以及其他方式进境的个人物品。

二、纳税义务人

进口货物的收货人、出口货物的发货人、进出境物品的所有人，是关税的纳税义务人。

进出境物品的所有人包括该物品的所有人和推定为所有人的人。一般情况下，对携带进境的物品，推定其携带人为所有人；对分离运输的行李，推定相应的进出境旅客为所有人；对以邮递方式进境的物品，推定其收件人为所有人；对以邮递或其他运输方式出境的物品，推定其寄件人或托运人为所有人

第三节　税则和税率

一、进出口税则

进出口税则是一国政府根据国家关税政策和经济政策，通过一定的立法程序制定公布实施的进出口货物和物品应税的关税税率表。进出口税则以税率表为主体，通常还包括实施税则的法令、使用税则的有关说明和附录等。

《中华人民共和国进出口税则》是我国海关凭以征收关税的法律依据，也是我国关税政策的具体体现。我国现行税则包括进口税则、出口税则，以及规则与说明。

从 1992 年 1 月起，我国开始实施以《商品名称及编码协调制度》（The Harmonized Commodity Description and Coding System，HS）为基础的进出口税则，这适应了国内改革开放和对外经济贸易发展的需要。现行进口税则为四栏税率，出口税则为一栏税率。

二、关税税率

（一）进口关税税率

1. 进口货物税率形式。

在我国加入世界贸易组织（WTO）之后，为履行我国在加入世界贸易组织关税减让谈判中承诺的有关义务，享有世界贸易组织成员应有的权利，自 2002 年 1 月 1 日起，我国进口税则设有最惠国税率、协定税率、特惠税率、普通税率、关税配额税率等税率形式，对进口货物在一定期限内可以实行暂定税率。

（1）最惠国税率。最惠国税率适用原产于与我国共同适用最惠国待遇条款的世界贸易组织成员的进口货物，或原产于与我国签订有相互给予最惠国待遇条款的双边贸易协定的国家或地区进口的货物，以及原产于我国境内的进口货物。

（2）协定税率。协定税率适用原产于与我国签订含有关税优惠条款的区域性贸易协定的国家或地区的进口货物。根据我国与有关国家或地区签署的贸易协定或关税优惠安排，除此前已经国务院批准实施的协定税率外，自 2022 年 1 月 1 日起，根据《区域全面经济伙伴关系协定》（RCEP），对原产于日本、新西兰、澳大利亚、文莱、柬埔寨、老挝、新加坡、泰国、越南 9 个已生效缔约方的部分进口货物实施协定税率。在 2022 年中，随着 RCEP 生效国家缔约方的增多，我国对原产于韩国、马来西亚、缅甸的部分进口货物实施协定税率。此外，自 2022 年 4 月 7 日起，我国对部分原产于新西兰的木材和纸制品实施协定税率。

（3）特惠税率。特惠税率适用原产于与我国签订含有特殊关税优惠条款的贸易协定的国家或地区的进口货物。

（4）普通税率。普通税率适用于原产于上述国家或地区以外的其他国家或地区的进口货物，以及原产地不明的进口货物。

（5）关税配额税率。实行关税配额管理的进口货物，关税配额内的适用关税配额税率，关税配额外的依照《关税条例》有关规定执行。我国目前对小麦、玉米等 8 种农产品和尿素等 3 种化肥产品实行关税配额管理。

（6）暂定税率。适用最惠国税率、协定税率、特惠税率、关税配额税率的进口货物在一定期限内可以实行暂定税率。

2. 进口货物关税税率的适用顺序。

当最惠国税率低于或等于协定税率时，协定有规定的，按相关协定的规定执行；协定无规定的，二者从低适用。适用最惠国税率的进口货物有暂定税率的，应当适用暂定税率；适用协定税率、特惠税率的进口货物有暂定税率的，应当从低适用税率；适用普通税率的进口货物，不适用暂定税率。

3. 进境物品的进口税及税率。

进境物品的关税以及进口环节海关代征税合并为进口税。进境物品进口税应当按照《中华人民共和国进境物品进口税税率表》确定适用税率。

海关总署规定数额以内的个人自用进境物品，免征进口税。超过海关总署规定数额但仍在合理数量以内的个人自用进境物品，由进境物品的纳税义务人在进境物品放行前按照规定缴纳进口税。超过合理、自用数量的进境物品应当按照进口货物依法办理相关手续。

7-2　中华人民共和国进境物品进口税税率表

（二）出口关税税率

我国出口税则为一栏税率，即出口税率。国家仅对少数资源性产品及易于竞相杀价盲目进口、需要规范出口秩序的半制成品征收出口关税。

第四节　减免规定

一、法定减免

下列进出口货物、进出境物品，纳税义务人无须提出申请，海关可按规定直接予以减免税：

1. 关税税额在人民币 50 元以下的一票货物；
2. 无商业价值的广告品和货样；
3. 外国政府、国际组织无偿赠送的物资；
4. 在海关放行前遭受损坏或损失的货物；
5. 规定数额以内的物品；

6. 进出境运输工具装载的途中必需的燃料、物料和饮食用品；

7. 中华人民共和国缔结或者参加的国际条约规定减征、免征关税的货物、物品；

8. 法律规定减征、免征关税的其他货物、物品。

二、特定减免税

特定减免税也称政策性减免税，是指在法定减免税之外，国家按照国际通行规则和我国实际，制定发布的有关进出口货物减免关税的政策。特定减免税货物一般有地区、企业和用途的限制，具体包括科教用品、残疾人专用品、慈善捐赠物资、重大技术装备、集成电路产业和软件产业进口货物、科普用品、国家综合性消防救援队伍进口消防救援设备、民用航空维修用航空器材、抗艾滋病病毒药物等。

三、暂时免税

暂时进口或者暂时出口的货物，以及特准进口的保税货物，在货物收发货人向海关缴纳相当于税款的保证金或者提供担保后，准予暂时免纳关税：

1. 在展览会、交易会、会议及类似活动中展示或者使用的货物；

2. 文化、体育交流活动中使用的表演、比赛用品；

3. 进行新闻报道或者摄制电影、电视节目使用的仪器、设备及用品；

4. 开展科研、教学、医疗活动使用的仪器、设备及用品；

5. 在第（一）项至第（四）项所列活动中使用的交通工具及特种车辆；

6. 货样；

7. 供安装、调试、检测设备时使用的仪器、工具；

8. 盛装货物的容器；

9. 其他用于非商业目的的货物。

以上所列暂时进境货物，应当自进境或者出境之日起6个月内复运出境或者复运进境。在规定的期限内未复运出境的，或者暂时出境货物在规定的期限内未复运进境的，海关应当依法征收关税。

四、临时减免税

临时减免税，是指法定减免税、暂时免税和特定减免税以外的其他减免税。由国务院对某个单位、某类商品、某个项目或某批进出口货物的特殊情况，给予特别照顾，一案一批，专文下达的减免税。

第五节 完税价格和应纳税额的计算

一、关税完税价格

依据《中华人民共和国海关法》，进出口货物的完税价格，由海关以该货物的成交价格为基础审查确定。成交价格不能确定时，完税价格由海关依法估定。

（一）进口货物的完税价格

1. 以成交价格为基础的完税价格。

一般情况下，进口货物的完税价格由海关以符合相关规定所列条件的成交价格以及该货物运抵中华人民共和国境内输入地点起卸前的运输及其相关费用、保险费为基础审查确定。

进口货物的成交价格，是指卖方向中华人民共和国境内销售该货物时，买方为进口该货物向卖方实付、应付的，并按照规定调整后的货款总额。

未包括在该货物实付、应付价格中的下列费用应当计入完税价格：

（1）由买方负担的除购货佣金以外的佣金和经纪费。

购货佣金是指买方为购买进口货物向自己的采购代理人支付的劳务费。经纪费是指买方为购买进口货物向代表买卖双方利益的经纪人支付的劳务费用。

（2）由买方负担的与该货物视为一体的容器费用。

（3）由买方负担的包装材料费用和包装劳务费用。

（4）与进口货物的生产和向中华人民共和国境内销售有关的，由买方以免费或者以低于成本的方式提供，并可以按适当比例分摊的料件、工具、模具、消耗材料及类似货物的价款，以及在境外开发、设计等相关服务的费用。

（5）作为该货物向中华人民共和国境内销售的条件，买方必须支付的、与该货物有关的特许权使用费。

进口时在货物的价款中列明的下列税收、费用，不计入该货物的完税价格：

（1）厂房、机械、设备等货物进口后进行建设、安装、装配、维修和技术服务的费用。

（2）进口货物运抵中华人民共和国境内输入地点起卸后的运输及其相关费用、保险费。

（3）进口关税及国内税收。

（4）境内外技术培训及境外考察费用。

2. 进口货物完税价格的其他确定方法。

对于进口货物的成交价格不符合规定条件，或者成交价格不能确定，在客观上无法采用货物的实际成交价格时，海关经了解有关情况，并与纳税义务人进行价格磋商后，依次以下列价格估定该货物的完税价格。

（1）相同或相似货物成交价格估价。相同或相似货物的成交价格，是指与该货物同时或者大约同时向境内销售的相同或相似货物的成交价格。

（2）倒扣价格估价。海关以进口货物、相同或者类似进口货物在境内的销售价格为基础，扣除境内发生的有关费用后，审查确定进口货物完税价格。

（3）计算价格估价。按照生产该货物所使用的料件成本和加工费用、向境内销售同等级或者同种类货物通常的利润和一般费用、该货物运抵境内输入地点起卸前的运输及其相关费用、保险费之和进行估算。

（4）其他合理估价。指海关不能根据成交价格估价方法、相同或相似货物成交价格估价方法、类似货物成交价格估价方法、倒扣价格估价方法和计算价格估价方法确定完税价格时，以客观资料为基础审查确定进口货物完税价格的估价方法。

3. 进口货物完税价格中相关费用的确定。

（1）进口货物的运费。

进口货物的运输及其相关费用，应当按照由买方实际支付或者应当支付的费用计算。

如果进口货物的运输及其相关费用无法确定的，海关应当按照该货物进口同期的正常运输成本审查确定。运输工具作为进口货物，利用自身动力进境的，海关在审查确定完税价格时，不再另行计入运费。

（2）进口货物的保险费。

进口货物的保险费应当按照实际支付的费用计算。如果进口货物的保险费无法确定或者未实际发生，海关应当按照"货价"和"运费"两者总额的3%计算保险费，其计算公式如下：

$$保险费 = （货价 + 运费）\times 3\%$$

（二）进境物品的完税价格

对于个人进境物品关税完税价格，由海关总署根据《中华人民共和国海关关于入境旅客行李物品和个人邮递物品征收进口税办法》（海关总署令第 47 号）与《国务院关税税则委员会关于调整进境物品进口税有关问题的通知》（税委会〔2019〕17 号）确定商品归类和完税价格。

（三）出口货物的完税价格

出口货物的完税价格由海关以该货物的成交价格为基础审查确定，并应当包括货物运至中华人民共和国境内输出地点装载前的运输及其相关费用、保险费。

出口货物的成交价格不能确定时，完税价格由海关依次使用下列方法估定：

1. 同时或大约同时向同一国家或地区出口的相同货物的成交价格；
2. 同时或大约同时向同一国家或地区出口的类似货物的成交价格；
3. 根据境内生产相同或类似货物的成本、利润和一般费用、境内发生的运输及其相关费用、保险费计算所得的价格；
4. 按照合理方法估定的价格。

二、应纳税额的计算

（一）从价计税应纳税额

关税税额＝应税进（出）口货物数量×单位完税价格×适用税率

进口货物的成交价格，因有不同的成交条件而有不同的价格形式，常用的价格条款有以下三种：

1. 离岸价格（free on board，FOB），是指卖方在合同规定的装运港把货物装上买方指定的船上，并负责货物装上船为止的一切费用。

2. 离岸加运费价格（cost and freight，CFR），是指卖方负责将合同规定的货物装到买方指定运往目的港的船上，负责货物装上船为止的一切费用和风险，并支付运费。

3. 到岸价格（cost，insurance and freight，CIF），是指卖方负责将合同规定的货物装到买方指定运往目的港的船上，办理保险手续，并负责支付运费和保险费。

【例 7-1】2024 年 11 月 1 日某公司进口一批高档化妆品，成交价格为 20 万元人民币，从起运地至输入地起卸前的运费 2.4 万元人民币，进口货物的保险费无法确定，高档化妆品关税税率 40%，消费税税率 15%。计算该公司应缴纳的关税与进口环节增值税、消费税。

7-3　进口关税计算例题答案解析

（二）从量计税应纳税额

关税税额 = 应税进（出）口货物数量 × 单位货物税额

（三）复合计税应纳税额

关税税额 = 应税进（出）口货物数量 × 单位货物税额
　　　　　 + 应税进（出）口货物数量 × 单位完税价格
　　　　　 × 适用税率

第六节　征收管理

一、纳税申报

进口货物自运输工具申报进境之日起 14 日内，出口货物在货物运抵海关监管区后装货的 24 小时以前，应由进出口货物的纳税义务人向货物进（出）境地海关申报，海关根据进出口货物的税则号列、完税价格、原产地、适用的税率和汇率计征税款，并填发税款缴款书。

二、关税缴纳

纳税义务人应当自海关填发税款缴款书之日起 15 日内，向指定银行缴纳税款。如关税缴纳期限的最后 1 日是星期六、星期日等休息日或法定节假日，则关税缴纳期限顺延至休息日或法定节假日过后的第 1 个工作日。

三、关税退还

关税退还是关税纳税义务人按海关核定的税额缴纳关税后，因某种原因的出现，海关将税款退还给原纳税义务人的一种行政行为。

有下列情形之一的，出口货物的纳税人可以自缴纳税款之日起 1 年内，以书面形式向海关说明理由，提供原缴款凭证及相关资料，申请退还关税：

1. 因海关误征多纳税款的。

2. 已征进口关税的货物，因品质或者规格原因，原状退货复运出境的。

3. 已征出口关税的货物，因品质或者规格原因，原状退货复运进境，并已重新缴纳因出口而退还的国内环节有关税收的。

4. 已征出口关税的货物，因故未装运出口，申报退关的。

【本 章 小 结】

关税的征税对象是准许进出口的货物和进境物品。货物是指贸易性商品。物品是指非贸易性的入境旅客行李物品、个人邮递物品以及其他个人自用物品。进口货物的收货人、出口货物的发货人、进境物品的所有人，是关税的纳税人。进口关税设置最惠国税率、协定税率、特惠税率、普通税率、关税配额税率等税率。一般情况下，进口货物的完税价格包括货物的成交价格以及运抵境内输入地点起卸前的运输及其相关费用、保险费。进出口货物关税，以从价计征、从量计征、复合计征等方式征收。

【本章重要术语】

货物　进出境物品　最惠国税率　协定税率　购货佣金　离岸价格

7-4　视野拓展

第八章

资　源　税

【学习目标】

知识目标：掌握资源税的概念、征税对象、税率结构及计税依据，理解资源税的立法意图和税制特点，能够概述资源税的征收范围和税收优惠政策。

能力目标：具备计算资源税应纳税额的能力，能够分析资源税对企业经营和资源配置的影响。

育人目标：通过学习资源税，培养珍惜资源、保护环境的意识，强化税收在国家宏观调控和可持续发展中的作用，树立正确的资源利用观念，促进形成节约资源、保护环境的良好社会风尚。

第一节　资源税概述

一、资源税的概念、特点

（一）资源税的概念

资源税是对在我国领域及管辖的其他海域开采应税资源的单位和个人课征的一种税，属于对自然资源占用课税的范畴。2024 年 10 月，财政部、国家税务总局、水利部三部门联合发文，明确自 2024 年 12 月 1 日起全面实施水资源费改税试点（财税〔2024〕28 号）。

（二）我国资源税具有下列特点

1. 征税范围较窄。

自然资源是生产资料或生活资料的天然来源，它包括的范围很

8－1　水资源税改革试点实施办法

240

广，如矿产资源、土地资源、水资源、动植物资源等。而我国目前的资源税征税范围较窄，仅选择了部分级差收入差异较大，资源较为普遍，易于征收管理的矿产品和盐列为征税范围。随着我国经济的快速发展，对自然资源的合理利用和有效保护将越来越重要，因此，资源税的征税范围应逐步扩大。

2. 实行源泉课征。

不论采掘或生产单位是否属于独立核算，资源税均规定在采掘或生产地源泉控制征收，这样既照顾了采掘地的利益，又避免了税款的流失。这与其他税种由独立核算单位统一缴纳不同。

3. 资源税"税不重征"规则。

纳税人用已纳资源税的应税产品进一步加工应税产品销售的，不再缴纳资源税。资源税具有单一环节一次课征的特点，只在开采后出厂销售或移送自用环节纳税，其他批发、零售环节不再纳税。

4. 实行差别税额从量征收。

我国现行资源税实行从量定额征收，一方面税收收入不受产品价格、成本和利润变化的影响，能够稳定财政收入；另一方面有利于促进资源开采企业降低成本，提高经济效率。同时，资源税按照"资源条件好、收入多的多征；资源条件差、收入少的少征"的原则，根据矿产资源等级分别确定不同的税额，以有效地调节资源级差收入。

二、资源税征收目的

1. 促进企业之间开展平等竞争。

我国的资源税属于比较典型的级差资源税，它根据应税产品的品种、质量、存在形式、开采方式以及企业所处地理位置和交通运输条件等客观因素的差异确定差别税率，从而使条件优越者税负较高，反之则税负较低。这种税率设计使资源税能够比较有效地调节由于自然资源条件差异等客观因素给企业带来的级差收入，减少或排除资源条件差异对企业盈利水平的影响，为企业之间开展平等竞争创造有利的外部条件。

2. 促进对自然资源的合理开发利用。

通过对开发、利用应税资源的行为课征资源税，体现了国有自然资源有偿占用的原则，从而可以促使纳税人节约、合理地开发和利用自然资源，有利于我国经济可持续发展。

第二节　纳税义务人、税目和税率

一、纳税义务人

资源税的纳税义务人是指在中华人民共和国领域及管辖的其他海域开发应税资源的单位和个人。

资源税规定仅对在中国境内开发应税资源的单位和个人征收，因此，进口的矿产品和盐不征收资源税。由于对进口应税产品不征收资源税，相应地，对出口应税产品也不免征或退还已纳资源税。

纳税人自用应税产品，如果属于应当缴纳资源税的情形，应按规定缴纳资源税。纳税人自用应税产品应当缴纳资源税的情形包括：纳税人以应税产品用于非货币性资产交换、捐赠、偿债、赞助、集资、投资、广告、样品、职工福利、利润分配或者连续生产非应税产品等。纳税人开采或者生产应税产品自用于连续生产应税产品的，不缴纳资源税。

二、税目和税率

（一）税目

资源税税目包括5大类，在5个税目下面又设有若干子目。

1. 能源矿产。包括原油；天然气、页岩气、天然气水合物；煤；煤成（层）气；铀、钍；油页岩、油砂、天然沥青、石煤；地热。

2. 金属矿产。包括黑色金属和有色金属。

3. 非金属矿产。包括矿物类、岩石类、宝石类。

4. 水气矿产。包括二氧化碳气、硫化氢气、氦气、氡气；矿泉水。

5. 盐。包括钠盐、钾盐、镁盐、锂盐；天然卤水；海盐。

纳税人以自采原矿（经过采矿过程采出后未进行选矿或者加工的矿石）直接销售，或者自用于应当缴纳资源税情形的，按照原矿计征资源税。纳税人以自采原矿洗选加工为选矿产品（通过破碎、切割、洗选、筛分、磨矿、分级、提纯、脱水、干燥等过程形成的产品，包括富集的精矿和研磨成粉、粒级成型、切割成型的原矿加工品）销售，或者将选矿产品自用于应当缴纳资源税情形的，按照选矿产品计征资源税，在原矿移送环节不缴纳资源税。对于无法区分原生岩石矿种的粒级成型砂石颗粒，按照砂石税目征收资源税。

（二）税率

资源税法按原矿、选矿分别设定税率。对原油、天然气、中重稀土、钨、钼等战略资源实行固定税率，由税法直接确定。其他应税资源实行幅度税率，其具体适用税率由省、自治区、直辖市人民政府统筹考虑该应税资源的品位、开采条件以及对生态环境的影响等情况，在规定的税率幅度内提出，报同级人民代表大会常务委员会决定，并报全国人民代表大会常务委员会和国务院备案。资源税的税目税率表见表8-1。

表8-1　　　　　　　　资源税的税目税率表

税目		征税对象	税率
能源矿产	原油	原矿	6%
	天然气、页岩气、天然气水合物	原矿	6%
	煤	原矿或者选矿	2%~10%
	煤成（层）气	原矿	1%~2%
	铀、钍	原矿	4%
	油页岩、油砂、天然沥青、石煤	原矿或者选矿	1%~4%
	地热	原矿	1%~20%或每平方米1~30元
金属矿产	黑色金属 铁、锰、铬、钒、钛	原矿或者选矿	1%~9%
	有色金属 铜、铅、锌、锡、镍、锑、镁、钴、铋、汞	原矿或者选矿	2%~10%
	铝土矿	原矿或者选矿	2%~9%
	钨	选矿	6.5%
	钼	选矿	8%
	金、银	原矿或者选矿	2%~6%
	铂、钯、钌、锇、铱、铑	原矿或者选矿	5%~10%
	轻稀土	选矿	7%~12%
	中重稀土	选矿	20%
	铍、锂、锆、锶、铷、铯、铌、钽、锗、镓、铟、铊、铪、铼、镉、硒、碲	原矿或者选矿	2%~10%

税目			征税对象	税率
非金属矿产	矿物类	高岭土	原矿或者选矿	1%～6%
		石灰岩	原矿或者选矿	1%～6%或者每吨（或者每立方米）1～10元
		磷	原矿或者选矿	3%～8%
		石墨	原矿或者选矿	3%～12%
		萤石、硫铁矿、自然硫	原矿或者选矿	1%～8%
		天然石英砂、脉石英、粉石英、水晶、工业用金刚石、冰洲石、蓝晶石、硅线石（矽线石）、长石、滑石、刚玉、菱镁矿、颜料矿物、天然碱、芒硝、钠硝石、明矾石、砷、硼、碘、溴、膨润土、硅藻土、陶瓷土、耐火黏土、铁矾土、凹凸棒石黏土、海泡石黏土、伊利石黏土、累托石黏土	原矿或者选矿	1%～12%
		叶蜡石、硅灰石、透辉石、珍珠岩、云母、沸石、重晶石、毒重石、方解石、蛭石、透闪石、工业用电气石、白垩、石棉、蓝石棉、红柱石、石榴子石、石膏	原矿或者选矿	2%～12%
		其他黏土（铸型用黏土、砖瓦用黏土、陶粒用黏土、水泥配料用红土、水泥配料用黄土、水泥配料用泥岩、保温材料用黏土）	原矿或者选矿	1%～5%或者每吨（或者每立方米）0.1～5元
	岩石类	大理岩、花岗岩、白云岩、石英岩、砂岩、辉绿岩、安山岩、闪长岩、板岩、玄武岩、片麻岩、角闪岩、页岩、浮石、凝灰岩、黑曜岩、霞石正长岩、蛇纹岩、麦饭石、泥灰岩、含钾岩石、含钾砂页岩、天然油石、橄榄岩、松脂岩、粗面岩、辉石岩、正长岩、火山灰、火山渣、泥炭	原矿或者选矿	1%～10%
		砂石	原矿或者选矿	1%～5%或者每吨（或者每立方米）0.1～5元
	宝玉石类	宝石、玉石、宝石级金刚石、玛瑙、黄玉、碧玺	原矿或者选矿	4%～20%

续表

税目		征税对象	税率
水气矿产	二氧化碳气、硫化氢气、氦气、氡气	原矿	2%~5%
	矿泉水	原矿	1%~20%或者每立方米1~30元
盐	钠盐、钾盐、镁盐、锂盐	选矿	3%~15%
	天然卤水	原矿	3%~15%或者每吨（或者每立方米）1~10元
	海盐		2%~5%

纳税人开采或者生产不同税目应税产品的，应当分别核算不同税目应税产品的销售额或者销售数量；未分别核算或者不能准确提供不同税目应税产品的销售额或者销售数量的，从高适用税率。

纳税人开采或者生产同一税目下适用不同税率应税产品的，应当分别核算不同税率应税产品的销售额或者销售数量；未分别核算或者不能准确提供不同税率应税产品的销售额或者销售数量的，从高适用税率。

第三节 应纳税额的计算

一、计税依据

资源税的计税依据为应税产品的销售额或销售量，各税目的征税对象包括原矿、选矿等。资源税适用从价计征为主、从量计征为辅的征税方式。

（一）从价定率征收的计税依据

1. 基本规定。

实行从价定率征收资源税的计税依据为销售额，包括纳税人销售应税产品向购买方收取的全部价款和价外费用，但不包括增值税销项税额和运杂费用。

已经计入销售额中的相关运杂费用，凡取得增值税发票或者其他合法有效凭据的，准予从销售额中扣除。相关运杂费用是指应税产品从坑口或者洗选（加工）地到车站、码头或者购买方指定地点的运输费用、建设基金以及随运销产生的装卸、仓储、港杂费用。

2. 特殊情形下销售额的确定。

（1）纳税人申报的应税产品销售额明显偏低且无正当理由的，或者有自用应税产品行为而无销售额的，主管税务机关可以按下列方法和顺序确定其应税产品销售额：

①按纳税人最近时期同类产品的平均销售价格确定。

②按其他纳税人最近时期同类产品的平均销售价格确定。

③按后续加工非应税产品销售价格，减去后续加工环节的成本利润后确定。

④按应税产品组成计税价格确定。

$$组成计税价格 = 成本 \times (1 + 成本利润率) \div (1 - 资源税税率)$$

上述公式中的成本利润率由省、自治区、直辖市税务机关确定。

⑤按其他合理方法确定。

（2）外购应税产品购进金额、购进数量的扣减。

纳税人外购应税产品与自采应税产品混合销售或者混合加工为应税产品销售的，在计算应税产品销售额或者销售数量时，准予扣减外购应税产品的购进金额或者购进数量；当期不足扣减的，可结转下期扣减。纳税人应当准确核算外购应税产品的购进金额或者购进数量未准确核算的，一并计算缴纳资源税。

纳税人核算并扣减当期外购应税产品购进金额、购进数量，应当依据外购应税产品的增值税发票、海关进口增值税专用缴款书或者其他合法有效凭据。

纳税人以外购原矿与自采原矿混合为原矿销售，或者以外购选矿产品与自产选矿产品混合为选矿产品销售的，在计算应税产品销售额或者销售数量时，直接扣减外购原矿或者外购选矿产品的购进金额或者购进数量。

纳税人以外购原矿与自采原矿混合洗选加工为选矿产品销售的，在计算应税产品销售额或者销售数量时，按照下列方法进行扣减：

$$\begin{array}{l}准予扣减的外购应税 \\ 产品购进金额（数量）\end{array} = \begin{array}{l}外购原矿购进 \\ 金额（数量）\end{array} \times \left(\begin{array}{l}本地原矿 \\ 适用税率\end{array} \div \begin{array}{l}本地选矿产品 \\ 适用税率\end{array} \right)$$

不能按照上述方法计算扣减的，按照主管税务机关确定的其他合理方法进行扣减。

（二）从量定额征收的计税依据

实行从量定额征收的，以应税产品的销售数量为计税依据。应税产品的销售数量，包括纳税人开采或者生产应税产品的实际销售数量和自用于应当缴纳资源税情形的应税产品数量。

二、应纳税额的计算

资源税应纳税额按照应税产品的计税销售额或者销售数量乘以适用税率计算。

从价定率应纳税额的计算公式为：

$$应纳税额 = 销售额 × 适用税率$$

从量定额应纳税额的计算公式为：

$$应纳税额 = 课税数量 × 适用的单位税额$$

【例 8 - 1】某油田 2024 年 12 月销售原油 20 000 吨，开具增值税专用发票取得销售额 10 000 万元、增值税税额 1 300 万元，按资源税法所附《资源税税目税率表》的规定，其适用税率为 6%。计算该油田当月应缴纳的资源税。

销售原油应纳税额 = 10 000 × 6% = 600（万元）

【例 8 - 2】某石化公司为增值税一般纳税人，2024 年 12 月发生以下业务：

（1）从国外某石油公司进口原油 50 000 吨，支付不含税价款折合人民币 9 000 万元，其中包含包装费及保险费折合人民币 10 万元。

（2）开采原油 10 000 吨，并将开采的原油对外销售 6 000 吨，取得不含税销售额 2 340 万元，另外支付运输费用 7.02 万元。

（3）用开采的原油 2 000 吨加工生产汽油 1 300 吨。

要求：计算该石化公司当月应纳资源税。

（1）由于资源税仅对在中国境内开采或生产应税产品的单位和个人征收，因此业务（1）中该石化公司进口原油无须缴纳资源税。

（2）业务（2）应缴纳的资源税 = 2 340 × 6% = 140.4（万元）

（3）每吨原油的不含税销售价格 = 2 340 ÷ 6 000 = 0.39（万元）

业务（3）应缴纳的资源税 = 0.39 × 2 000 × 6% = 46.8（万元）

（4）该石化公司当月应纳资源税 = 140.4 + 46.8 = 187.2（万元）

【例 8 - 3】某砂石开采企业 2024 年 12 月销售砂石 3 000 立方米，资源税税率为 2 元/立方米。请计算该企业当月应纳资源税税额。

销售砂石应纳税额 = 课税数量 × 单位税额 = 3 000 × 2 = 6 000（元）

第四节　税收优惠

一、免征资源税政策

有下列情形之一的，免征资源税：

1. 开采原油以及油田范围内运输原油过程中用于加热的原油、天然气。

2. 煤炭开采企业因安全生产需要抽采的煤成（层）气。

二、阶段性免税、减税政策

1. 对青藏铁路公司及其所属单位运营期间自采自用的砂、石等材料免征资源税。

2. 在 2027 年 12 月 31 日之前，对页岩气资源税按 6% 的规定税率减征 30%。

3. 在 2027 年 12 月 31 日之前，对充填开采置换出来的煤炭，资源税减征 50%。

4. 自 2023 年 1 月 1 日至 2027 年 12 月 31 日，对增值税小规模纳税人、小型微利企业和个体工商户减半征收资源税（不含水资源税）、城市维护建设税、房产税、城镇土地使用税、印花税（不含证券交易印花税）、耕地占用税和教育费附加、地方教育附加。

纳税人开采或者生产同一应税产品，其中既有享受减免税政策的，又有不享受减免税政策的，按照免税、减税项目的产量占比等方法分别核算确定免税、减税项目的销售额或者销售数量。

纳税人开采或者生产同一应税产品同时符合两项或者两项以上减征资源税优惠政策的，除另有规定外，只能选择其中一项执行。

纳税人享受资源税优惠政策，实行"自行判别、申报享受、有关资料留存备查"的办理方式，另有规定的除外。纳税人对资源税优惠事项留存资料的真实性和合法性承担法律责任。

三、减征资源税政策

有下列情形之一的，减征资源税：

1. 从低丰度油气田开采的原油、天然气减征 20% 资源税。

陆上低丰度油田是指每平方公里原油可采储量丰度低于 25 万立

方米的油田；陆上低丰度气田是指每平方公里天然气可采储量丰度低于2.5亿立方米的气田。

海上低丰度油田是指每平方公里原油可采储量丰度低于60万立方米的油田；海上低丰度气田是指每平方公里天然气可采储量丰度低于6亿立方米的气田。

2. 高含硫天然气、三次采油和从深水油气田开采的原油、天然气，减征30%资源税。

高含硫天然气是指硫化氢含量在每立方米30克以上的天然气。

三次采油是指二次采油后继续以聚合物驱、复合驱、泡沫驱、二氧化碳驱、气水交替驱、微生物驱等方式进行采油。

深水油气田是指水深超过300米的油气田。

3. 稠油、高凝油减征40%资源税。

稠油是指地层原油黏度大于或等于50毫帕/秒，或原油密度大于或等于0.92克/立方厘米的原油。

高凝油是指凝固点高于40℃的原油。

4. 从衰竭期矿山开采的矿产品，减征30%资源税。

衰竭期矿山是指设计开采年限超过15年，且剩余可采储量下降到原设计可采储量的20%以下或者剩余开采年限不超过5年的矿山，衰竭期矿山以开采企业下属的单个矿山为单位确定。

根据国民经济和社会发展的需要，国务院对有利于促进资源节约集约利用、保护环境等情形可以规定免征或者减征资源税，报全国人民代表大会常务委员会备案。

四、可由省、自治区、直辖市人民政府决定的减税或者免税政策

有下列情形之一的，省、自治区、直辖市人民政府可以决定减税或者免税：

1. 纳税人开采或者生产应税产品过程中，因意外事故或者自然灾害等原因遭受重大损失的。

2. 纳税人开采共伴生矿、低品位矿、尾矿。

上述两项的免征或者减征的具体办法，由省、自治区、直辖市人民政府提出，报同级人民代表大会常务委员会决定，并报全国人民代表大会常务委员会和国务院备案。

自2022年1月1日至2024年12月31日，由省、自治区、直辖市人民政府根据本地区实际情况，以及宏观调控需要确定，对增值税小规模纳税人、小型微利企业和个体工商户可以在50%的税额幅度内减征资源税。

8-2 资源税的征收管理

【本 章 小 结】

本章对资源税进行了全面介绍，包括资源税的概述、纳税义务人、税目和税率、应纳税额的计算以及税收优惠等内容。首先明确了资源税的概念和特点，即针对自然资源开采和利用行为征收，具有特定的计税依据和税率设置。其次阐述了资源税的征收目的，主要包括调节资源开发秩序、促进资源节约和环境保护、调整收入分配以及增加财政收入。在纳税义务人、税目和税率部分，详细说明了资源税的纳税义务人范围，同时介绍了资源税的税目分类和税率形式，如从量定额税率、从价定率税率。在应纳税额的计算部分，重点讲解了资源税的计税依据，并给出了应纳税额的计算公式。最后，在税收优惠部分，概述了资源税的免征、减征等政策。

本章内容为理解和掌握资源税提供了清晰的框架，有助于读者在实际工作中正确运用资源税政策，促进资源合理开发和环境保护。

【本章重要术语】

原矿　选矿　矿产资源　水资源税

8-3　视野拓展

第九章
环境保护税

【学习目标】

知识目标：了解环境保护税的征税对象和税率，掌握计税依据和应纳税额的计算，了解环境保护税的征收管理和税收优惠。

能力目标：具备计算环境保护税应纳税额的能力，能够分析企业环保税负，提出降低税负和改善环境管理的策略。

育人目标：培养环保意识和可持续发展观念，强化税收在环境保护和资源节约中的作用，树立正确的环境伦理观，积极参与生态文明建设，促进形成绿色生产和生活方式。

第一节　环境保护税概述

一、环境保护税的概念、特点

（一）环境保护税的概念

环境保护税是对在我国领域以及管辖的其他海域直接向环境排放应税污染物的企业事业单位和其他生产经营者征收的一种税。

（二）我国环境保护税具有下列特点

1. 仅对企业事业单位征收。

环境保护税的征税对象仅限于企业事业单位和其他生产经营者，不包括个人。

2. 对污染行为征税。

环境保护税实质上是对排放大气、水、固体、噪声四类污染物的

251

行为进行课税，而不是对污染物进行征税。

3. 设定幅度税率。

环境保护税规定了大气污染物和水污染物的税额幅度。以 10 倍为限，大气污染物为每污染当量 1.2 ~ 12 元，水污染物为每污染当量 1.4 ~ 14 元。

二、环境保护税的征收目的

（一）环境保护税的开征有效强化了人们的环保意识

《中华人民共和国环境保护税法》明确表示了立法目的："为了保护和改善环境，减少污染物排放，推进生态文明建设，制定本法。"实行环境保护费改税，是落实党中央、国务院决策部署的重要举措，有利于提高纳税人环保意识和遵从度，强化企业治污减排责任；有利于构建促进经济结构调整、发展方式转变的绿色税制体系，强化税收调控作用，提高全社会环境保护意识，推进生态文明建设和绿色发展。实施环境保护费改税不是为了增加财政收入，而是促进环境保护，其生态意义、社会意义远大于财政意义。

（二）环境保护税的开征为环境改善提供了资金支持

环境保护税作为一种税收，具有为国家筹集财政资金收入的功能，而且环境保护税的税收收入若能借鉴西方经验"专款专用"，将会是环境污染治理的重要资金来源。所以环境保护税的开征将为环境改善提供充足的资金支持。

（三）环境保护税的开征促进企业主动追求节能减排

环境保护税增加了排污企业的成本，按照庇古税观点，将外部成本内部化有利于促进企业节能减排。因此税收将倒逼企业主动追求节能减排，加大环保投资，提高技术水平，淘汰落后产能，实现经济结构转型，走可持续发展道路。

第二节　纳税人、征税对象与税率

一、纳税义务人

环境保护税的纳税义务人是在中华人民共和国领域和中华人民共

和国管辖的其他海域直接向环境排放应税污染物的企业事业单位和其他生产经营者。

二、征税范围

应税污染物，是指《中华人民共和国环境保护税法》所附《环境保护税税目税额表》《应税污染物和当量值表》所规定的大气污染物、水污染物、固体废物和噪声。

有下列情形之一的，不属于直接向环境排放污染物，不缴纳相应污染物的环境保护税：

1. 企业事业单位和其他生产经营者向依法设立的污水集中处理、生活垃圾集中处理场所排放应税污染物的。

2. 企业事业单位和其他生产经营者在符合国家和地方环境保护标准的设施、场所贮存或者处置固体废物的。

3. 达到省级人民政府确定的规模标准并且有污染物排放口的畜禽养殖场，应当依法缴纳环境保护税，但依法对畜禽养殖废弃物进行综合利用和无害化处理的，不属于直接向环境排放污染物，不缴纳环境保护税。

三、税目和税率

环境保护税的税目包括大气污染物、水污染物、固体废物和噪声四大类。

环境保护税的税率采用幅度定额税率，具体适用税额的确定和调整，由省、自治区、直辖市人民政府统筹考虑本地区环境承载能力、污染物排放现状和经济社会生态发展目标要求，在《环境保护税税目税额表》规定的税额幅度内提出，报同级人民代表大会常务委员会决定，并报全国人民代表大会常务委员会和国务院备案。《环境保护税税目税额表》如表9-1所示。

表9-1　　　　　　　　环境保护税税目税额表

税目		计税单位	税额
大气污染物		每污染当量	1.2元至12元
水污染物		每污染当量	1.4元至14元
固体废物	煤矸石	每吨	5元
	尾矿	每吨	15元
	危险废物	每吨	1 000元

续表

税目		计税单位	税额
固体废物	冶炼渣、粉煤灰、炉渣、其他固体废物（含半固体、液态废物）	每吨	25 元
噪声	工业噪声	超标 1～3 分贝	每月 350 元
		超标 4～6 分贝	每月 700 元
		超标 7～9 分贝	每月 1 400 元
		超标 10～12 分贝	每月 2 800 元
		超标 13～15 分贝	每月 5 600 元
		超标 16 分贝以上	每月 11 200 元

第三节　应纳税额的计算与减免税收政策

一、计税依据

9-1　环境保护税税目税率表、应税污染物和当量值表

我国法律对应税污染物的计税依据，按照下列方法确定：（1）应税大气污染物按照污染物排放量折合的污染当量数确定；（2）应税水污染物按照污染物排放量折合的污染当量数确定；（3）应税固体废物按照固体废物的排放量确定；（4）应税噪声按照超过国家规定标准的分贝数确定。

每一排放口或者没有排放口的应税大气污染物，按照污染当量数从大到小排序，对前三项污染物征收环境保护税。每一排放口的应税水污染物，区分第一类水污染物和其他类水污染物，按照污染当量数从大到小排序，对第一类水污染物按照前五项征收环境保护税，对其他类水污染物按照前三项征收环境保护税。

二、应纳税额的计算

1. 应税大气污染物的应纳税额＝污染当量数×适用税额。
2. 应税水污染物的应纳税额＝污染当量数×适用税额。
3. 应税固体废物的应纳税额＝固体废物排放量×适用税额。

其中，固体废物的排放量＝当期固体废物的产生量－当期固体废物的综合利用量－当期固体废物的贮存量－当期固体废物的处置量。

4. 应税噪声的应纳税额 = 超过国家规定标准的分贝数对应的具体税额。

【例 9 - 1】 天河公司 2024 年 12 月向大气直接排放二氧化硫、氟化物各 100 千克，一氧化碳 200 千克、氯化氢 80 千克，假设当地大气污染物每污染当量税额 1.2 元，该企业只有一个排放口。其应纳税额计算如下：

第一步：计算各污染物的污染当量数。

污染当量数 = 该污染物的排放量 ÷ 该污染物的污染当量值

据此计算各污染物的污染当量数为：

二氧化硫污染当量数 = 100 ÷ 0.95 = 105.26

氟化物污染当量数 = 100 ÷ 0.87 = 114.94

一氧化碳污染当量数 = 200 ÷ 16.7 = 11.98

氯化氢污染当量数 = 80 ÷ 10.75 = 7.44

第二步：按污染当量数排序。

氟化物污染当量数（114.94）> 二氧化硫污染当量数（105.26）> 一氧化碳污染当量数（11.98）> 氯化氢污染当量数（7.44）

该企业只有一个排放口，排序选取计税前三项污染物为：氟化物、二氧化硫、一氧化碳。

第三步：计算应纳税额。

应纳税额 =（114.94 + 105.26 + 11.98）× 1.2 = 278.62（元）

【例 9 - 2】 天河公司是环境保护税纳税人，该厂仅有 1 个污水排放口且直接向河流排放污水，已安装使用符合国家规定和监测规范的污染物自动监测设备。检测数据显示，该排放口 2024 年 12 月共排放污水 6 万吨（折合 6 万立方米），应税污染物为六价铬，浓度为 0.5 毫克/升。请计算该化工厂 12 月应缴纳的环境保护税（该厂所在省的水污染物税率为 2.8 元/污染当量，六价铬的污染当量值为 0.02 千克）。

计算过程如下：

（1）计算污染当量数：

六价铬污染当量数 = 排放总量 × 浓度值 ÷ 当量值

= 60 000 000 × 0.5 ÷ 1 000 000 ÷ 0.02 = 1 500

（2）应纳税额 = 1 500 × 2.8 = 4 200（元）

【例 9 - 3】 天河公司 2024 年 12 月产生尾矿 1 000 吨，其中综合利用的尾矿为 300 吨（符合国家相关规定），在符合国家和地方环境保护标准的设施贮存 300 吨。请计算该企业当月尾矿应缴纳的环境保护税。

环境保护税应纳税额 =（1 000 - 300 - 300）× 15 = 6 000（元）

【例 9 - 4】 天河公司只有一个生产场所，只在白天生产，边界处声环境功能区类型为 1 类，生产时产生噪声为 60 分贝，《工业企业厂界环境噪声排放标准》规定 1 类功能区白天的噪声排放限值为 55 分贝，当月超标天数为 18 天。请计算该企业当月噪声污染应缴纳的环境保护税。

超标分贝数 = 60 - 55 = 5（分贝）

根据《环境保护税税目税额表》，可得出该企业当月噪声污染应缴纳环境保护税为 700 元。

三、环境保护税的税收优惠政策

下列情形，暂予免征环境保护税：

1. 农业生产（不包括规模化养殖）排放应税污染物的。

2. 机动车、铁路机车、非道路移动机械、船舶和航空器等流动污染源排放应税污染物的。

3. 依法设立的城乡污水集中处理、生活垃圾集中处理场所排放相应应税污染物，不超过国家和地方规定的排放标准的。

4. 纳税人综合利用的固体废物，符合国家和地方环境保护标准的。

5. 国务院批准免税的其他情形。

下列情形，减征环境保护税：

1. 纳税人排放应税大气污染物或者水污染物的浓度值低于国家和地方规定的污染物排放标准 30% 的，减按 75% 征收环境保护税。

2. 纳税人排放应税大气污染物或者水污染物的浓度值低于国家和地方规定的污染物排放标准 50% 的，减按 50% 征收环境保护税。

纳税人任何一个排放口排放应税大气污染物、水污染物的浓度值，以及没有排放口排放应税大气污染物的浓度值，超过国家和地方规定的污染物排放标准的，依法不予减征环境保护税。

9-2　环境保护税的征收管理

9-3　海洋工程环境保护税申报征收办法

【本 章 小 结】

本章对环境保护税进行了系统的阐述，包括环境保护税的概述、纳税人、征税对象与税率、应纳税额的计算与减免税收政策等内容。首先明确了环境保护税的概念和我国环境保护税的特点。其次在纳税人、征税对象与税率部分，需要掌握环境保护税的税目和税率类型。再次在应纳税额的计算与减免税收政策部分，重点讲解了环境保护税的计税依据和应纳税额的计算方法。最后，介绍了环境保护税的税收优惠政策，包括免征、减征和退税等措施。

9-4　视野拓展

【本章重要术语】

污染当量　污染物　固体废弃物

第十章
城镇土地使用税

【学习目标】

知识目标：通过城镇土地使用税法，掌握城镇土地使用税的基本概念、征税对象、税率、计税依据以及税收优惠政策。

能力目标：通过学习城镇土地使用税，培养学生运用城镇土地使用税法规解决实际问题的能力，包括正确计算应纳税额、处理城镇土地使用税申报等。

育人目标：通过学习城镇土地使用税法，培养学生的税收法治意识，使其认识到土地这种自然资源的宝贵，进而学会加强土地管理、合理节约用地。

第一节 概　　述

一、城镇土地使用税的概念

城镇土地使用税是以开征范围内的土地为征税对象，以实际占用的土地面积为计税依据，按规定税额对拥有土地使用权的单位和个人征收的一种税。

二、城镇土地使用税的特点

1. 征税范围有所限定。

现行城镇土地使用税征税范围限定在城市、县城、建制镇、工矿区，上述范围之外的土地不属于城镇土地使用税的征税范围。

2. 实行差别幅度税额。

城镇土地使用税实行差别幅度税额，不同城镇适用不同税额，对

10－1　城镇土地使用税的起源与发展

257

同一城镇的不同地段，根据市政建设状况和经济繁荣程度也确定了不等的负担水平。

三、城镇土地使用税的作用

1. 促进合理、节约使用土地。

企业多占地、占好地就要多缴税；少占地、占次地，就可少缴税。这样可以促使企业在用地时精打细算，起到加强土地管理、合理节约用地的作用。

2. 调节土地级差收入，鼓励平等竞争。

将国有土地的级差收入纳入国家财政，不仅有利于理顺国家和土地使用者的分配关系，还为企业之间的平等竞争创造了一个基本公平的用地条件。

3. 广集财政资金，完善地方税体系。

由于我国国土辽阔、土地资源丰富，该税种又在所有大、中、小城市和县城、建制镇、工矿区开征，征税范围较广，因此，它可以成为地方财政的一项稳定收入来源。

第二节　征税范围、纳税人和适用税额

一、征税范围

城镇土地使用税的征税范围为城市、县城、建制镇和工矿区。

其中，城市是指经国务院批准设立的市，其征税范围包括市区和郊区；县城是指县人民政府所在地，其征税范围为县人民政府所在地的城镇；关于建制镇具体的征税范围，由各省、自治区、直辖市税务局提出方案，经省、自治区、直辖市人民政府确定批准后执行，并报国家税务总局备案。工矿区是指工商业比较发达，人口比较集中的大中型工矿企业所在地，工矿区的设立必须经省、自治区、直辖市人民政府批准。

二、纳税人

凡在城市、县城、建制镇、工矿区范围内使用土地的单位和个人，为城镇土地使用税的纳税义务人。单位包括国有企业、集体企

业、私营企业、股份制企业、外商投资企业、外国企业以及其他企业和事业单位、社会团体、国家机关、军队以及其他单位。个人包括个体工商户及其他个人。具体规定如下：

1. 城镇土地使用税由拥有土地使用权的单位或个人缴纳；

2. 拥有土地使用权的纳税人不在土地所在地的，由代管人或实际使用人纳税；

3. 土地使用权未确定或权属纠纷未解决的，由实际使用人纳税；

4. 土地使用权共有的，由共有各方分别纳税。

三、适用税额

城镇土地使用税实行分级幅度税额。每平方米土地年税额规定如下：

1. 大城市 1.5 元至 30 元；

2. 中等城市 1.2 元至 24 元；

3. 小城市 0.9 元至 18 元；

4. 县城、建制镇、工矿区 0.6 元至 12 元。

上述大、中、小城市以城区常住人口为标准：城区常住人口 100 万以上 500 万以下的城市为大城市；城区常住人口 50 万以上 100 万以下的城市为中等城市；城区常住人口 50 万以下的城市为小城市。

根据《城镇土地使用税暂行条例》的规定，各省、自治区、直辖市人民政府应当在法定税额幅度内，根据市政建设状况、经济繁荣程度等条件，确定所辖地区的适用税额幅度。市、县人民政府应当根据实际情况，将本地区土地划分为若干等级，在省、自治区、直辖市人民政府确定的税额幅度内，制定适用税额标准，报省、自治区、直辖市人民政府批准执行。

经省、自治区、直辖市人民政府批准，经济落后地区的城镇土地使用税适用税额标准可以适当降低，但降低额不得超过规定的最低税额的 30%。经济发达地区城镇土地使用税的适用税额标准可以适当提高，但须报经财政部批准。

第三节 减免税优惠

一、减免税基本优惠

根据《城镇土地使用税暂行条例》及相关规定，下列土地免征城镇土地使用税：

1. 国家机关、人民团体、军队自用的土地。

2. 由国家财政部门拨付事业经费的单位自用的土地。

3. 宗教寺庙、公园、名胜古迹自用的土地。

4. 市政街道、广场、绿化地带等公共用地。非社会性的公共用地不能免税，如企业内的广场、道路、绿化等占用的土地。

5. 直接用于农、林、牧、渔业的生产用地。该生产用地是指直接从事种植、养殖、饲养的专业用地。农副产品加工厂占地和从事农、林、牧、渔业生产单位的生活、办公用地不包括在内。

6. 开山填海整治的土地。自行开山填海整治的土地和改造的废弃土地，从使用的月份起免缴城镇土地使用税 5 年至 10 年。

7. 由财政部另行规定免税的能源、交通、水利用地和其他用地。

二、减免税其他优惠

1. 企业办的学校、医院、托儿所、幼儿园，其自用的土地免征城镇土地使用税。

2. 对免税单位无偿使用纳税单位的土地（如公安、海关等单位使用铁路、民航等单位的土地），免征城镇土地使用税；对纳税单位无偿使用免税单位的土地，纳税单位应照章缴纳城镇土地使用税。

3. 对企业的铁路专用线、公路等用地，除另有规定者外，在企业厂区（包括生产、办公及生活区）以内的，应照章征收城镇土地使用税；在厂区以外、与社会公用地段未加隔离的，暂免征收城镇土地使用税。

4. 对企业厂区（包括生产、办公及生活区）以内的绿化用地，应照章征收城镇土地使用税，厂区以外的公共绿化用地和向社会开放的公园用地，暂免征收城镇土地使用税。

5. 对农产品批发市场、农贸市场（包括自有和承租，下同）专门用于经营农产品的土地，暂免征城镇土地使用税，该优惠政策执行至 2027 年 12 月 31 日。

6. 为支持农村饮水安全工程（以下称饮水工程）巩固提升，对饮水工程运营管理单位自用的生产、办公用土地，免征城镇土地使用税，该优惠政策执行至 2027 年 12 月 31 日。

7. 为支持公共交通发展，对城市公交站场、道路客运站场、城市轨道交通系统运营用地，免征城镇土地使用税，该优惠政策执行至 2027 年 12 月 31 日。

8. 对国家级、省级科技企业孵化器、大学科技园和国家备案众创空间自用以及无偿或通过出租等方式提供给在孵对象使用的房产、土地，免征城镇土地使用税，该优惠政策执行至 2027 年 12 月 31 日。

一、计税依据

城镇土地使用税以纳税人实际占用的土地面积（平方米）为计税依据。纳税人实际占用的土地面积，以不动产管理部门核发的土地使用证书确认的土地面积为准；尚未核发土地使用证书的，应由纳税人据实申报土地面积。

二、应纳税额的计算

城镇土地使用税的应纳税额依据纳税人实际占用的土地面积和适用单位税额计算。

计算公式如下：

年应纳税额 = 计税土地面积（平方米）× 适用税额

土地使用权由几方共有的，由共有各方按照各自实际使用的土地面积占总面积的比例，分别计算缴纳城镇土地使用税。

【例 10-1】某市区的一家企业使用土地面积为 10 000 平方米，经税务机关核定该土地为应税土地，当地每平方米年税额为 4 元。请计算其全年应纳的土地使用税税额。

全年应纳税额 = 10 000 × 4 = 40 000（元）

【例 10-2】某生产企业 2024 年 6 月前共计占用土地面积 80 000 平方米，其中：生产厂房占地面积 50 000 平方米、厂区内绿化用地 20 000 平方米、办公用房占地 8 000 平方米、自办幼儿园占地 2 000 平方米；因生产扩张办公需要当年 7 月新购办公楼一栋，成交价格 2 000 万元，当月交付使用，新办公楼占地面积 600 平方米；因临时经营需要 10 月无偿借用附近某免税单位的简易房产用于存放货物，该房产占地 1 200 平方米，借用期限为半年。假设企业所在地城镇土地使用税年税额为 4 元/平方米，请计算该企业 2024 年应缴纳的城镇土地使用税。

（1）按规定，企业自办幼儿园用地免征城镇土地使用税，厂房占地、厂区内绿化用地、办公用房占地应缴纳城镇土地使用税，该企业原先占用土地应缴纳城镇土地使用税 =（50 000 + 20 000 + 8 000）×

4 = 312 000（元）。

（2）按规定，新购买的办公楼从交付使用次月起缴纳城镇土地使用税，新办公楼占地应缴纳城镇土地使用税 = 600 × 4 ÷ 12 × 5 = 1 000（元）。

（3）按规定，纳税单位无偿使用免税单位的土地应从出借次月起缴纳城镇土地使用税，该企业占用免税单位的房产应缴纳城镇土地使用税 = 1 200 × 4 ÷ 12 × 2 = 800（元）。

（4）该企业 2024 年共计应缴城镇土地使用税 = 312 000 + 1 000 + 800 = 313 800（元）

第五节　征收管理

一、纳税义务发生时间

1. 购置新建商品房，自房屋交付使用之次月起缴纳城镇土地使用税。

2. 购置存量房，自办理房屋权属转移、变更登记手续，房地产权属登记机关签发房屋权属证书之次月起缴纳城镇土地使用税。

3. 出租、出借房产，自交付出租、出借房产之次月起缴纳城镇土地使用税。

4. 以出让或转让方式有偿取得土地使用权的，应由受让方从合同约定交付土地时间的次月起缴纳城镇土地使用税；合同未约定交付土地时间的，由受让方从合同签订的次月起缴纳城镇土地使用税。

5. 征收的耕地自批准征收之日起满 1 年时缴纳城镇土地使用税。

6. 纳税人新征用的非耕地，自批准征用次月起缴纳城镇土地使用税。

二、纳税期限

城镇土地使用税按年计算，分期缴纳。缴纳期限由省、自治区、直辖市人民政府确定。各省、自治区、直辖市税务机关结合当地情况，一般分别确定按月、季、半年或 1 年等不同的期限缴纳。

三、纳税地点

城镇土地使用税的纳税地点为土地所在地，由土地所在地的税务机关负责征收。纳税人使用的土地不在一地的，由纳税人分别向土地所在地的税务机关申报缴纳。

【本 章 小 结】

本节重点内容包括纳税人、征税对象及开征区域；需掌握税收优惠、纳税义务发生时间与税额计算的结合。

【本章重要术语】

征税范围　计税依据　应纳税额的计算

10 -2　视野拓展

第十一章
耕地占用税

【学习目标】

知识目标：通过学习耕地占用税法，理解耕地占用税的特点、征税范围、税率设定以及税收优惠政策，掌握耕地占用税的计算方法和申报流程。

能力目标：通过学习耕地占用税法，提升学生分析耕地占用税相关案例的能力，包括税务筹划、税收优惠和征收管理政策，增强实务操作和问题解决技能。

育人目标：通过学习耕地占用税法，培养学生的环保意识和法治精神，使其认识到保护耕地资源的重要性，以及依法纳税在维护国家粮食安全和生态平衡中的作用。

第一节　耕地占用税概述

一、耕地占用税的概念

耕地占用税是对占用耕地建房或从事其他非农业建设的单位和个人，依据实际占用耕地面积、按照规定税额一次性征收的一种税。现行耕地占用税法的基本规范是 2018 年 12 月 29 日第十三届全国人民代表大会常务委员会第七次会议通过的《中华人民共和国耕地占用税法》（以下简称《耕地占用税法》）。

耕地占用税是对占用耕地建房或从事其他非农业建设的单位和个人，就其实际占用的耕地面积征收的一种税，它属于对特定土地资源占用课税。耕地是土地资源中最重要的组成部分，是农业生产最基本的生产资料。但我国人口众多，耕地资源相对较少，要用占世界总量 7% 的耕地，养活占世界总量 22% 的人口，人多地少的矛盾十分突出。为了遏制并逐步改变这种状况，政府决定开征耕地占用税，运用税收经济杠杆与法律、行政等手段相配合，以便有效地保护耕地。通过开征耕地占用税，使那些占用耕地建房及从事其他非农业建设的单位和个人承担必要的经济责任，有利于政府运用税收经济杠杆调节他们的经济利益，引导他们节约、合理地使用耕地资源。这对于保护国土资源，促进农业可持续发展，以及强化耕地管理，保护农民的切身利益等，都具有十分重要的意义。

二、耕地占用税的特点

（一）兼具资源税与特定行为税的性质

耕地占用税以占用农用耕地建房或从事其他非农用建设的行为为征税对象，以约束纳税人占用耕地的行为、促进土地资源的合理运用为课征目的，除具有资源占用税的属性外，还具有明显的特定行为税的特点。

（二）采用地区差别税率

耕地占用税采用地区差别税率，根据不同地区的具体情况，分别制定差别税额，以适应中国地域辽阔、各地区之间耕地质量差别较大、人均占有耕地面积相差悬殊的具体情况，具有因地制宜的特点。

（三）在占用耕地环节一次性课征

耕地占用税在纳税人获准占用耕地的环节征收，除对获准占用耕地后超过两年未使用者须加征耕地占用税外，此后不再征收耕地占用税。因而，耕地占用税具有一次性征收的特点。

（四）税收收入专用于耕地开发与改良

耕地占用税收入按规定应用于建立发展农业专项基金，主要用于开展宜耕土地开发和改良现有耕地之用，因此，具有"取之于地、用之于地"的补偿性特点。

第二节 纳税义务人与征税范围

一、纳税人

耕地占用税的纳税人是占用耕地建房或者从事非农业建设的单位

或者个人。包括各类性质的企业、事业单位、社会团体、国家机关、部队以及其他单位；也包括个体工商户以及其他个人。

经批准占用耕地的，纳税人为农用地转用审批文件中标明的建设用地人；农用地转用审批文件中未标明建设用地人的，纳税人为用地申请人，其中用地申请人为各级人民政府的，由同级土地储备中心、自然资源主管部门或政府委托的其他部门、单位履行耕地占用税申报纳税义务。

未经批准占用耕地的，纳税人为实际用地人。

二、征税范围

耕地占用税的征税范围包括纳税人占用耕地建设建筑物、构筑物或者从事非农业建设的国家所有和集体所有的耕地。

耕地占用税所称耕地，是指用于种植农作物的土地，包括菜地、园地。其中，园地包括花圃、苗圃、茶园、果园、桑园和其他种植经济林木的土地。

占用鱼塘及其他农用土地建房或从事其他非农业建设，也视同占用耕地，必须依法征收耕地占用税。占用已开发从事种植、养殖的滩涂、草场、水面和林地等从事非农业建设，由省、自治区、直辖市本着有利于保护土地资源和生态平衡的原则，结合具体情况确定是否征收耕地占用税。

1. 园地，包括果园、茶园、橡胶园、其他园地。其他园地包括种植桑树、可可、咖啡、油棕、胡椒、药材等其他多年生作物的园地。

2. 林地，包括乔木林地、竹林地、红树林地、森林沼泽、灌木林地、灌丛沼泽、其他林地，不包括城镇村庄范围内的绿化林木用地，铁路、公路征地范围内的林木用地，以及河流、沟渠的护堤林用地。其他林地包括疏林地、未成林地、迹地、苗圃等林地。

3. 草地，包括天然牧草地、沼泽草地、人工牧草地，以及用于农业生产并已由相关行政主管部门发放使用权证的草地。

4. 农田水利用地，包括农田排灌沟渠及相应附属设施用地。

5. 养殖水面，包括人工开挖或者天然形成的用于水产养殖的河流水面、湖泊水面、水库水面、坑塘水面及相应附属设施用地。

6. 渔业水域滩涂，包括专门用于种植或者养殖水生动植物的海水潮浸地带和滩地，以及用于种植芦苇并定期进行人工养护管理的苇田。

直接为农业生产服务的生产设施，是指直接为农业生产服务而建设的建筑物和构筑物。具体包括：储存农用机具和种子、苗木、木材等农业产品的仓储设施；培育、生产种子、种苗的设施；畜禽养殖设施；木材集材道、运材道；农业科研、试验、示范基地；野生动植物保护、护林、森林病虫害防治、森林防火、木材检疫的设施；专为农业生产服务的灌溉排水、供水、供电、供热、供气、通信基础设施；农业生产者从事农业生产必需的食宿和管理设施；其他直接为农业生产服务的生产设施。

第三节　税率和应纳税额的计算

一、税率

耕地占用税在税率设计上采用了地区差别定额税率。税率规定如下：

由于我国不同地区之间人口和耕地资源的分布极不均衡，有些地区人口稠密，耕地资源相对匮乏；而有些地区人烟稀少，耕地资源比较丰富。各地区之间的经济发展水平也有很大差异。考虑到不同地区之间客观条件的差别以及与此相关的税收调节力度和纳税人负担能力方面的差别，耕地占用税在税率设计上采用了地区差别定额税率。税率具体标准如下：

1. 人均耕地不超过 1 亩的地区（以县、自治县、不设区的市、市辖区为单位，下同），每平方米为 10～50 元。

2. 人均耕地超过 1 亩但不超过 2 亩的地区，每平方米为 8～40 元。

3. 人均耕地超过 2 亩但不超过 3 亩的地区，每平方米为 6～30 元。

4. 人均耕地超过 3 亩的地区，每平方米为 5～25 元。

经济特区、经济技术开发区和经济发达、人均耕地特别少的地区，适用税额可以适当提高，但最多不得超过上述规定税额的 50%。

各地区耕地占用税的适用税额，由省、自治区、直辖市人民政府根据人均耕地面积和经济发展等情况，在前款规定的税额幅度内提出，报同级人民代表大会常务委员会决定，并报全国人民代表大会常务委员会和国务院备案。各省、自治区、直辖市耕地占用税适用税额的平均水平，不得低于本法所附《各省、自治区、直辖市耕地占用税平均税额表》规定的平均税额（见表 11－1）。

表 11－1　　各省、自治区、直辖市耕地占用税平均税额　单位：元

地区	每平方米平均税额
上海	45
北京	40

续表

地区	每平方米平均税额
天津	35
江苏、浙江、福建、广东	30
辽宁、湖北、湖南	25
河北、安徽、江西、山东、河南、重庆、四川	22.5
广西、海南、贵州、云南、陕西	20
山西、吉林、黑龙江	17.5
内蒙古、西藏、甘肃、青海、宁夏、新疆	12.5

在人均耕地低于0.5亩的地区，省、自治区、直辖市可以根据当地经济发展情况，适当提高耕地占用税的适用税额，但提高的部分不得超过上述第1条确定的适用税额的50%，具体适用税额按照规定程序确定。

占用基本农田的，应当按照适用税额加征150%。

二、计税依据

耕地占用税以纳税人实际占用的属于耕地占用税征税范围的土地（以下简称应税土地）面积为计税依据，按应税土地当地适用税额计税，实行一次性征收。

实际占用的耕地面积，包括经批准占用的耕地面积和未经批准占用的耕地面积。

临时占用耕地，应当依照规定缴纳耕地占用税。纳税人在批准临时占用耕地的期限内恢复所占用耕地原状的，全额退还已经缴纳的耕地占用税。

纳税人临时占用耕地，是指经自然资源主管部门批准，在一般不超过2年内临时使用耕地并且没有修建永久性建筑物的行为。依法复垦应由自然资源主管部门会同有关行业管理部门认定并出具验收合格确认书。

三、应纳税额的计算

耕地占用税以纳税人实际占用的耕地面积为计税依据，以每平方米土地为计税单位，按适用的定额税率计税。其计算公式为：

应纳税额 = 实际占用耕地面积（平方米）× 适用定额税率

加按150%征收耕地占用税的计算公式为：

应纳税额 = 实际占用耕地面积（平方米）× 适用定额税率 × 150%

【例 11 - 1】某县区一家企业新占用一处耕地 10 000 平方米用于工业建设，所占耕地适用的定额税率为 22 元/平方米。请计算该企业应纳的耕地占用税。

应纳税额 = 10 000 × 22 = 220 000（元）

【例 11 - 2】假设某市一家企业新占用 20 000 平方米耕地用于工业建设，所占耕地适用的定额税率为 20 元/平方米。请计算该企业应纳的耕地占用税。

应纳税额 = 20 000 × 20 = 400 000（元）

第四节　税收优惠和征收管理

一、免征耕地占用税

1. 军事设施占用耕地。

免税的军事设施，是指《中华人民共和国军事设施保护法》第二条所列建筑物、场地和设备。具体包括：指挥机关，地面和地下的指挥工程、作战工程；军用机场、港口、码头；营区、训练场、试验场；军用洞库、仓库；军用通信、侦察、导航、观测台站，测量、导航、助航标志；军用公路、铁路专用线，军用通信、输电线路，军用输油、输水管道；边防、海防管控设施；国务院和中央军事委员会规定的其他军事设施。

2. 学校、幼儿园、社会福利机构、医疗机构占用耕地。

免税的学校，具体范围包括县级以上人民政府教育行政部门批准成立的大学、中学、小学，学历性职业教育学校和特殊教育学校，以及经省级人民政府或其人力资源社会保障行政部门批准成立的技工院校。学校内经营性场所和教职工住房占用耕地的，按照当地适用税额缴纳耕地占用税。

免税的幼儿园，具体范围限于县级以上人民政府教育行政部门批准成立的幼儿园内专门用于幼儿保育、教育的场所。

免税的社会福利机构，是指依法登记的养老服务机构、残疾人服务机构、儿童福利机构及救助管理机构、未成年人救助保护机构内专门为老年人、残疾人、未成年人及生活无着的流浪乞讨人员提供养护、康复、托管等服务的场所。

免税的医疗机构，是指县级以上人民政府卫生健康行政部门批准设立的医疗机构内专门从事疾病诊断、治疗活动的场所及其配套设施。

3. 农村烈士遗属、因公牺牲军人遗属、残疾军人以及符合农村最低生活保障条件的农村居民，在规定用地标准以内新建自用住宅，免征耕地占用税。

二、减征耕地占用税

1. 铁路线路、公路线路、飞机场跑道、停机坪、港口、航道、水利工程占用耕地，减按每平方米2元的税额征收耕地占用税。

减税的铁路线路，具体范围限于铁路路基、桥梁、涵洞、隧道及其按照规定两侧留地、防火隔离带。专用铁路和铁路专用线占用耕地的，按照当地适用税额缴纳耕地占用税。

减税的公路线路，具体范围限于经批准建设的国道、省道、县道、乡道和属于农村公路的村道的主体工程以及两侧边沟或者截水沟。专用公路和城区内机动车道占用耕地的，按照当地适用税额缴纳耕地占用税。

减税的飞机场跑道、停机坪，具体范围限于经批准建设的民用机场专门用于民用航空器起降、滑行、停放的场所。

减税的港口，具体范围限于经批准建设的港口内供船舶进出、停靠以及旅客上下、货物装卸的场所。

减税的航道，具体范围限于在江、河、湖泊、港湾等水域内供船舶安全航行的通道。

减税的水利工程，具体范围限于经县级以上人民政府水行政主管部门批准建设的防洪、排涝、灌溉、引（供）水、滩涂治理、水土保持、水资源保护等各类工程及其配套和附属工程的建筑物、构筑物占压地和经批准的管理范围用地。

2. 农村居民在规定用地标准以内占用耕地新建自用住宅，按照当地适用税额减半征收耕地占用税；其中农村居民经批准搬迁，新建自用住宅占用耕地不超过原宅基地面积的部分，免征耕地占用税。免征或者减征耕地占用税后，纳税人改变原占地用途，不再属于免征或者减征耕地占用税情形的，应当按照当地适用税额补缴耕地占用税。

3. 纳税人临时占用耕地，是指经自然资源主管部门批准，在一般不超过2年内临时使用耕地并且没有修建永久性建筑物的行为。依法复垦应由自然资源主管部门会同有关行业管理部门认定并出具验收合格确认书。

4. 因挖损、采矿塌陷、压占、污染等损毁耕地属于税法所称的非农业建设，应依照税法规定缴纳耕地占用税；自自然资源、农业农村等相关部门认定损毁耕地之日起3年内依法复垦或修复，恢复种植条件的，比照《税法》第十一条规定办理退税。

5. 在农用地转用环节，用地申请人能证明建设用地人符合《税法》第七条第一款规定的免税情形的，免征用地申请人的耕地占用税；在供地环节，建设用地人使用耕地用途符合《税法》第七条第一款规定的免税情形的，由用地申请人和建设用地人共同申请，按退税管理的规定退还用地申请人已经缴纳的耕地占用税。

三、征收管理

耕地占用税对占用耕地实行一次性征收，对生产经营单位和个人不设立减免税，仅对公益性单位和需照顾群体设立减免税。

纳税人改变原占地用途，不再属于免征或减征情形的，应自改变用途之日起 30 日内申报补缴税款，补缴税款按改变用途的实际占用耕地面积和改变用途时当地适用税额计算。

（一）纳税义务发生时间

耕地占用税由税务机关负责征收。耕地占用税的纳税义务发生时间为纳税人收到自然资源主管部门办理占用耕地手续的书面通知的当日。纳税人应当自纳税义务发生之日起 30 日内申报缴纳耕地占用税。

纳税人改变原占地用途，需要补缴耕地占用税的，其纳税义务发生时间为改变用途当日，具体为：经批准改变用途的，纳税义务发生时间为纳税人收到批准文件的当日；未经批准改变用途的，纳税义务发生时间为自然资源主管部门认定纳税人改变原占地用途的当日。

未经批准占用耕地的，耕地占用税纳税义务发生时间为自然资源主管部门认定的纳税人实际占用耕地的当日。

因挖损、采矿塌陷、压占、污染等损毁耕地的纳税义务发生时间为自然资源、农业农村等相关部门认定损毁耕地的当日。

纳税人占地类型、占地面积和占地时间等纳税申报数据材料以自然资源等相关部门提供的相关材料为准；未提供相关材料或者材料信息不完整的，经主管税务机关提出申请，由自然资源等相关部门自收到申请之日起 30 日内出具认定意见。

因挖损、采矿塌陷、压占、污染等损毁耕地属于税法所称的非农业建设耕地，应依照税法规定缴纳耕地占用税；自自然资源、农业农村等相关部门认定损毁耕地之日起 3 年内依法复垦或修复，恢复种植条件的，应按规定办理退税。

在农用地转用环节，用地申请人能证明建设用地人符合税法规定的免税情形的，免征用地申请人的耕地占用税；在供地环节，建设用地人使用耕地用途符合税法规定的免税情形的，由用地申请人和建设用地人共同申请，按退税管理的规定退还用地申请人已经缴纳的耕地占用税。

（二）纳税申报

（1）纳税人占用耕地，应当在耕地所在地申报纳税。

（2）纳税人的纳税申报数据资料异常或者纳税人未按照规定期限申报纳税的，包括下列情形：

①纳税人改变原占地用途，不再属于免征或者减征耕地占用税情形，未按照规定进行申报的。

②纳税人已申请用地但尚未获得批准先行占地开工，未按照规定进行申报的。

③纳税人实际占用耕地面积大于批准占用耕地面积，未按照规定进行申报的。

④纳税人未履行报批程序擅自占用耕地，未按照规定进行申报的。

⑤其他应提请相关部门复核的情形。

（3）纳税人因建设项目施工或者地质勘查临时占用耕地，应当依照规定缴纳耕地占用税。纳税人在批准临时占用耕地期满之日起1年内依法复垦，恢复种植条件的，全额退还已经缴纳的耕地占用税。

（4）县级以上地方人民政府自然资源、农业农村、水利、生态环境等相关部门向税务机关提供的农用地转用、临时占地等信息，包括农用地转用信息、城市和村庄集镇按批次建设用地转而未供信息、经批准临时占地信息、改变原占地用途信息、未批先占农用地查处信息、土地损毁信息、土壤污染信息、土地复垦信息、草场使用和渔业养殖权证发放信息等。

各省、自治区、直辖市人民政府应当建立健全本地区跨部门耕地占用税部门协作和信息交换工作机制。

（5）耕地占用税的征收管理，依照《中华人民共和国耕地占用税法》和《中华人民共和国税收征收管理法》的规定执行。

纳税人、税务机关及其工作人员违反规定的，依照《中华人民共和国税收征收管理法》和有关法律法规的规定追究法律责任。

（6）纳税人应按照规定及时办理纳税申报，并如实填写《财产和行为税纳税申报表》及相应的税源明细表。

【本 章 小 结】

本章我们学习了耕地占用税的征税目的、纳税人、征税范围和税率，以及对特定用途耕地的税收优惠政策。通过分析纳税义务发生时间、纳税申报等内容，本章旨在培养学生的法律意识和环保责任感，为合理利用土地资源、保护耕地贡献力量。

【本章重要术语】

耕地占用税　纳税人　计税依据　适用税额　免征　减征　纳税义务发生时间　临时占用耕地

11 −1　视野拓展

第十二章
房 产 税

【学 习 目 标】

知识目标：通过本章的学习，理解和掌握房产税概念和特点，熟练掌握房产税的纳税人、征税范围、计税依据、税率、应纳税额的计算，并能运用所学知识进行房产税的缴纳和申报。

能力目标：通过学习房产税法，培养学生运用房产税法规解决实际问题的能力，包括正确计算应纳税额、处理房产税申报等。

育人目标：通过学习房产税法，使学生认识到房产税税制改革的重要性。

第一节 概　　述

一、房产税的概念

房产税是以房屋为征税对象，以房屋的计税余值或租金收入为计税依据，向房屋产权所有人征收的一种财产税。

二、房产税的特点

1. 房产税属于财产税中的个别财产税。

个别财产税也称单项财产税，是对纳税人拥有的土地、房屋、资本和其他财产分别课征的税收。房产税属于个别财产税，其征税对象只针对房屋。

2. 限于征税范围内的经营性房屋。

房产税在城市、县城、建制镇和工矿区范围内征收，不涉及农

12－1 房产税的起源与发展

村。另外，对某些拥有房屋，但自身没有纳税能力的单位，如国家拨付行政经费、事业经费和国防经费的单位自用的房屋、居民个人居住用房屋，也作出了免税规定。

3. 区别房屋的经营使用方式规定了不同的计税依据。

拥有房屋的单位和个人，既可以将房屋用于经营自用，又可以把房屋用于出租。房产税根据纳税人经营形式不同，对前一类房屋按房产计税余值征收，对后一类房屋按租金收入计税。

三、房产税的作用

1. 筹集地方财政收入。

我国的房产税属于地方税，房产税以房屋为征收对象，税源稳定且不可隐匿，是地方财政收入的重要来源。

2. 调节财富分配。

房屋是法人和个人拥有财富的主要形式。对房屋，尤其是对个人拥有的经营性房屋征收房产税，在调节财富分配方面可以发挥积极作用。

3. 有利于加强房产管理。

对房屋拥有者征收房产税，不仅可以调节单位、居民之间的财富分配，还有利于加强对房屋的管理，提高房屋的使用效益。

第二节 征税范围、纳税人和税率

征收房产税的房产，是以房屋形态表现的财产。房屋则是指有屋面和围护结构（有墙或两边有柱），能够遮风避雨，可供人们在其中生产、工作、学习、娱乐、居住或储藏物资的场所。独立于房屋之外的建筑物，如围墙、烟囱、水塔、变电塔、油池油柜、酒窖菜窖、酒精池、糖蜜池、室外游泳池、玻璃暖房、砖瓦石灰窑以及各种油气罐等，不属于房产。

一、征税范围

《中华人民共和国房产税暂行条例》规定，房产税在城市、县城、建制镇和工矿区征收。其中：

城市是指经国务院批准设立的市，其征税范围为市区、郊区和市辖县县城，不包括农村。

县城是指未设立建制镇的县人民政府所在地。

建制镇是指经省、自治区、直辖市人民政府批准设立的建制镇。

工矿区是指工商业比较发达、人口比较集中，符合国务院规定的建制镇标准，但尚未设立镇建制的大中型工矿企业所在地。

二、纳税人

房产税以在征税范围内的房屋产权所有人为纳税人。其中：

1. 产权属全民所有的，由经营管理单位纳税；产权属集体和个人所有的，由集体单位和个人纳税。

2. 产权出典的，由承典人纳税。

3. 产权所有人、承典人不在房屋所在地的，由房产代管人或者使用人纳税。

4. 产权未确定及租典纠纷未解决的，亦由房产代管人或者使用人纳税。

三、税率

房产税采用比例税率，其计税依据分为两种：依据房产计税余值计税的，税率为1.2%；依据房产租金收入计税的，税率为12%。对个人出租住房，不区分实际用途，均按4%的税率征收房产税；对企事业单位、社会团体以及其他组织向个人、专业化规模化住房租赁企业出租住房的，减按4%的税率征收房产税。

第三节　减免税优惠

一、减免税基本优惠

依据《中华人民共和国房产税暂行条例》及有关规定，下列房产免征房产税：

1. 国家机关、人民团体、军队自用的房产。

2. 国家财政部门拨付事业经费的单位自用的房产。

3. 宗教寺庙、公园、名胜古迹自用的房产。

4. 个人所有非营业用的房产。

5. 经财政部批准免税的其他房产。

二、减免税其他优惠

经财政部批准，下列房产可免征房产税：

1. 对国家拨付事业经费和企业办的各类学校、医院、托儿所、幼儿园自用的房产，免征房产税。

2. 经有关部门鉴定，对毁损不堪居住的房屋和危险房屋，在停止使用后，可免征房产税。

3. 纳税单位与免税单位共同使用的房屋，按各自使用的部分划分，分别征收或免征房产税。

4. 为继续支持公共租赁住房（公租房）建设和运营，对公租房免征房产税，该优惠政策执行至 2027 年 12 月 31 日。

5. 对为高校学生提供住宿服务，按照国家规定的收费标准收取住宿费的高校学生公寓免征房产税，该优惠政策执行至 2027 年 12 月 31 日。

6. 对农产品批发市场、农贸市场（包括自有和承租）专门用于经营农产品的房产，暂免征收房产税。对同时经营其他产品的农产品批发市场和农贸市场使用的房产，按其他产品与农产品交易场地面积的比例确定征免房产税，该优惠政策执行至 2027 年 12 月 31 日。

7. 为推进国有经营性文化事业单位转企改制，对经营性文化事业单位由财政部门拨付事业经费的文化单位转制为企业，自转制注册之日起五年内对其自用房产免征房产税。

8. 为支持农村饮水安全工程（以下称饮水工程）巩固提升，对饮水工程运营管理单位自用的生产、办公用房产，免征房产税，该优惠政策执行至 2027 年 12 月 31 日。

9. 对国家级、省级科技企业孵化器、大学科技园和国家备案众创空间自用以及无偿或通过出租等方式提供给在孵对象使用的房产，免征房产税，该优惠政策执行至 2027 年 12 月 31 日。

第四节　计税依据和应纳税额的计算

一、计税依据

房产税采用从价计征。计税办法分为按房产余值计税和按租金收入计税两种。

1. 对经营自用的房屋，以房产的计税余值作为计税依据。

所谓计税余值，是指依照税法规定按房产原值一次减除 10% ~ 30% 的损耗价值以后的余额。

2. 对于出租的房屋，以租金收入（不含增值税）为计税依据。

房屋的租金收入，是房屋产权所有人出租房屋使用权所取得的报酬，包括货币收入和实物收入。对以劳务或其他形式作为报酬抵付房租收入的，应根据当地同类房屋的租金水平，确定租金标准，依率计征。

12-2　房产原值的具体规定

3. 投资联营及融资租赁房产的计税依据。

（1）对投资联营的房产，在计征房产税时应予以区别对待。对于以房产投资联营，投资者参与投资利润分红，共担风险的，按房产余值作为计税依据计征房产税；对于以房产投资，收取固定收入，不承担联营风险的，实际上是以联营名义取得房产租金，应根据《房产税暂行条例》的有关规定，由出租方按租金收入计算缴纳房产税。

（2）融资租赁的房产，由承租人自融资租赁合同约定开始日的次月起依照房产余值缴纳房产税。合同未约定开始日的，由承租人自合同签订的次月起依照房产余值缴纳房产税。

二、应纳税额的计算

1. 地上建筑物房产税应纳税额的计算公式为：

应纳税额 = 房产计税余值（或租金收入）× 适用税率

其中：房产计税余值 = 房产原值 ×（1 - 原值减除比例）

2. 自用的独立地下建筑物房产税应纳税额的计算公式为：

（1）工业用途房产，以房屋原价的 50% ~ 60% 作为应税房产原值。

应纳房产税的税额 = 应税房产原值 ×［1 -（10% ~ 30%）］× 1.2%

（2）商业和其他用途房产，以房屋原价的 70% ~ 80% 作为应税房产原值。

应纳房产税的税额 = 应税房产原值 ×［1 -（10% ~ 30%）］× 1.2%

房屋原价折算为应税房产原值的具体比例，由各省、自治区、直辖市和计划单列市财政和税务部门在上述幅度内自行确定。

（3）出租的地下建筑，按照出租地上房屋建筑的有关规定计算征收房产税。

【例 12-1】某省一企业 2024 年度自有房屋 10 栋，其中 8 栋用于经营生产，房产原值 1 000 万元，不包括冷暖通风设备 60 万元；2 栋房屋租给某公司作经营用房，年租金收入 50 万元（不含增值税）。假设该企业所在地按房产原值一次扣除 20% 后的余值计税，请计算该企业 2024 年应纳的房产税。

（1）自用房产应纳税额 = [（1 000 + 60）×（1 − 20%）] × 1.2%
　　　　　　　　　　　= 10.176（万元）

（2）租金收入应纳税额 = 50 × 12% = 6（万元）

（3）2024 年应纳房产税额 = 10.176 + 6 = 16.176（万元）

【例 12 − 2】某企业 2024 年 1 月由上年结转的房产原值共计 8 000 万元，其中，保安室用房原值 100 万元，幼儿园用房原值 400 万元。6 月 30 日该企业与某公司签订租赁合同，将自用原值 500 万元的仓库从 7 月 1 日起出租给该公司使用，租期 2 年，每月租金 3 万元，当年收取 7 ~ 12 月的租金 18 万元；8 月 10 日外购商品房 300 平方米用于办公，当月 20 日交付使用，会计入账房产原值为 600 万元。假设该企业所在地计算房产余值的扣除比例为 20%，请计算该企业 2024 年应缴纳的房产税。

（1）该企业幼儿园用房原值 400 万元，按照规定应免征房产税。

（2）将原值 500 万元的仓库从 7 月 1 日出租给其他公司使用，按照规定 1 ~ 6 月自用的仓库应按余值征收房产税，7 ~ 12 月应按租金征收房产税。

（3）8 月外购并交付使用的办公用房，按规定应从 9 月开始征收房产税。

（4）该企业 2024 年按房产余值应缴纳房产税 =（8 000 − 400）×（1 − 20%）× 1.2% − 500 ×（1 − 20%）× 1.2% ÷ 12 × 6 + 600 ×（1 − 20%）× 1.2% ÷ 12 × 4 = 72.96 − 2.4 + 1.92 = 72.48（万元）

（5）该企业 2024 年按房产租金应缴纳房产税 = 18 × 12% = 2.16（万元）

（6）该企业 2024 年共计应缴纳房产税 = 72.48 + 2.16 = 74.64（万元）

第五节　征收管理

一、纳税义务发生时间

1. 自建的房屋，自建成之日的次月起，计征房产税。

2. 委托施工企业建设的房屋，从办理验收手续之日的次月起，计征房产税。

3. 购置新建商品房，自房屋交付使用之次月起计征房产税。

4. 购置存量房，自办理房屋权属转移、变更登记手续，房地产权属登记机关签发房屋权属证书之次月起计征房产税。

5. 出租、出借房产，自交付出租、出借房产之次月起计征房产税。

6. 房地产开发企业自用、出租、出借本企业建造的商品房，自房屋使用或交付之次月起计征房产税。

二、纳税期限

房产税实行按年征收，分期缴纳。纳税期限由省、自治区、直辖市人民政府规定。

三、纳税地点

房产税在房产所在地缴纳。房产不在同一地方的纳税人，应按房产的坐落地点分别向房产所在地的税务机关缴纳。

【本 章 小 结】

本节重点内容包括纳税人、征税对象及开征区域；税收优惠、纳税义务发生时间与税额计算的结合。房产税属于小税种中计算相对复杂的税种，与其他税种之间的关系需要学生把握：（1）与增值税的关系："营改增"之后，计算房产税的租金不含增值税。（2）与城镇土地使用税的关系：房产税与城镇土地使用税在纳税义务人、税收优惠和纳税义务发生时间上存在一定的共性。（3）房产税可以在企业所得税税前扣除。

【本章重要术语】

征税范围　房产余值　租金收入

12-3　视野拓展

第十三章
契　税

【学习目标】

　　知识目标：通过本章的学习，理解和掌握契税的概念和特点，熟练掌握契税的纳税人、征税范围、计税依据、税率、应纳税额的计算，并能运用所学知识进行房产税的缴纳和申报。

　　能力目标：通过学习契税法，培养学生运用契税法规解决实际问题的能力，包括正确计算应纳税额、处理契税申报等。

　　育人目标：通过学习契税法，培养学生的税收法治意识，使其认识到契税在调节财富分配、引导住房合理消费、调控房地产市场等方面的作用。

第一节　概　述

一、契税的概念

　　契税是以权属发生转移的不动产为征税对象，向产权承受人征收的一种财产税。

二、契税的特点

　　1. 属于财产转移税。

　　契税以权属发生转移的不动产，即土地和房屋为征税对象，具有财产转移课税性质，不在土地、房屋的保有环节征收。

　　2. 由财产承受人缴纳。

　　一般税种都确定销售者为纳税人，即卖方纳税。契税则属于土

13-1　房产税的起源与发展

地、房屋产权发生交易过程中的财产税，由承受人纳税，即买方纳税，是一种直接税，税负较难转移。

三、契税的作用

1. 广辟财源，增加地方财政收入。

契税按财产转移价值征税，税源较为充足，它可以弥补其他财产税的不足，扩大其征税范围，为地方政府增加一部分财政收入。随着市场经济的发展和房产交易的活跃，契税的财政作用将日益显著。

2. 调节财富分配，体现社会公平。

土地、房屋交易本身就意味着财富的流动或分配。在土地、房屋的交易环节征收契税，可以适当调节财产取得者的收入，缓解社会分配不公的矛盾。

3. 引导住房合理消费，调控房地产市场。

税收对市场资源的配置具有调节功能。契税在财产转移环节征收，对于引导住房合理消费、抑制投机炒房行为、规范房地产市场具有一定的作用，有利于促进房地产市场的持续健康发展。

第二节 征税范围、纳税人和税率

一、征税范围

契税的征税对象为发生土地使用权和房屋所有权权属转移的土地和房屋。具体征税范围包括：国有土地使用权出让；土地使用权转让，包括出售、赠与和互换；房屋买卖、赠与、互换。

（一）土地使用权出让

土地使用权出让是指国家或集体以土地所有者的身份将土地使用权在一定年限内让渡给土地使用者，并由土地使用者向国家或集体支付土地使用权出让金的行为。可以使用拍卖、招标、双方协议的方式。

（二）土地使用权转让

土地使用权转让是指土地使用者将土地使用权再转移的行为。可以使用出售、交换、赠与的方式。不包括土地承包经营权和土地经营权的转移。

（三）房屋买卖、赠与、互换

1. 房屋买卖。

房屋买卖是指出卖人转移房屋所有权于买受人，买受人支付价款的行为。房屋买受人按规定缴纳契税。

2. 房屋赠与。

房屋赠与是指房屋产权所有人将房屋无偿转让给他人所有。房屋的受赠人要按规定缴纳契税。

以获奖方式取得房屋产权的，其实质是接受赠与房产，应缴纳契税。

3. 房屋互换。

房屋产权相互交换，双方交换价值相等，免纳契税，办理免征契税手续。其价值不相等的，按超出部分由支付差价方缴纳契税。

（四）其他情形

下列情形发生土地、房屋权属转移的，承受方应当依法缴纳契税：

（1）因共有不动产份额变化的；

（2）因共有人增加或者减少的；

（3）因人民法院、仲裁委员会的生效法律文书或者监察机关出具的监察文书等因素，发生土地、房屋权属转移的；

（4）以作价投资（入股）、偿还债务、划转、奖励等方式转移土地、房屋权属的，应当依照规定征收契税。

二、纳税人

在中华人民共和国境内转移土地、房屋权属，承受的单位和个人为契税的纳税人。

三、税率

契税税率为 3%～5%。

契税的具体适用税率，由省、自治区、直辖市人民政府在规定的税率幅度内提出，报同级人民代表大会常务委员会决定，并报全国人民代表大会常务委员会和国务院备案。

省、自治区、直辖市可以依照规定对不同主体、不同地区、不同类型的住房的权属转移确定差别税率。

第三节　减免税优惠

一、减免税基本优惠

（一）有下列情形之一的，免征契税

1. 国家机关、事业单位、社会团体、军事单位承受土地、房屋权属用于办公、教学、医疗、科研、军事设施。

2. 非营利性的学校、医疗机构、社会福利机构承受土地、房屋权属用于办公、教学、医疗、科研、养老、救助。

3. 承受荒山、荒地、荒滩土地使用权用于农、林、牧、渔业生产。

4. 婚姻关系存续期间夫妻之间变更土地、房屋权属。

5. 法定继承人通过继承承受土地、房屋权属。

6. 依照法律规定应当予以免税的外国驻华使馆、领事馆和国际组织驻华代表机构承受土地、房屋权属。

（二）省、自治区、直辖市可以决定对下列情形免征或减征契税

1. 因土地、房屋被县级以上人民政府征收、征用，重新承受土地、房屋权属。

2. 因不可抗力灭失住房，重新承受住房权属。

上述免征或者减征契税的具体办法，由省、自治区、直辖市人民政府提出，报同级人民代表大会常务委员会决定，并报全国人民代表大会常务委员会和国务院备案。

二、减免税其他优惠

1. 为继续支持公共租赁住房（公租房）建设和运营，对公租房经营管理单位购买住房作为公租房，免征契税。该优惠政策执行至2025年12月31日。

2. 自2019年6月1日至2025年12月31日，为社区提供养老、托育、家政等服务的机构，承受房屋、土地用于提供社区养老、托育、家政服务的，免征契税。

3. 自2019年1月1日至2027年12月31日，对农村饮水工程运

营管理单位为建设饮水工程而承受土地使用权，免征契税。

4. 城镇职工按规定第一次购买公有住房的，免征契税。对个人购买经济适用住房，在法定税率基础上减半征收契税。

5. 夫妻因离婚分割共同财产发生土地、房屋权属变更的，免征契税。

第四节 计税依据和应纳税额的计算

一、计税依据

契税的计税依据不含增值税，具体金额按照土地、房屋交易的不同情况确定：

1. 土地使用权出让、出售，房屋买卖，为土地、房屋权属转移合同确定的成交价格，包括应交付的货币以及实物、其他经济利益对应的价款。

2. 土地使用权互换、房屋互换，互换价格相等的，互换双方计税依据为零；互换价格不相等的，以其差额为计税依据，由支付差额的一方缴纳契税。

3. 土地使用权赠与、房屋赠与以及其他没有价格的转移土地、房屋权属行为，为税务机关参照土地使用权出售、房屋买卖的市场价格依法核定的价格。

纳税人申报的成交价格、互换价格差额明显偏低且无正当理由的，由税务机关依照《中华人民共和国税收征收管理法》的规定核定。

4. 房屋附属设施（包括停车位、机动车库、非机动车库、顶层阁楼、储藏室及其他房屋附属设施）与房屋为同一不动产单元的，计税依据为承受方应交付的总价款，并适用与房屋相同的税率；房屋附属设施与房屋为不同不动产单元的，计税依据为转移合同确定的成交价格，并按当地确定的适用税率计税。

二、应纳税额的计算

应纳税额的计算公式为：

$$应纳税额 = 计税依据 \times 适用税率$$

【例 13-1】居民甲有两套住房，将一套出售给居民乙，成交价格为 100 000 元；将另一套两室住房与居民丙交换成两处一室住房，并支付换房差价款 40 000 元。请计算甲、乙、丙相关行为应缴纳的契税（假定税率为 3%，所有金额均不含增值税）。

（1）甲应缴纳契税 = 40 000 × 3% = 1 200（元）

（2）乙应缴纳契税 = 100 000 × 3% = 3 000（元）

（3）丙不缴纳契税。

【例 13 - 2】居民张某拥有四套住房，将一套住房转移至合伙开办的合伙企业名下作为办公用房，市场价格为 150 万元；将一套价值 370 万元的住房与居民刘某交换一套价值 300 万元的住房，收取刘某支付的差额 70 万元；因无力偿还债务，将一套住房折价抵偿居民李某债务 200 万元。假设当地适用的契税税率为 4%，请计算合伙企业、张某、刘某、李某各自应缴纳的契税。

（1）合伙企业不缴纳契税，按规定，张某将市价为 150 万元的住房转移至合伙开办的合伙企业免征契税。

（2）张某将一套价值 370 万元的住房与居民刘某交换一套价值 300 万元的住房，收取刘某支付的差价 70 万元，按规定，张某不缴纳契税，刘某应缴纳契税 2.8 万元（70 × 4%）。

（3）张某将一套住房折价抵偿居民李某债务 200 万元，按规定，张某不缴纳契税，李某应缴纳契税 8 万元（200 × 4%）。

三、征收管理

（一）纳税义务发生时间

1. 契税的纳税义务发生时间为纳税人签订土地、房屋权属转移合同的当日，或者纳税人取得其他具有土地、房屋权属转移合同性质凭证的当日。

2. 因人民法院、仲裁委员会的生效法律文书或者监察机关出具的监察文书等发生土地、房屋权属转移的，纳税义务发生时间为法律文书等生效当日。

（二）纳税期限

纳税人应当在依法办理土地、房屋权属登记手续前申报缴纳契税。

（三）纳税地点与纳税申报

1. 契税在土地、房屋所在地缴纳。

2. 纳税人符合减征或者免征契税规定的，应当按照规定进行申报。

【本 章 小 结】

本章作为小税种，需把握计税依据和税额计算、税收优惠的内容。还需要理解契税与其他税种之间的关系：（1）与增值税的关系：计征契税的成交价格不含增值税。（2）与土地增值税的关系：契税作为取得土地使用权所支付的金额的组成部分，成为计算土地增值额可扣除的因素。

【本章重要术语】

土地使用权出让　土地使用权转让　房屋买卖、赠与、互换

13－2　视野拓展

第十四章

土地增值税

【学 习 目 标】

知识目标：通过本章的学习，理解和掌握土地增值税的概念和特点，熟练掌握土地增值税的纳税人、征税范围、计税依据、税率、应纳税额的计算。

能力目标：具备运用所学知识进行土地增值税的缴纳和申报的能力。

育人目标：理解中国的土地增值税作为调控房地产市场、促进土地资源合理使用的重要税种，发挥着不可或缺的作用。

第一节 土地增值税概述

一、土地增值税的概念

土地增值税是以纳税人转让国有土地使用权、地上的建筑物及其附着物（以下简称转让房地产）所取得的增值额为征税对象，依照规定税率征收的一种税。

二、土地增值税的特点

14 - 1 土地增值税的起源与发展

（一）以增值额为计税依据

我国土地增值税将土地、房屋的转让收入合并征收，作为计税依据的增值额，是纳税人转让房地产的收入减除税法规定准予扣除项目金额后的余额。

（二）征税面比较广

凡在我国境内转让房地产并取得收入的单位和个人，除税法规定免税外，均应依照税法规定缴纳土地增值税。换言之，凡发生应税行为的单位和个人，不论其经济性质，无论专营或兼营房地产业务，均有缴纳土地增值税的义务。

（三）实行超率累进税率

土地增值税的税率是以转让房地产的增值率为依据，按照累进原则设计的，实行分级计税。增值率高的，适用的税率高、多纳税；增值率低的，适用的税率低、少纳税。

第二节　纳税义务人

一、纳税义务人的一般规定

《中华人民共和国土地增值税暂行条例》规定，土地增值税的纳税人为转让国有土地使用权、地上的建筑物及其附着物（即本书所简称的转让房地产）并取得收入的单位和个人。单位包括各类企业单位、事业单位、国家机关、社会团体以及其他组织，个人包括个体工商户和自然人个人。

二、纳税义务人的特点

《中华人民共和国土地增值税暂行条例》规定的纳税义务人包括以下几个方面，体现了范围比较广泛的特点。

1. 不论是法人还是自然人，不论是企业单位、事业单位、国家机关、社会团体以及其他组织等法人单位，还是个体工商户或者自然人，只要有偿转让房地产并取得收入，就是土地增值税的纳税义务人，均应按《中华人民共和国土地增值税暂行条例》的规定照章纳税。

2. 不论是内资企业还是外资企业，中国公民还是外籍个人，只要有偿转让房地产并取得收入，就是土地增值税的纳税义务人，均应按《中华人民共和国土地增值税暂行条例》的规定照章纳税。

3. 不论经济性质，无论是国有企业、集体企业、私营企业、个体经营者，还是联营企业、合资企业、外商独资企业等，只要是有偿转让房地产并取得收入，就是土地增值税的纳税义务人，均应按《中华人民共和国土地增值税暂行条例》的规定照章纳税。

第三节　征税范围和税率

一、征税范围

《中华人民共和国土地增值税暂行条例》及其实施细则规定，土地增值税是对转让国有土地使用权、地上的建筑物及其附着物并取得收入的行为征税。

转让国有土地使用权、地上的建筑物及其附着物并取得收入，是指以出售或者其他方式有偿转让房地产的行为，不包括以继承、赠与方式无偿转让房地产的行为。

国有土地，是指按国家法律规定属于国家所有的土地。

国有土地使用权，是指土地使用人根据国家法律，对国家所有的土地享有的使用权利。

地上的建筑物，是指建于土地上的一切建筑物，包括地上地下的各种附属设施。

附着物，是指附着于土地上的不能移动，一经移动即遭损坏的物品。

14－2　界定的含义

（一）征税范围的一般规定

1. 转让国有土地使用权。

转让国有土地使用权，是指土地使用者通过出让方式，向政府缴纳了土地出让金，有偿受让土地使用权后，将土地使用权再转移的行为，是土地使用权转让的二级市场。

国有土地使用权出让，是指国家以土地所有者的身份将土地使用权在一定年限内让与土地使用者，并由土地使用者向国家支付土地出让金的行为。由于土地使用权的出让方是国家，出让收入在性质上属于政府凭借所有权在土地一级市场收取的租金，所以，政府出让土地的行为及取得的收入不属于土地增值税征税范围之列。

2. 地上的建筑物及其附着物连同国有土地使用权一并转让。

地上的建筑物及其附着物连同国有土地使用权一并转让，包括转让新建房产和转让旧房。转让新建房产是指纳税人取得了国有土地使用权，并进行房产开发后出售房产，土地使用权一并随之转让。

转让旧房也属于土地增值税征收范围。凡是已使用一定时间或达到一定磨损程度的房产均属于旧房。使用时间和磨损程度标准可由各省、自治区、直辖市财政部门和税务部门具体规定。

上述两种情况既发生了产权转让又取得了收入，属于土地增值税征税范围。

（二）征税范围的特殊规定

1. 合作建房。

对于一方出土地，一方出资金，双方合作建房，建成后分房自用的，暂免征收土地增值税；建成后转让的，应征收土地增值税。

2. 房地产抵押。

在抵押期间不征收土地增值税。待抵押期满后，视该房地产是否转移产权来确定是否征收土地增值税。以房地产抵债而发生房地产产权转让的，属于土地增值税的征税范围。

3. 房地产出租。

房地产出租，出租人虽然取得了收入，但没有发生房产产权、土地使用权的转让，不属于土地增值税的征税范围。

4. 房地产评估增值。

虽然房地产在评估过程中增值，但是并没有发生房地产权属的转让，不属于土地增值税的征税范围。

5. 国家收回国有土地使用权、征收地上建筑物及附着物。

国家收回或征收的房地产，虽然发生了权属的变更，原房地产所有人也取得了收入，但按照《中华人民共和国土地增值税暂行条例》的有关规定，免征土地增值税。

6. 房地产的代建房行为。

对于房地产开发公司而言，虽然取得了收入，但没有发生房地产权属的转移，其收入属于劳务收入性质，故不属于土地增值税的征税范围。

7. 房地产的继承。

这种行为虽然发生了房地产的权属变更，但作为房产产权、土地使用权的原所有人（即被继承人）并没有因为权属变更而取得任何收入。因此，这种房地产的继承不属于土地增值税的征税范围。

8. 房地产的赠与。

房地产的赠与虽发生了房地产的权属变更，但作为房产所有人、土地使用权的所有人并没有因为权属的转让而取得任何收入。因此，房地产的赠与不属于土地增值税的征税范围。但是，不征收土地增值税的房地产赠与行为只包括以下两种情况：

（1）房产所有人、土地使用权所有人将房屋产权、土地使用权赠与直系亲属或承担直接赡养义务人的行为。

（2）房产所有人、土地使用权所有人通过中国境内非营利的社会团体、国家机关将房屋产权、土地使用权赠与教育、民政和其他社会福利、公益事业的行为。

二、税率

土地增值税采用四级超率累进税率（见表 14 - 1）。其中，最低税率为 30%，最高税率为 60%。

表 14 - 1　　　　　　　土地增值税四级超率累进税率

级次	增值额与扣除项目金额的比率	税率（%）	速算扣除系数（%）
1	未超过 50% 的部分	30	0
2	超过 50% 未超过 100% 的部分	40	5
3	超过 100% 未超过 200% 的部分	50	15
4	超过 200% 的部分	60	35

资料来源：《中华人民共和国土地增值税暂行条例》。

第四节　计税依据

土地增值税的计税依据是转让房地产所取得的增值额。转让房地产的增值额，是转让房地产的收入减除税法规定的扣除项目金额后的余额。土地增值额的大小，取决于转让房地产的收入额和扣除项目金额两个因素。

一、收入额的确定

根据《中华人民共和国土地增值税暂行条例》及其实施细则的规定，纳税人转让房地产所取得的收入，是指转让房地产的全部价款及有关的经济收益，包括货币收入、实物收入和其他收入在内的全部价款及有关的经济利益。营改增后，纳税人转让房地产的土地增值税应税收入为不含增值税的收入。

14 - 3　具体收入项目

二、扣除项目及其金额

在确定房地产转让的增值额时，允许从房地产转让收入总额中扣

除国家规定的各项扣除项目金额。

土地增值税以纳税人房地产成本核算的最基本核算项目或核算对象为单位计算。

税法规定，准予纳税人从转让收入额中减除的扣除项目包括以下几项：

（一）取得土地使用权所支付的金额

取得土地使用权所支付的金额，是指纳税人为取得土地使用权所支付的地价款和按国家统一规定交纳的有关费用。

（二）房地产开发成本

房地产开发成本是开发土地和新建房及配套设施的成本简称，是指纳税人开发房地产项目实际发生的成本，这些成本允许按实际发生数扣除。包括土地征用及拆迁补偿费、前期工程费、建筑安装工程费、基础设施费、公共配套设施费、开发间接费用。

（三）房地产开发费用

房地产开发费用是开发土地和新建房及配套设施的费用简称，是指与房地产开发项目有关的销售费用、管理费用、财务费用。根据现行财务制度的规定，这些费用作为与房地产开发有关的期间费用直接计入当年损益，不完全按房地产项目进行归集或分摊。

（四）与转让房地产有关的税金

与转让房地产有关的税金，是指在转让房地产时缴纳的城市维护建设税、印花税。因转让房地产缴纳的教育费附加也可视同税金予以扣除。

（五）财政部确定的其他扣除项目

对从事房地产开发的纳税人，允许按取得土地使用权时所支付的金额和房地产开发成本之和，加计20%扣除。

（六）旧房及建筑物的评估价格

旧房及建筑物的评估价格，是指转让已使用过的房屋及建筑物时，由政府批准设立的房地产评估机构评定的重置成本价乘以成新度折扣率后的价格。评估价格须经当地税务机关确认。

旧房及建筑物的评估价格＝重置成本价×成新度折扣率

14－4　扣除项目具体规定

14－5　普通标准住宅的具体规定

14－6　企业改制重组的税收优惠

第五节　税收优惠

一、转让普通标准住宅，转让旧房作为改造安置住房、公租房、保障性住房的税收优惠

1. 纳税人建造普通标准住宅出售，增值额未超过扣除项目金额之和 20%（含 20%）的，免征土地增值税；增值额超过扣除项目金额之和 20% 的，应就其全部增值额按规定计税（包括未超过扣除项目金额 20% 的部分）。

2. 企事业单位、社会团体以及其他组织转让旧房作为改造安置住房房源且增值额未超过扣除项目金额 20% 的，免征土地增值税。

3. 对企事业单位、社会团体以及其他组织转让旧房作为公租房房源，且增值额未超过扣除项目金额 20% 的，免征土地增值税。该项优惠政策执行至 2025 年 12 月 31 日。

4. 自 2023 年 10 月 1 日起，企事业单位、社会团体以及其他组织转让旧房作为保障性住房房源且增值额未超过扣除项目金额 20% 的，免征土地增值税。

5. 对个人销售住房暂免征收土地增值税。

二、国家征收、收回的房地产的税收优惠

1. 因国家建设需要依法征收、收回的房地产，免征土地增值税。

2. 因城市实施规划、国家建设的需要而搬迁，由纳税人自行转让原房地产的，免征土地增值税。

第六节　应纳税额的计算

土地增值税按照纳税人转让房地产所取得的增值额和规定的税率计算征收。计算的基本原理和方法是：首先以转让房地产的总收入减除扣除项目金额，求得增值额；其次将增值额同扣除项目金额相比，其比值即为土地增值率；最后根据土地增值率的高低确定适用税率，按照超率累进税率的计算原理计算应纳税额。

一、增值额的确定

确定增值额是计算土地增值税的基础。核算增值额需要有准确的房地产转让收入和扣除项目金额。

14 - 7 增值额的确定

增值额 = 转让房地产取得的收入 - 扣除项目金额

二、应纳税额的计算

土地增值税以纳税人转让房地产取得的增值额为计税依据，按照规定的超率累进税率计算征收。应纳土地增值税税额可按增值额乘以适用的税率减去扣除项目金额乘以速算扣除系数的简便方法计算。

土地增值税税额 = 增值额 × 适用税率 - 扣除项目金额 × 速算扣除系数

增值额 = 收入额 - 扣除项目金额

增值率 = 增值额 ÷ 扣除项目金额 × 100%

根据增值率不同，土地增值税计算具体公式如下：

1. 增值额未超过扣除项目金额 50%。

土地增值税税额 = 增值额 × 30%

2. 增值额超过扣除项目金额 50% 未超过 100%。

土地增值税税额 = 增值额 × 40% - 扣除项目金额 × 5%

3. 增值额超过扣除项目金额 100% 未超过 200%。

土地增值税税额 = 增值额 × 50% - 扣除项目金额 × 15%

4. 增值额超过扣除项目金额 200%。

土地增值税税额 = 增值额 × 60% - 扣除项目金额 × 35%

【例 14 - 1】2023 年某房地产开发公司出售一幢已竣工验收的写字楼，应税收入总额为 10 000 万元。开发该写字楼有关支出为：支付地价款及各种费用 1 000 万元；房地产开发成本 3 000 万元；财务费用中的利息支出为 500 万元（可按转让项目计算分摊并提供金融机构证明），但其中有 50 万元属加罚的利息；转让环节缴纳的有关税费共计 555 万元；该单位所在地政府规定的其他房地产开发费用计算扣除比例为 5%。请计算该房地产开发公司出售该写字楼应缴纳的土地增值税税额。

（1）取得土地使用权支付的地价款及有关费用为 1 000 万元。

（2）房地产开发成本为 3 000 万元。

（3）房地产开发费用 = 500 - 50 + （1 000 + 3000）× 5% = 650（万元）

（4）允许扣除的税费为 555 万元。

（5）从事房地产开发的纳税人加计扣除 20%。

加计扣除额 = (1 000 + 3 000) × 20% = 800（万元）

(6) 扣除项目金额 = 1 000 + 3 000 + 650 + 555 + 800 = 6 005（万元）

(7) 增值额 = 10 000 - 6 005 = 3 995（万元）

(8) 增值率 = 3 995 ÷ 6 005 × 100% = 66.53%

(9) 应纳税额 = 3 995 × 40% - 6 005 × 5% = 1 297.75（万元）

第七节　征收管理

一、预征土地增值税

根据《中华人民共和国土地增值税暂行条例实施细则》的规定，对纳税人在项目全部竣工结算前转让房地产取得的收入可以预征土地增值税。具体办法由各省、自治区、直辖市税务局根据当地情况制定。因此，对纳税人预售房地产所取得的收入，当地税务机关规定预征土地增值税的，纳税人应当到主管税务机关办理纳税申报，并按规定比例预交，待办理决算后，多退少补；当地税务机关规定不预征土地增值税的，也应在取得收入时先到税务机关登记或备案。

二、纳税申报

纳税人在转让房地产合同签订后的 7 日内，到房地产所在地主管税务机关办理纳税申报，并向税务机关提交房屋及建筑物产权、土地使用权证书，土地转让、房产买卖合同，房地产评估报告及其他与转让房地产有关的资料。

纳税人因经常发生房地产转让而难以在每次转让后申报的，可以定期进行纳税申报，具体期限由税务机关根据情况确定。

三、纳税地点

土地增值税的纳税人应向房地产所在地主管税务机关办理纳税申报，并在税务机关核定的期限内缴纳土地增值税。房地产所在地，是指房地产的坐落地。纳税人转让房地产坐落在两个或两个以上地区的，应按房地产所在地分别申报纳税。

【本 章 小 结】

土地增值税是综合性和被综合性都很强的一个税种——其计算过程涉及增值税、城建税、耕地占用税、契税、印花税等多个税种，具有综合性；土地增值税也是企业所得税税前可以扣除的税种，使其具有被综合性。因此，本节学习要注意土地增值税与其他税种的关系。土地增值税的重点内容包括：（1）土地增值税征税范围；（2）土地增值税转让房地产收入的确定；（3）土地增值税计算过程中的各项扣除；（4）土地增值税清算的条件、清算的计算；（5）土地增值税与其他税种的混合计算。

【本章重要术语】

转让国有土地使用权　增值额　房地产开发成本　房地产开发费用

14 -8　视野拓展

第十五章
车辆购置税

【学习目标】

知识目标：掌握车辆购置税的基本概念、征税对象、税率及计税依据，理解车辆购置税的征收范围、税收优惠政策和申报流程。

能力目标：具备计算车辆购置税应纳税额的能力，能够分析车辆购置税的税收优惠政策的适用范围。

育人目标：通过对车辆购置税的税收优惠政策的学习，培养法治意识和社会责任感，强化税收是国家宏观调控手段的认识，培养遵纪守法、诚实守信的良好品质。

第一节　车辆购置税概述

一、概念与特点

车辆购置税以在中国境内购置规定车辆为课税对象、在特定的环节向车辆购置者征收的一种税。就其性质而言，属于直接税的范畴。总体来说，车辆购置税具有以下特点。

1. 征收范围单一。

车辆购置税以购置的特定车辆为课税对象，而不是对所有的财产或消费财产征税，范围窄。

2. 征收环节单一。

车辆购置税实行一次性课征制，它只在进入消费领域的特定环节征收。购置已征车辆购置税的车辆，不再征收车辆购置税。

3. 税率单一。

车辆购置税只确定一个统一比例税率征收，便于征收，计征简便。

4. 征税具有特定目的。

车辆购置税具有专门用途，由中央财政根据国家交通建设投资计划统筹安排。

5. 价外征收，不转嫁税负。

车辆购置税是价外税、直接税，由车辆购置者自行负担，税负不转嫁。

二、作用

征收车辆购置税有利于合理筹集财政资金，优化资源分配，规范政府行为，调节收入极差，也有利于配合打击车辆走私和维护国家权益，促进交通基础设施建设事业的健康发展。

第二节　纳税人、征税范围与税率

一、纳税义务人

车辆购置税的纳税人是指在中华人民共和国境内购置汽车、有轨电车、汽车挂车、排气量超过150毫升的摩托车（以下统称应税车辆）的单位和个人。其中，购置是指以购买、进口、自产、受赠、获奖或者其他方式取得并自用应税车辆的行为。车辆购置税实行一次性征收。购置已征车辆购置税的车辆，不再征收车辆购置税。

二、征税范围与计税依据

（一）征税范围

车辆购置税以列举的车辆作为征税对象，未列举的车辆不纳税。其征税范围包括汽车、有轨电车、汽车挂车、排气量超过150毫升的摩托车。

地铁、轻轨等城市轨道交通车辆，装载机、平地机、挖掘机、推土机等轮式专用机械车，以及起重机（吊车）、叉车、电动摩托车，不属于应税车辆。

纳税人进口自用应税车辆，是指纳税人直接从境外进口或者委托代理进口自用的应税车辆，不包括在境内购买的进口车辆。

299

（二）计税依据

车辆购置税以应税车辆为征税对象，实行从价定率，价外征收的方法计算应纳税额，应税车辆的价格（不含税）即计税价格根据不同情况，按照下列规定确定：

1. 纳税人购买自用的应税车辆的计税价格，为纳税人购买应税车辆而支付给销售者的全部价款和价外费用，不包括增值税税款。

计税价格＝含增值税的销售价格÷（1＋增值税税率或征收率）

或者：不含税价＝（全部价款＋价外费用）÷（1＋增值税税率或征收率）

2. 纳税人进口自用的应税车辆的计税价格的计算公式为：

计税价格＝关税完税价格＋关税＋消费税

或者：组成计税价格＝（关税完税价格＋关税）÷（1－消费税税率）

进口自用的应税车辆，是指纳税人直接从境外进口或委托代理进口自用的应税车辆，即非贸易方式进口自用的应税车辆。

3. 纳税人自产自用应税车辆的计税价格，按照纳税人生产的同类应税车辆（即车辆配置序列号相同的车辆）的销售价格确定，不包括增值税税款。没有同类应税车辆销售价格的，按照组成计税价格确定。组成计税价格的计算公式为：

组成计税价格＝成本×（1＋成本利润率）

属于应征消费税的应税车辆，其组成计税价格中应加计消费税税额。

上述公式中的成本利润率，由国家税务总局各省、自治区、直辖市和计划单列市税务局确定。

4. 纳税人以受赠、获奖或者其他方式取得自用应税车辆的，计税价格按照购置应税车辆时相关凭证载明的价格确定，不包括增值税税款。

三、税率

我国车辆购置税实行统一比例税率，税率为 10%。车辆购置税税率的调整，由国务院决定并公布。

第三节　应纳税额计算与减免税收政策

一、应纳税额的计算

我国车辆购置税实行从价定率的办法计算应纳税额。应纳税额的计算公式为：

$$应纳税额 = 计税依据 × 税率$$

由于应税车辆的来源、应税行为的发生以及计税依据组成的不同，因而，车辆购置税应纳税额的计算方法也有区别。

（一）购买自用应税车辆应纳税额的计算

纳税人购买自用的应税车辆的计税价格，为纳税人实际支付给销售者的全部价款，不包括增值税税款。

【例15-1】2024年12月，李丽从某汽车销售公司购买了一辆小汽车供自己使用，支付了含增值税税款在内的款项共计232 780元，所支付的款项由该汽车公司开具"机动车销售统一发票"。请计算李丽的车辆购置税应纳税额。

计税价格 = 232 780 ÷ (1 + 13%) = 206 000（元）

应纳税额 = 206 000 × 10% = 20 600（元）

（二）进口自用应税车辆应纳税额的计算

纳税人进口自用的应税车辆应纳税额的计算公式为：

$$应纳税额 = (关税完税价格 + 关税 + 消费税) × 税率$$

【例15-2】某外贸进出口公司2024年11月从国外进口10辆某公司生产的某型号小轿车。该公司报关进口这批小轿车时，经报关地海关对有关报关资料的审查，确定关税完税价格为每辆185 000元人民币，海关按关税政策规定每辆征收了关税46 200元，并按消费税、增值税有关规定分别代征了每辆小轿车的进口消费税40 800元和增值税35 360元。由于联系业务需要，该公司将一辆小轿车留在本单位使用。根据以上资料，计算应纳车辆购置税。

（1）计税依据 = 185 000 + 46 200 + 40 800 = 272 000（元）

（2）应按税额 = 272 000 × 10% = 27 200（元）

（三）其他自用应税车辆应纳税额的计算

纳税人自产自用应税车辆的计税价格，按照纳税人生产的同类应税车辆的销售价格确定，不包括增值税税款。

纳税人以受赠、获奖或者其他方式取得自用应税车辆的计税价格，按照购置应税车辆时相关凭证载明的价格确定，不包括增值税税款。

【例15-3】某汽车制造公司将自产的一辆小客车用于本厂后勤服务，该厂在办理车辆上牌落籍前，出具的该车的发票上注明的金额为80 000元。计算该车应纳车辆购置税。

应纳税额 = 80 000 × 10% = 8 000（元）

（四）已办理减免税手续的车辆因转让、改变用途等不再属于减免税范围的，应纳税额按以下规定执行

1. 发生转让行为的，受让人为车辆购置税纳税人；未发生转让行为的，车辆所有人为车辆购置税纳税人。

2. 纳税义务发生时间为车辆转让或改变用途等情形发生之日。

3. 应纳税额计算公式为：

$$应纳税额 = 初次办理纳税申报时确定的计税价格 \times \left(1 - \frac{使用年限}{} \times 10\%\right) \times 10\% - 已纳税额$$

应纳税额不得为负数。使用年限取整计算，不满一年的不计算在内。

二、税收优惠

（一）基本优惠

车辆购置税的免税、减税，按照下列规定执行：

1. 外国驻华使馆、领事馆和国际组织驻华机构及其外交人员自用的车辆免税。

2. 中国人民解放军和中国人民武装警察部队列入军队武器装备订货计划的车辆免税。

3. 悬挂应急救援专用号牌的国家综合性消防救援车辆。

4. 设有固定装置的非运输专用作业车辆。

5. 城市公交企业购置的公共汽电车辆。

（二）特殊优惠

根据国民经济和社会发展的需要，国务院可以规定减征或者其他免征车辆购置税的情形，报全国人民代表大会常务委员会备案。目前主要有以下几种。

1. 防汛部门和森林消防等部门购置的由指定厂家生产的指定型号的用于指挥、检查、调度、防汛（警）、联络的专用车辆。

2. 回国服务的在外留学人员用现汇购买的 1 辆自用国产小汽车。

3. 长期来华定居专家进口 1 辆自用小汽车。

4. 农用三轮车免征车辆购置税。

5. 中国妇女发展基金会"母亲健康快车"项目的流动医疗车免征车辆购置税。

6. 原公安现役部队和原武警黄金、森林、水电部队改制后换发地方机动车牌证的车辆（公安消防、武警森林部队执行灭火救援任务的车辆除外），一次性免征车辆购置税。

7. 对购置日期在 2024 年 1 月 1 日至 2025 年 12 月 31 日期间的新能源汽车免征车辆购置税，其中，每辆新能源乘用车免税额不超过 3 万元；对购置日期在 2026 年 1 月 1 日至 2027 年 12 月 31 日期间的新能源汽车减半征收车辆购置税，其中，每辆新能源乘用车减税额不超过 1.5 万元。

8. 自 2018 年 7 月 1 日至 2027 年 12 月 31 日，对购置挂车减半征收车辆购置税。

15-1 车辆购置税的征收管理

【本 章 小 结】

本章对车辆购置税的基本概念、纳税人、征税范围、税率、应纳税额的计算以及税收优惠等方面进行了系统的介绍。

首先，需要明确车辆购置税的概念、特点及其在经济和社会中的作用。车辆购置税是对境内购置规定车辆的单位和个人征收的一种税收，具有特定性、一次性等特点，对于调节消费行为、促进汽车产业健康发展、筹集财政收入等方面具有重要意义。其次，要掌握车辆购置税的纳税人、征税范围与税率，明确计税依据与不同购置方式下的应纳税额的计算。最后，还要了解车辆购置税的税收优惠政策，包括对特定类型车辆如新能源汽车的减免税措施，这些政策旨在支持节能减排、鼓励企业技术创新等。

学习车辆购置税，要体会国家的税收政策对促进合理消费的积极作用。在今后的生活和工作中，我们应积极履行纳税义务，合理利用税收优惠政策，为国家的经济发展和社会进步贡献自己的力量。

【本 章 重 要 术 语】

应税车辆　新能源乘用车

15-2 视野拓展

第十六章
车 船 税 和 船 舶 吨 税

【学 习 目 标】

知识目标：通过学习车船税和船舶吨税法，掌握车船税和船舶吨税的基本概念、征税对象、税率、计税依据以及税收优惠政策。

能力目标：通过学习车船税和船舶吨税法，培养学生运用车船税和船舶吨税法规解决实际问题的能力，包括正确计算应纳税额、处理车船税和船舶吨税申报等。

育人目标：通过学习车船税和船舶吨税法，培养学生的税收法治意识和社会责任感，使其认识到依法纳税的重要性，以及车船税和船舶吨税在调节社会资源和保护环境方面的作用。

第一节 车 船 税

车船税法，是指国家制定的用以调整车船税征收与缴纳权利及义务关系的法律规范。现行车船税法的基本规范，是 2011 年 2 月 25 日由中华人民共和国第十一届全国人民代表大会常务委员会第十九次会议通过的《中华人民共和国车船税法》（以下简称《车船税法》），自 2012 年 1 月 1 日起施行；后根据 2019 年 4 月 23 日第十三届全国人民代表大会常务委员会第十次会议通过的《关于修改〈中华人民共和国建筑法〉等八部法律的决定》修正。

车船税是以车船为征税对象，向拥有车船的单位和个人征收的一种税。征收车船税有利于为地方政府筹集财政资金，有利于车船的管理和合理配置，也有利于调节财富差异。

一、纳税义务人、征税范围、计税依据

（一）纳税义务人

车船税的纳税义务人，是指在中华人民共和国境内，车辆、船舶的所有人或者管理人，即在我国境内拥有属于《车船税税目税额表》规定的车辆、船舶的单位和个人。单位是指行政机关、事业单位、社会团体以及各类企业；个人是指我国境内的居民和外籍个人。

（二）征税范围

车船税的征税范围为《车船税税目税额表》规定的车辆、船舶。其中，车辆分为商用车客车，商用车货车，挂车，专业作业车，轮式专用机械车，摩托车；船舶分为机动船舶（拖船、非机动驳船）和游艇。

（三）计税依据

按照车船的种类，车船税采用辆、净吨位、整备质量、艇身长度四种计税依据。

1. 乘用车、商用车客车、摩托车的计税依据为辆。

2. 商用车货车、专用作业车、轮式专用机械车的计税依据为整备质量的吨数。

3. 机动船舶、拖船、非机动驳船的计税依据为净吨位数。

4. 游艇的计税依据为艇身长度每米。

二、税目和税率

车船税实行定额税率。定额税率，也称固定税额，是税率的一种特殊形式。定额税率计算简便，是适宜从量计征的税种。车船税的适用税额，依照《车船税法》所附的《车船税税目税额表》执行。

车辆的具体适用税额由省、自治区、直辖市人民政府依照《车船税法》所附《车船税税目税额表》规定的税额幅度和国务院的规定确定。

（一）税目

1. 乘用车，是指在设计和技术特性上主要用于载运乘客及随身行李，核定载客人数包括驾驶员在内不超过 9 人的汽车。

2. 商用车，是指除乘用车外，在设计和技术特性上用于载运乘客、货物的汽车，划分为客车和货车。

3. 半挂牵引车，是指装备有特殊装置用于牵引半挂车的商用车。

4. 三轮汽车，是指最高设计车速不超过每小时 50 公里，具有三个车轮的货车。

5. 低速载货汽车，是指以柴油机为动力，最高设计车速不超过每小时 70 公里，具有四个车轮的货车。

6. 挂车，是指就其设计和技术特性需由汽车或者拖拉机牵引，才能正常使用的一种无动力的道路车辆。

7. 专用作业车，是指在其设计和技术特性上用于特殊工作的车辆。

8. 轮式专用机械车，是指有特殊结构和专门功能，装有橡胶车轮可以自行行驶，最高设计车速大于每小时 20 公里的轮式工程机械车。

9. 摩托车，是指无论采用何种驱动方式，最高设计车速大于每小时 50 公里，或者使用内燃机，其排量大于 50 毫升的两轮或者三轮车辆。

10. 船舶，是指各类机动、非机动船舶以及其他水上移动装置，但是船舶上装备的救生艇筏和长度小于 5 米的艇筏除外。其中，机动船舶是指用机器推进的船舶；拖船是指专门用于拖（推）动运输船舶的专业作业船舶；非机动驳船，是指在船舶登记管理部门登记为驳船的非机动船舶；游艇是指具备内置机械推进动力装置，长度在 90 米以下，主要用于游览观光、休闲娱乐、水上体育运动等活动，并应当具有船舶检验证书和适航证书的船舶。

（二）税率

车船税采用定额税率，即对征税的车船规定单位固定税额。由于车辆与船舶的行驶情况不同，车船税的税额也有所不同。车辆的具体适用税率由省、自治区、直辖市人民政府依照车船税法所附《车船税税目税额表》规定的税额幅度和国务院的规定确定。船舶的具体适用税额由国务院在车船税法所附《车船税税目税率表》规定的税额幅度内确定，见表 16 - 1。

表 16 - 1　　　　　　　　　　车船税税目税额表

项目	税目	计税单位	年基准税额（元）	备注
乘用车〔按发动机汽缸容量（排气量）分档〕	1.0 升（含）以下的	每辆	60 ~ 360	核定载客人数 9 人（含）以下
	1.0 升以上至 1.6 升（含）的		300 ~ 540	
	1.6 升以上至 2.0 升（含）的		360 ~ 660	
	2.0 升以上至 2.5 升（含）的		660 ~ 1 200	
	2.5 升以上至 3.0 升（含）的		1 200 ~ 2 400	
	3.0 升以上至 4.0 升（含）的		2 400 ~ 3 600	
	4.0 升以上的		3 600 ~ 5 400	

续表

项目	税目	计税单位	年基准税额（元）	备注
商用车	客车	每辆	480～1 440	核定载客人数9人以上，包括电车
	货车	整备质量每吨	16～120	1. 包括半挂牵引车、三轮汽车和低速载货汽车等 2. 挂车按照货车税额的50%计算
摩托车		每辆	36～180	
船舶	机动船舶	净吨位每吨	3～6	拖船、非机动驳船分别按照机动船舶税额的50%计算
	游艇	艇身长度每米	600～2 000	游艇的规定另行规定

1. 机动船舶具体适用税额：

（1）净吨位不超过200吨的，每吨3元。

（2）净吨位超过200吨但不超过2 000吨的，每吨4元。

（3）净吨位超过2 000吨但不超过10 000吨的，每吨5元。

（4）净吨位超过10 000吨的，每吨6元。

（5）拖船按照发动机功率每1千瓦折合净吨位0.67吨计算征收车船税。

2. 游艇具体适用税额：

（1）艇身长度不超过10米的，每米600元。

（2）艇身长度超过10米但不超过18米的，每米900元。

（3）艇身长度超过18米但不超过30米的，每米1 300元。

（4）艇身长度超过30米的，每米2 000元。

（5）辅助动力帆艇，每米600元。

三、应纳税额的计算

纳税人按照纳税地点所在的省、自治区、直辖市人民政府确定的具体适用税额缴纳车船税。车船税由税务机关负责征收。

1. 购置的新车船，购置当年的应纳税额自纳税义务发生的当月起按月计算。计算公式为：

应纳税额 =（年应纳税额 ÷ 12）× 应纳税月份数

应纳税月份数 = 12 - 纳税义务发生时间（取月份）+ 1

2. 在一个纳税年度内，已完税的车船被盗抢、报废、灭失的，纳税人可以凭有关管理机关出具的证明和完税证明，向纳税所在地的主管税务机关申请退还自被盗抢、报废、灭失月份起至该纳税年度终了期间的税款。

3. 已办理退税的被盗抢车船，失而复得的，纳税人应当从公安机关出具相关证明的当月起计算缴纳车船税。

4. 已缴纳车船税的车船在同一纳税年度内办理转让过户的，不另纳税，也不退税。

5. 已经缴纳车船税的车船，因质量原因，车船被退回生产企业或者经销商的，纳税人可以向纳税所在地的主管税务机关申请退还自退货月份起至该纳税年度终了期间的税款。退货月份以退货发票所载日期的当月为准。

【例 16 - 1】某运输公司拥有载货汽车 30 辆（货车整备质量全部为 10 吨）；乘人大客车 20 辆；小客车 10 辆。计算该公司应纳车船税。（注：载货汽车每吨年税额 80 元，乘人大客车每辆年税额 800 元，小客车每辆年税额 700 元）

（1）载货汽车应纳税额 = 30 × 10 × 80 = 24 000（元）

（2）乘人汽车应纳税额 = 20 × 800 + 10 × 700 = 23 000（元）

全年应纳车船税税额 = 24 000 + 23 000 = 47 000（元）

四、税收优惠

（一）法定减免

1. 捕捞、养殖渔船。

2. 军队、武装警察部队专用的车船。

3. 警用车船。

4. 依照法律规定应当予以免税的外国驻华使领馆、国际组织驻华代表机构及其有关人员的车船。

5. 省、自治区、直辖市人民政府根据当地实际情况，可以对公共交通车船，农村居民拥有并主要在农村地区使用的摩托车、三轮汽车和低速载货汽车定期减征或者免征车船税。

6. 对节约能源车船，减半征收车船税。对使用新能源车船，免征车船税。符合上述标准的节能、新能源汽车，由工业和信息化部、税务总局不定期联合发布《享受车船税减免优惠的节约能源使用新能源汽车车型目录》予以公告。

（二）特定减免

1. 临时入境的外国车船和香港特别行政区、澳门特别行政区、台湾地区的车船，不征收车船税。

2. 按照规定缴纳船舶吨税的机动船舶，自《车船税法》实施之日起5年内免征车船税。

3. 依法不需要在车船登记管理部门登记的机场、港口、铁路站场内部行驶或者作业的车船，自《车船税法》实施之日起5年内免征车船税。

4. 按照规定缴纳船舶吨税的机动船舶，自车船税法实施之日（2012年1月1日起施行）起5年内免征车船税，即在2017年1月1日之前免征车船税。

5. 在一个纳税年度内，已完税的车船被盗抢、报废、灭失的，纳税人可以凭有关管理机关出具的证明和完税凭证，向纳税所在地的主管税务机关申请退还自被盗抢、报废、灭失月份起至该纳税年度终了期间的税款。

五、税收征管

（一）纳税期限

车船税纳税期限是车船税纳税义务发生时间为取得车船所有权或者管理权的当月。购置的新机动车，购置当年的应纳税款从购买日期的当月起至该年度终了按月计算。对于在国内购买的机动车，购买日期以《机动车销售统一发票》所载日期为准；对于进口机动车，购买日期以《海关关税专用缴款书》所载日期为准。

（二）纳税地点

1. 车船税的纳税地点为车船的登记地或者车船税扣缴义务人所在地。依法不需要办理登记的车船，其车船税的纳税地点为车船的所有人或者管理人所在地。

2. 扣缴义务人代收代缴车船税的，纳税地点为扣缴义务人所在地。

3. 纳税人自行申报缴纳车船税的，纳税地点为车船登记地的主管税务机关所在地。

4. 依法不需要办理登记的车船，纳税地点为车船所有人或者管理人主管税务机关所在地。

（三）纳税申报

车船税按年申报，分月计算，一次性缴纳。纳税年度为公历1月

1 日至 12 月 31 日。车船税按年申报缴纳。具体申报纳税期限由省、自治区、直辖市人民政府规定。

1. 税务机关可以在车船管理部门、车船检验机构的办公场所集中办理车船税征收事宜。

2. 公安机关交通管理部门在办理车辆相关登记和定期检验手续时，对未提交自上次检验后各年度依法纳税或者免税证明的，不予登记，不予发放检验合格标志。

3. 海事部门、船舶检验机构在办理船舶登记检验手续时，对未提交依法纳税或者免税证明，且拒绝扣缴义务人代收代缴车船税的纳税人，不予登记，不予发放检验合格标志。

4. 对于依法不需要购买机动车交通事故责任强制保险的车辆，纳税人应当向主管税务机关申报缴纳车船税。

5. 纳税人在首次购买机动车交通事故责任强制保险时缴纳车船税或者自行申报缴纳车船税的，应当提供购买车票及反映排气量、整备质量、核定载客人数等与纳税相关的信息及其相应凭证。

6. 从事机动车第三者责任强制保险业务的保险机构为机动车车船税的扣缴义务人，应当在收取保险费时依法代收车船税，并出具代收税款凭证。

第二节　船舶吨税

一、船舶吨税的概念

船舶吨税简称吨税，是海关对自境外港口进入境内港口的船舶所征收的一种税。作为一国船舶使用了另一国家的助航设施而向该国缴纳的一种税，船舶吨税专项用于港口建设维护及海上干线公用航标的建设维护。我国船舶吨税的现行征收法律依据是 2017 年 12 月 27 日第十二届全国人民代表大会常务委员会第三十一次会议通过的《中华人民共和国船舶吨税法》（以下简称《船舶吨税法》），自 2018 年 7 月 1 日起施行。

二、船舶吨税的特点

1. 船舶吨税主要是对进出中国港口的国际航行船舶征收；
2. 以船舶的净吨位为计税依据，实行从量定额征收；

3. 对不同的船舶分别适用普通税率或优惠税率；

4. 所征税款主要用于港口建设维护及海上干线公用航标的建设维护。

三、纳税人

属于《船舶吨税法》所附《船舶吨税税目、税率表》规定的应税船舶负责人，为船舶吨税的纳税人，应当依照《船舶吨税法》缴纳船舶吨税。

四、征税范围

自中华人民共和国境外港口进入境内港口的船舶（以下简称应税船舶），应当缴纳船舶吨税。船舶吨税的税目、税率依照《船舶吨税税目、税率表》执行。

五、税率

船舶吨税设置优惠税率和普通税率。中华人民共和国籍的应税船舶，船籍国（地区）与中华人民共和国签订含有相互给予船舶税费最惠国待遇条款的条约或者协定的应税船舶，适用优惠税率。其他应税船舶，适用普通税率。

16－1　船舶吨税税目、税率表

六、减免税优惠

（一）减免税基本优惠

下列船舶免征船舶吨税：

1. 应纳税额在人民币 50 元以下的船舶；

2. 自境外以购买、受赠、继承等方式取得船舶所有权的初次进口到港的空载船舶；

3. 船舶吨税执照期满后 24 小时内不上下客货的船舶；

4. 非机动船舶（不包括非机动驳船），是指自身没有动力装置，依靠外力驱动的船舶；

5. 捕捞、养殖渔船，是指在中华人民共和国渔业船舶管理部门登记为捕捞船或者养殖船的船舶；

6. 避难、防疫隔离、修理、改造、终止运营或者拆解，并不上下客货的船舶；

7. 军队、武装警察部队专用或者征用的船舶；

8. 警用船舶；

9. 依照法律规定应当予以免税的外国驻华使领馆、国际组织驻华代表机构及其有关人员的船舶。

（二）减免税其他优惠

在船舶吨税执照期限内，应税船舶发生下列情形之一的，海关按照实际发生的天数批注延长船舶吨税执照期限：

1. 避难、防疫隔离、修理、改造，并不上下客货；

2. 军队、武装警察部队征用。

七、应纳税额的计算

船舶吨税按照船舶净吨位和船舶吨税执照期限征收，应纳税额按照船舶净吨位乘以适用税率计算。计算公式为：

$$应纳税额 = 船舶净吨位 × 定额税率$$

【例16-2】2024年10月20日，A国某运输公司一艘货轮驶入我国某港口，该货轮净吨位为40 000吨，货轮负责人已向我国该海关领取了吨税执照，在港口停留期限为30天，A国已与我国签订有相互给予船舶税费最惠国待遇条款。请计算该货轮负责人应向我国海关缴纳的船舶吨税。

（1）根据船舶吨税的相关规定，该货轮应享受优惠税率，每净吨位为3.3元。

（2）应缴纳船舶吨税 = 40 000×3.3 = 132 000（元）

16-2　注意事项

八、征收管理

（一）纳税义务发生时间及纳税期限

1. 船舶吨税纳税义务发生时间为应税船舶进入港口的当日。

2. 船舶吨税由海关负责征收。海关征收船舶吨税应当制发缴款凭证。

3. 应税船舶在船舶吨税执照期满后尚未离开港口的，应当申领新的船舶吨税执照，自上一次执照期满的次日起续缴船舶吨税。

4. 应税船舶负责人应当自海关填发船舶吨税缴款凭证之日起15日缴清税款。未按期缴清税款的，自滞纳税款之日起至缴清税款之日止，按日加收滞纳税款0.5%的滞纳金。

（二）纳税担保

应税船舶到达港口前，经海关核准先行申报并办结出入境手续的，应税船舶负责人应当向海关提供与其依法履行船舶吨税缴纳义务相适应的担保；应税船舶到达港口后，向海关申报纳税。下列财产、权利可以用于担保：

1. 人民币、可自由兑换货币；
2. 汇票、本票、支票、债券、存单；
3. 银行、非银行金融机构的保函；
4. 海关依法认可的其他财产、权利。

16-3　其他管理

【本章小结】

本章深入阐述了车船税和船舶吨税的基础知识，包括征税对象、税率及优惠政策。通过本章，学生应能掌握车船税和船舶吨税的计算方法，理解其在促进环保和资源合理配置中的作用，强化依法纳税的意识。

【本章重要术语】

车船税　船舶吨税　应税船舶　减免税基本优惠

16-4　视野拓展

第十七章
印 花 税

【学习目标】

知识目标：通过本章的学习，理解和掌握印花税的纳税人、征税范围、税率及应纳税额计算；熟悉其征收管理。

能力目标：具备准确计算印花税应纳税额的能力。

育人目标：理解现代船舶吨税制是国家采用财税政策促进国家航运贸易发展的重要措施。

第一节 概 述

一、印花税的概念

印花税是对经济活动和经济交往中书立、领受、使用的应税经济凭证所征收的一种税。因纳税人主要是通过在应税凭证上粘贴印花税票来完成纳税义务，故名印花税。

二、印花税的特点

我国现行印花税不论是在性质上，还是在征税方法上，都具有不同于其他税种的特点：

1. 兼有凭证税和行为税性质。
2. 征税范围广泛。
3. 税率低、税负轻。
4. 由纳税人自行完成纳税义务。

17－1 印花税的起源与发展

314

三、印花税的作用

1. 广集财政收入。
2. 促进我国经济法治化建设。
3. 培养公民的依法纳税观念。
4. 维护我国涉外经济权益。
5. 加强对其他税种的监督管理。

17 –2 印花税的
特点与作用

第二节 征税范围、纳税人和税率

一、征税范围

（一）书面合同

1. 借款合同，是指银行金融机构、经国务院银行业监督管理机构批准设立的其他金融机构与借款人（不包括同业拆借）的借款合同。

2. 融资租赁合同，是指出租人根据承租人对出卖人、租赁物的选择，向出卖人购买租赁物，提供给承租人使用，承租人支付租金的合同。

3. 买卖合同，是指动产买卖合同（不包括个人书立的动产买卖合同）。包括供应、预购、采购、购销结合及协作、调剂、补偿、易货等合同；还包括各出版单位与发行单位之间订立的图书、报纸、期刊、音像制品的征订凭证（包括订购单、订数单等）。

4. 承揽合同，是指承揽人按照定做人的要求完成工作，交付工作成果，定做人给付报酬的合同。包括加工、定做、修缮、修理、印刷、广告、测绘、测试等合同。

5. 建设工程合同，是指承包人进行工程建设，发包人支付价款的合同。通常包括建设工程勘察、设计、施工合同。

6. 运输合同，是指货运合同和多式联运合同（不包括管道运输合同）。

7. 技术合同，不包括专利权、专有技术使用权转让书据。

8. 租赁合同，是指出租人将租赁物交给承租人使用，承租人定期向出租人支付约定的租金的合同。包括租赁房屋、船舶、飞机、机动车辆、机械、器具、设备等合同。

9. 保管合同，又称寄托合同、寄存合同，是指双方当事人约定一方将物交付他方保管的合同。保管合同是保管人有偿地或无偿地为寄存人保管物品，并在约定期限内或应寄存人的请求，返还保管物品的合同。

10. 仓储合同，又称仓储保管合同，是保管人储存存货人交付的仓储物，存货人支付仓储费的合同。

11. 财产保险合同，是投保人与保险人约定的以财产及其有关利益为保险标的的协议。包括财产、责任、保证、信用等保险合同，但不包括再保险合同。

（二）产权转移书据

1. 土地使用权出让书据，是指国家将土地使用权在一定年限内出让给土地使用者，由土地使用者向国家支付土地使用权出让金签订的协议或合同。

2. 土地使用权、房屋等建筑物和构筑物所有权转让书据（不包括土地承包经营权和土地经营权转移）。

3. 股权转让书据（不包括应缴纳证券交易印花税的股权转让书据）。

4. 商标专用权、著作权、专利权、专有技术使用权转让书据。

（三）营业账簿

印花税税目中的营业账簿归属于财务会计账簿，是按照财务会计制度的要求设置的，反映生产经营活动的账册。按照营业账簿反映的内容不同，在税目中分为记载资金的账簿（以下简称资金账簿）和其他营业账簿两类。按照《印花税法》规定，目前只对资金账簿反映生产经营单位"实收资本"和"资本公积"的金额征收印花税，对其他营业账簿不征收印花税。

（四）证券交易

证券交易，是指证券持有人依照交易规则，将证券转让给其他投资者的行为。证券交易一般分为两种形式：一种形式是上市交易，是指证券在证券交易所集中交易挂牌买卖。另一种形式是上柜交易，是指公开发行但未达上市标准的证券在证券柜台交易。

二、纳税人

印花税的纳税人，是在中国境内书立应税凭证、进行证券交易，以及在中华人民共和国境外书立在境内使用的应税凭证的单位和个人。其中，书立应税凭证的纳税人，为对应税凭证负有直接权利义务关系的单位和个人。同一应税凭证，凡由两方或两方以上当事人共同书立并各执一份的，原则上其当事人各方都是印花税的纳税人。

印花税的纳税人具体包括立合同人、立据人、立账簿人、证券交易人和使用人。

17-3 印花税的纳税人

三、应税凭证的具体情形

1. 发电厂与电网之间、电网与电网之间书立的购售电合同，应当按买卖合同税目缴纳印花税。

2. 下列情形的凭证，不属于印花税征收范围：

（1）人民法院的生效法律文书，仲裁机构的仲裁文书，监察机关的监察文书；

（2）县级以上人民政府及其所属部门按照行政管理权限征收、收回或者补偿安置房地产书立的合同、协议或者行政类文书；

（3）总公司与分公司、分公司与分公司之间书立的作为执行计划使用的凭证；

（4）电网与用户之间签订的供用电合同；

（5）在融资性售后回租业务中，对承租人、出租人因出售租赁资产及购回租赁资产所签订的合同。

四、税率

现行印花税采用比例税率。比例税率分为 5 档，即 0.05%、0.3%、1%、0.5% 和 0.25%。

以电子形式签订的各类应税凭证均应按规定征收印花税。

印花税税目税率见表 17-1。

表 17-1　　　　　　　　印花税税目税率

税目		税率	备注
合同（指书面合同）	借款合同	借款金额的万分之零点五	指银行业金融机构、经国务院银行业监督管理机构批准设立的其他金融机构与借款人（不包括同业拆借）的借款合同
	融资租赁合同	租金的万分之零点五	
	买卖合同	价款的万分之三	指动产买卖合同（不包括个人书立的动产买卖合同）

续表

税目		税率	备注
合同（指书面合同）	承揽合同	报酬的万分之三	
	建设工程合同	价款的万分之三	
	运输合同	运输费用的万分之三	指货运合同和多式联运合同（不包括管道运输合同）
	技术合同	价款、报酬或者使用费的万分之三	不包括专利权、专有技术使用权转让书据
	租赁合同	租金的千分之一	
	保管合同	保管费的千分之一	
	仓储合同	仓储费的千分之一	
	财产保险合同	保险费的千分之一	不包括再保险合同
产权转移书据	土地使用权出让书据	价款的万分之五	转让包括买卖（出售）、继承、赠与、互换、分割
	土地使用权、房屋等建筑物和构筑物所有权转让书据（不包括土地承包经营权和土地经营权转移）	价款的万分之五	
	股权转让书据（不包括应缴纳证券交易印花税的）	价款的万分之五	
	商标专用权、著作权、专利权、专有技术使用权转让书据	价款的万分之三	
营业账簿		实收资本（股本）、资本公积合计金额的万分之二点五	
证券交易		成交金额的千分之一	

资料来源：《中华人民共和国印花税法》。

第三节　减免税优惠

根据《中华人民共和国印花税法》的规定，下列凭证免征印花税：

1. 应税凭证的副本或者抄本；

2. 依照法律规定应当予以免税的外国驻华使馆、领事馆和国际组织驻华代表机构为获得馆舍书立的应税凭证；

3. 中国人民解放军、中国人民武装警察部队书立的应税凭证；

4. 农民、家庭农场、农民专业合作社、农村集体经济组织、村民委员会购买农业生产资料或者销售农产品书立的买卖合同和农业保险合同；

5. 无息或者贴息借款合同、国际金融组织向中国提供优惠贷款书立的借款合同；

6. 财产所有权人将财产赠与政府、学校、社会福利机构、慈善组织书立的产权转移书据；

7. 非营利性医疗卫生机构采购药品或者卫生材料书立的买卖合同；

8. 个人与电子商务经营者订立的电子订单。

根据国民经济和社会发展的需要，国务院对居民住房需求保障、企业改制重组、破产、支持小型微型企业发展等情形可以规定减征或者免征印花税，报全国人民代表大会常务委员会备案。

第四节 计税依据和应纳税额的计算

一、计税依据

印花税实行从价计征，以凭证所载金额为计税依据。其中应税合同的计税依据，为合同所列的金额，不包括列明的增值税税款。具体规定如下：

1. 借款合同的计税依据为借款金额。

2. 融资租赁合同的计税依据为收取或支付的租金。

3. 买卖合同的计税依据为合同记载的价款，不得做任何扣除。

4. 承揽合同的计税依据是加工或承揽收入的金额。

5. 建设工程合同的计税依据为合同约定的价款。

6. 运输合同的计税依据为取得的运费收入，不包括所运货物的金额、装卸费和保险费等。

7. 技术合同的计税依据为合同所载的价款、报酬、使用费。

8. 租赁合同的计税依据为租金收入。

9. 保管合同的计税依据为收取（支付）的保管费。

10. 仓储合同的计税依据为收取的仓储费。

11. 财产保险合同的计税依据为支付（收取）的保险费，不包括所保财产金额。

12. 产权转移书据的计税依据，为产权转移书据所列的金额，不包括列明的增值税税款。

13. 应税营业账簿，以账簿记载的"实收资本"与"资本公积"两项合计金额为计税依据。

14. 证券交易的计税依据为成交金额。证券交易无转让价格的，按照办理过户登记手续时该证券前一个交易日收盘价计算确定计税依据；无收盘价的，按照证券面值计算确定计税依据。

二、应纳税额的计算

印花税的应纳税额按照计税依据乘以适用税率计算，计算公式为：

应纳税额 = 应税凭证和证券交易计税金额 × 适用税率

【例 17 – 1】假设某股份公司 2024 年 8 月发生如下应税业务：

（1）与 A 公司签订一份买卖合同，销售货物一批不含税金额 300 万元、增值税销项税额 39 万元；

（2）通过竞拍取得一宗土地使用权，受让土地使用权出让书据记载金额 20 000 万元；

（3）将一栋闲置厂房出租给 C 公司使用，双方签订的房屋租赁合同，约定每月不含税租金 10 万元，租期 1 年，合同记载不含税租金 120 万元；

（4）向某银行签订一份借款合同，借款金额 5 000 万元，借款期限 6 个月；

（5）为了扩大经营规模，增加实收资本 3 000 万元。

要求：计算该股份公司 2024 年 8 月应缴纳的印花税（不考虑其他因素）。

（1）销售货物应缴纳印花税 = 300 × 0.03% × 10 000 = 900（元）

（2）受让土地使用权应缴纳印花税 = 20 000 × 0.05% × 10 000 = 100 000（元）

（3）出租厂房应缴纳印花税 = 120 × 0.1% × 10 000 = 1 200（元）

（4）向银行借款应缴纳印花税 = 5 000 × 0.005% × 10 000 = 2 500（元）

（5）增加实收资本应缴纳印花税 = 3 000 × 0.025% × 10 000 = 7 500（元）

该股份公司 2024 年 8 月应缴纳印花税 = 900 + 100 000 + 1 200 + 2 500 + 7 500 = 112 100（元）

三、计算印花税应当注意的问题

1. 同一应税凭证载有两个以上税目事项并分别列明金额的，按照各自适用的税目税率分别计算应纳税额；未分别列明金额的，从高适用税率。

2. 同一应税凭证由两方以上当事人书立的，按照各自涉及的金额分别计算应纳税额。

第五节 征收管理

一、纳税方法

印花税统一实行申报纳税方式，不再采用贴花的纳税方式。证券交易印花税仍按现行规定，采取由证券登记结算机构代扣代缴方式。

二、纳税义务发生时间、期限和纳税地点

（一）纳税义务发生时间

印花税的纳税义务发生时间为纳税人书立应税凭证或者完成证券交易的当日。证券交易印花税扣缴义务发生时间为证券交易完成的当日。

（二）纳税期限

印花税按季、按年或者按次计征。实行按季、按年计征的，纳税人应当自季度、年度终了之日起十五日内申报缴纳税款；实行按次计征的，纳税人应当自纳税义务发生之日起十五日内申报缴纳税款。

（三）纳税地点

纳税人为单位的，应当向其机构所在地的主管税务机关申报缴纳印花税；纳税人为个人的，应当向应税凭证书立地或者纳税人居住地的主管税务机关申报缴纳印花税。

【本章小结】

印花税和契税都与合同凭证相关，但印花税比契税的征税范围广，纳税人、税率和计税规则也存在差异。考生熟悉印花税的纳税

人；注意区分印花税的税目和税率、着重掌握计税依据、税额计算及减税降费的营业账簿优惠政策。

【本章重要术语】

书面合同　产权转移书据　营业账簿　证券交易

17 –4　视野拓展

第十八章
税收征收管理法

【学习目标】

知识目标：通过学习税收征收管理法，掌握税收征收管理法的基本原理和核心内容，包括税收征管的法律框架、征税程序、税务登记、账簿凭证管理、纳税申报以及税款征收与缴纳等关键环节。

能力目标：通过学习税收征收管理法，培养学生运用税收征收管理法解决实际税务问题的能力，包括税务合规性分析、税务风险评估和税务争议处理。

育人目标：通过学习税收征收管理法，培养学生的法治意识和社会责任感，使其认识到依法纳税的重要性，以及在维护国家税收秩序和促进社会公平中的作用。

第一节 概 述

税收征收管理法是有关税收征收管理法律规范的总称，包括税收征收管理法及税收征收管理的有关法律、法规和规章。《中华人民共和国税收征收管理法》（以下简称《税收征收管理法》）第一条对立法目的做了明确规定："为了加强税收征收管理，规范税收征收和缴纳行为，保障国家税收收入，保护纳税人的合法权益，促进经济和社会发展，制定本法。"

一、税收征收管理法的适用范围

《税收征收管理法》第二条规定："凡依法由税务机关征收的各种税收的征收管理，均适用本法。"这就明确界定了《税收征收管理法》的适用范围。

我国税收的征收机关有税务部门和海关部门，税务机关征收各种工商税收，海关征收关税和船舶吨税。《税收征收管理法》只适用于由税务机关征收的各种税收的征收管理。海关征收的关税和船舶吨税及代征的增值税、消费税，适用其他法律、法规的规定。

值得注意的是，目前还有一部分政府收费由税务机关征收，如教育费附加。这些收费不适用《税收征收管理法》，不能采取《税收征收管理法》规定的措施，其具体管理办法由收费的条例和规章决定。

二、税收征收管理法的遵守主体

1. 税务行政主体——税务机关。
2. 税务行政管理相对人——纳税人、扣缴义务人和其他有关单位。

第二节　税务管理

一、税务登记管理

税务登记是税务机关对纳税人的生产、经营活动进行登记并据此对纳税人实施税务管理的一种法定制度。税务登记又称纳税登记，它是税务机关对纳税人实施税收管理的首要环节和基础工作，是征纳双方法律关系成立的依据和证明，也是纳税人必须依法履行的义务。

我国税务登记种类大体包括：设立税务登记；变更、注销税务登记；停业、复业登记；外出经营报验登记。

（一）设立税务登记

企业在外地设立的分支机构和从事生产、经营的场所，个体工商户和从事生产、经营的事业单位（以下统称为从事生产、经营的纳税人），向生产、经营所在地税务机关申报办理税务登记，见表18-1。

表18-1　　　　　税务登记纳税人、登记时限及变更机关

适用纳税人	登记时限	受理的税务机关
从事生产经营的纳税人	（1）领取工商营业执照的，自领取营业执照之日起30日内； （2）未办理工商营业执照但经有关部门批准设立的，应当自有关部门批准设立之日起30日内； （3）未办理工商营业执照也未经有关部门批准设立的，应当自纳税义务发生时间之日起30日内	生产、经营地或者纳税义务发生地主管税务机关

续表

适用纳税人	登记时限	受理的税务机关
从事生产经营的纳税人	（4）有独立的生产经营权、在财务上独立核算并定期向发包人或者出租人上交承包费或租金的承包承租人，应当自承包承租合同签订之日起30日内	其承包承租业务发生地税务机关申报办理税务登记
	（5）境外企业在中国境内承包建筑、安装、装配、勘探工程和提供劳务的，应当自项目合同或协议签订之日起30日内	向项目所在地税务机关申报办理税务登记
其他纳税人	自纳税义务发生之日起30日内	纳税义务发生地主管税务机关
扣缴义务人	自扣缴义务发生之日起30日内	所在地的主管税务机关

税务机关对纳税人税务登记地点发生争议的，由其共同的上级税务机关指定管辖。

纳税人在申报办理税务登记时，应当根据不同情况向税务机关如实提供以下证件和资料：

（1）工商营业执照或其他核准执业证件。

（2）有关合同、章程、协议书。

（3）组织机构统一代码证书。

（4）法定代表人或负责人或业主的居民身份证、护照或者其他合法证件。其他需要提供的有关证件、资料，由省、自治区、直辖市税务机关确定。

纳税人在申报办理税务登记时，应当如实填写《税务登记表》。《税务登记表》的主要内容包括：

（1）单位名称、法定代表人或者业主姓名及其居民身份证、护照或者其他合法证件的号码。

（2）住所、经营地点。

（3）登记类型。

（4）核算方式。

（5）生产经营方式。

（6）生产经营范围。

（7）注册资金（资本）、投资总额。

（8）生产经营期限。

（9）财务负责人、联系电话。

（10）国家税务总局确定的其他有关事项。

纳税人提交的证件和资料齐全且《税务登记表》的填写内容符合规定的，税务机关应当日办理并发放税务登记证件。纳税人提交的证件和资料不齐全或《税务登记表》的填写内容不符合规定的，税务机关应当场通知其补正或重新填报。

税务登记证件的主要内容包括：纳税人名称、税务登记代码、法定代表人或负责人、生产经营地址、登记类型、核算方式、生产经营范围（主营、兼营）、发证日期、证件有效期等。

已办理税务登记的扣缴义务人应当自扣缴义务发生之日起 30 日内，向税务登记地税务机关申报办理扣缴税款登记。税务机关在其税务登记证件上登记扣缴税款事项，税务机关不再发放扣缴税款登记证件。

根据税收法律、行政法规的规定可不办理税务登记的扣缴义务人，应当自扣缴义务发生之日起 30 日内，向机构所在地税务机关申报办理扣缴税款登记。税务机关发放扣缴税款登记证件。

18-1 如何设立税务登记程序

（二）变更、注销税务登记

1. 变更登记。

变更税务登记，是纳税人税务登记内容发生变化时向税务机关申报办理的税务登记手续。

第一种情况，纳税人已在工商行政管理机关办理变更登记的，应当自工商行政管理机关变更登记之日起 30 日内，向原税务登记机关如实提供下列证件、资料，申报办理变更税务登记：

（1）工商登记变更表。

（2）纳税人变更登记内容的有关证明文件。

（3）税务机关发放的原税务登记证件（登记证正、副本和《税务登记表》等）。

（4）其他有关资料。

第二种情况，纳税人按照规定不需要在工商行政管理机关办理变更登记，或者其变更登记的内容与工商登记内容无关的，应当自税务登记内容实际发生变化之日起 30 日内，或者自有关机关批准或者宣布变更之日起 30 日内，持下列证件到原税务登记机关申报办理变更税务登记：

（1）纳税人变更登记内容的有关证明文件。

（2）税务机关发放的原税务登记证件（登记证正、副本和《税务登记表》等）。

（3）其他有关资料。

纳税人提交的有关变更登记的证件、资料齐全的，应如实填写《税务登记变更表》，符合规定的，税务机关应当日办理；不符合规定的，税务机关应通知其补正。

税务机关应当于受理当日办理变更税务登记。纳税人《税务登记表》和《税务登记证》中的内容都发生变更的，税务机关按变更后的内容重新发放税务登记证件；纳税人《税务登记表》的内容发生变更而《税务登记证》中的内容未发生变更的，税务机关不重新发放税务登记证件。

【注意】改变住所和经营地点，只有不涉及主管税务机关变动才能够变更登记，如果涉及主管税务机关的变动，那就需要办理注销登记，然后重新办理开业登记。

2. 注销登记。

注销税务登记，则是指纳税人税务登记内容发生了根本性变化，依法需终止履行纳税义务时向税务机关申报办理的税务登记手续。

注销税务登记的适用范围及时间要求：

（1）纳税人发生解散、破产、撤销以及其他情形，依法终止纳税义务的，应当在向工商行政管理机关或者其他机关办理注销登记前，持有关证件和资料向原税务登记机关申报办理注销税务登记；按规定不需要在工商行政管理机关或者其他机关办理注册登记的，应当自有关机关批准或者宣告终止之日起15日内，持有关证件和资料向原税务登记机关申报办理注销税务登记。

（2）纳税人被工商行政管理机关吊销营业执照或者被其他机关予以撤销登记的，应当自营业执照被吊销或者被撤销登记之日起15日内，向原税务登记机关申报办理注销税务登记。

（3）纳税人因住所、经营地点变动，涉及变更税务登记机关的，应当在向工商行政管理机关或者其他机关申请办理变更、注销登记前，或者住所、经营地点变动前，持有关证件和资料，向原税务登记机关申报办理注销税务登记，并自注销税务登记之日起30日内向迁达地税务机关申报办理税务登记。

（4）境外企业在中国境内承包建筑、安装、装配、勘探工程和提供劳务的，应当在项目完工、离开中国境内前15日内，持有关证件和资料，向原税务登记机关申报办理注销税务登记。

18-2 进一步优化办理企业税务注销程序

（三）停业、复业登记

1. 实行定期定额征收方式的个体工商户需要停业的，应当在停业前向税务机关申报办理停业登记。

2. 纳税人在申报办理停业登记时，应结清应纳税款、滞纳金、罚款。税务机关应收存其税务登记证件、发票领购簿和发票。

3. 纳税人在停业期间发生纳税义务的，应当依法申报缴纳税款。

4. 纳税人应当于恢复生产经营之前，向税务机关申报办理复业登记。

5. 纳税人停业期满不能及时恢复生产经营的，应当在停业期满前到税务机关办理延长停业登记，并如实填写《停业复业报告书》。

6. 纳税人的停业期限不得超过一年。

（四）外出经营报验登记

1. 纳税人跨省税务机关管辖区域经营的，应当在外出生产经营以前，持税务登记证向主管税务机关申请开具《外管证》。

2. 税务机关按照一地一证的原则，核发《外管证》，《外管证》有效期限一般为 30 日，最长不得超过 180 天。但建筑安装行业纳税人项目合同期限超过 180 天的，按照合同期限确定有效期限。

3. 纳税人应当在《外管证》注明地进行生产经营前向当地税务机关报验登记。

4. 纳税人应当在《外管证》有效期届满后 10 日内，办理《外管证》的缴销手续。

二、账簿、凭证管理

账簿是纳税人、扣缴义务人连续地记录其各种经济业务的账册或簿籍。凭证是纳税人用来记录经济业务，明确经济责任，并据以登记账簿的书面证明。账簿、凭证管理是继税务登记之后税收征管的又一重要环节，在税收征管中占有十分重要的地位。

（一）账簿、凭证管理

1. 关于对账簿、凭证设置的管理如表 18 - 2 所示。

表 18 - 2　　　　　　　　账簿、凭证管理

适用的纳税人	具体规定
从事生产经营的纳税人	应自其领取营业执照或发生纳税义务之日起 15 日内设置账簿
扣缴义务人	应当自扣缴义务发生之日起 10 日内，按照所代扣、代收的税种，分别设置代扣代缴、代收代缴税款账簿
生产经营规模小又确无建账能力的纳税人	可以聘请经批准从事会计代理记账业务的专业机构或经税务机关认可的财会人员代为建账和办理账务。聘请上述机构或者人员有实际困难的，经县以上税务机关批准，可以按照税务机关的规定，建立收支凭证粘贴簿、进货销货登记簿或税控装置

2. 对财务会计制度的管理。

（1）备案制度。根据《税收征收管理法》第二十条和《实施细则》第二十四条的有关规定，凡从事生产、经营的纳税人必须将所采用的财务、会计制度和具体的财务、会计处理办法，按税务机关的规定，自领取税务登记证件之日起 15 日内，及时报送主管税务机关

328

备案。

（2）财会制度、办法与税收规定相抵触的处理办法。根据《税收征收管理法》第二十条的有关规定，当从事生产、经营的纳税人、扣缴义务人所使用的财务会计制度和具体的财务、会计处理办法与国务院、财政部和国家税务总局有关税收的规定相抵触时，纳税人、扣缴义务人必须按照国务院制定的税收法规的规定或者财政部、国家税务总局制定的有关税收的规定计缴税款。

3. 关于账簿、凭证的保管。根据《税收征收管理法》第二十四条的有关规定："从事生产经营的纳税人、扣缴义务人必须按照国务院财政、税务主管部门规定的保管期限保管账簿、记账凭证、完税凭证及其他有关资料。账簿、记账凭证、报表、完税凭证及其他有关资料不得伪造、变造或者擅自损毁。"

除另有规定外，根据《实施细则》第二十九条，账簿、记账凭证、报表、完税凭证、发票、出口凭证以及其他有关涉税资料应当保存 10 年。

18 –3　发票管理

（二）税控管理

税控管理是税收征收管理的一个重要组成部分。它是指税务机关利用税控装置对纳税人的生产经营情况进行监督和管理，以保障国家税收收入，防止税款流失，提高税收征管工作效率，降低征收成本的各项活动的总称。

国家根据税收征收管理的需要，积极推广使用税控装置。纳税人应当按照规定安装、使用税控装置，不得损毁或者擅自改变税控装置。不能按照规定安装、使用税控装置，损毁或者擅自改动税控装置的，由税务机关责令限期改正，可以处以 2 000 元以下的罚款；情节严重的，处 2 000 元以上 1 万元以下的罚款。

三、纳税申报管理

（一）纳税申报的基本规定

纳税申报是纳税人按照税法规定的期限和内容，向税务机关提交有关纳税事项书面报告的法律行为，既是纳税人履行纳税义务、税务机关界定纳税人法律责任的主要依据，也是税务机关税收管理信息的主要来源和税务管理的重要制度。

（二）纳税申报的对象、内容和方式

根据《税收征收管理法》第二十五条的规定，纳税申报的对象

为纳税人和扣缴义务人。纳税人在纳税期内没有应纳税款的，也应当按照规定办理纳税申报。纳税人享受减税、免税待遇的，在减税、免税期间应当按照规定办理纳税申报。

纳税申报的内容，主要在各税种的纳税申报表和代扣代缴、代收代缴税款报告表中体现，还可以在随纳税申报表附报的财务报表和有关纳税资料中体现。纳税人和扣缴义务人的纳税申报和代扣代缴、代收代缴税款报告的主要内容包括：税种、税目，应纳税项目或者应代扣代缴、代收代缴税款项目，计税依据，扣除项目及标准，适用税率或者单位税额，应退税项目及税额、应减免税项目及税额，应纳税额或者应代扣代缴、代收代缴税额，以及税款所属期限、延期缴纳税款、欠税、滞纳金等，见表18-3。

表18-3   纳税申报

基本要点	主要规定
纳税申报的主体	包括负有纳税义务的单位和个人（包括在纳税期内没有应纳税款的纳税人、享有减税、免税待遇的纳税人）和扣缴义务人
纳税申报的方式	（1）直接申报
	（2）邮寄申报
	（3）数据电文。数据电文是指经税务机关确定的电话语音、电子数据交换和网络传输等电子方式。除上述方式外，实行定期定额缴纳税款的纳税人，可以实行简易申报、简并征期等申报纳税方式

除上述方式外，实行定期定额缴纳税款的纳税人，可以实行简易申报、简并征期等申报纳税方式。"简易申报"是指实行定期定额缴纳税款的纳税人在法律、行政法规规定的期限内或税务机关依据法律、行政法规的规定确定的期限内缴纳税款的，税务机关可以视同申报；"简并征期"是指实行定期定额缴纳税款的纳税人，经税务机关批准，可以采取将纳税期限合并为按季、半年、年的方式缴纳税款。

（三）延期申报管理

经核准延期办理纳税申报的，应当在纳税期内按照上期实际缴纳的税额或者税务机关核定的税额预缴税款，并在核准的延期内办理纳税结算。

【注意】（1）延期申报不等于延期纳税。

（2）在核准的延期内办理正式申报，并与预缴数相比较办理纳税结算。

第三节　税款征收

一、税款征收的原则

（1）税务机关是征税的唯一行政主体的原则。

（2）税务机关只能依照法律、行政法规的规定征收税款。

（3）税务机关不得违反法律、行政法规的规定开征、停征、多征、少征、提前征收或者延缓征收税款或者摊派税款。

（4）税务机关征收税款必须遵守法定权限和法定程序。

（5）税务机关征收税款或者扣押、查封商品、货物或者其他财产时，必须向纳税人开具完税凭证或开付扣押、查封的收据或清单。

（6）税款、滞纳金、罚款统一由税务机关上缴国库。

（7）税款优先。税款优先原则，具体有三个方面的优先：

①税收优先于无担保债权。

②税款与有担保债权按时间先后论优先级（实际上是平等关系）：纳税人发生欠税在前的，税收优先于抵押权、质权和留置权的执行。

③税收优先于罚款、没收非法所得。

二、税款征收的方式

1. 查账征收——财务会计制度较为健全，认真履行纳税义务的纳税单位。

2. 查定征收——账册不健全，但能控制原材料或进销货的纳税单位。

3. 查验征收——经营品种比较单一，经营地点、时间和商品来源不固定的纳税单位。

4. 定期定额征收——无完整考核依据的小型纳税单位。

5. 委托代征税款——小额、零星税源的征收。

6. 邮寄纳税——有能力按期纳税，但采用其他方式不方便的纳税人。

7. 其他方式。

三、税款征收制度

（一）代扣代缴、代收代缴税款制度

1. 对法律、行政法规没有规定负有代扣、代收税款义务的单位和个人，税务机关不得要求其履行代扣、代收税款义务。

2. 税法规定的扣缴义务人必须依法履行代扣、代收税款义务。如果不履行义务，就要承担法律责任。除了根据相关规定给予处罚外，应当责成扣缴义务人限期将应扣未扣、应收未收的税款补扣或补收。

3. 扣缴义务人依法履行代扣、代收税务义务时，纳税人不得拒绝。纳税人拒绝的，扣缴义务人应当在1日之内报告主管税务机关处理。不及时向主管税务机关报告的，扣缴义务人应承担应扣未扣、应收未收税款的责任。

4. 扣缴义务人代扣、代收税款，只限于法律、行政法规规定的范围，并依据法律、法规规定的征收标准执行。对法律、法规没有规定的，扣缴义务人不能超越范围代扣、代收税款，扣缴义务人也不得提高或降低标准。

5. 税务机关按照规定付给扣缴义务人代扣、代收手续费（只能由县以上税务机关统一办理退库，不得在征收税款过程中坐支）。

（二）延期缴纳税款制度

延期缴纳税款制度的主要内容如表18-4所示。

表18-4　　　　　延期缴纳税款制度

特殊困难的主要内容	因不可抗力，导致纳税人发生较大损失，正常生产经营活动受到较大的影响；当期货币资金在扣除应付职工工资、社会保险费后，不足以缴纳税款的
批准机关	省、自治区、直辖市税务局
期限	最长不得超过3个月，同一笔税款不得滚动审批
滞纳金制度	（1）税务机关应当自收到申请报告之日起20日内作出批准或者不予批准的决定；不予批准的，从缴纳税款期限届满之次日起加收滞纳金（注意这里征收滞纳金开始的时间）。（2）批准延期内免予加收滞纳金

（三）税收滞纳金征收制度

1. 纳税人未按照规定期限缴纳税款的，扣缴义务人未按照规定期限解缴税款的，税务机关除责令限期缴纳外，从滞纳税款之日起，按日加收滞纳税款万分之五的滞纳金。

2. 加收滞纳金的起止时间为法律、行政法规规定或者税务机关依照法律、行政法规的规定确定的税款缴纳期限届满次日起至纳税人、扣缴义务人实际缴纳或者解缴税款之日止。

3. 拒绝缴纳滞纳金的，可以按不履行纳税义务实行强制执行措施，强行划拨或者强制征收。

18-4 税额核定和税收调整制度

（四）税收保全措施

税收保全措施是指税务机关对可能由于纳税人的行为或者某种客观原因，致使以后税款的征收不能保证或难以保证的案件，采取限制纳税人处理或转移商品、货物或其他财产的措施，见表18-5。

18-5 未办理税务登记的从事生产、经营的纳税人，以及临时从事经营纳税人的税款征收制度

表18-5　　　　　　　　税收保全措施的相关规定

适用范围	只适用于从事生产、经营的纳税人。不包括非从事生产、经营的纳税人，也不包括扣缴义务人和纳税担保人
前提	（1）纳税人有逃避纳税义务的行为； （2）必须在规定的纳税期之前和责令限期缴纳应纳税款的限期内（所以税收保全措施是一项预防措施）
法定程序	（1）责令纳税人提前缴纳税款； （2）责成纳税人提供纳税担保； （3）未提供纳税担保的，可采取两种主要形式： ①冻结存款——书面通知纳税人开户银行或其他金融机构冻结纳税人相当于应纳税款的存款。②扣押查封——扣押、查封纳税人的价值相当于应纳税款的商品、货物或其他财产（含房地产、现金、有价证券等）。 【注意】审批单位为县以上税务局（分局）局长；金额（或价值）相当于应纳税款。 （4）纳税人按期限缴纳了税款的，税务机关应当自收到税款或银行转回的完税凭证之日起1日内解除税收保全
扣押物品范围	个人及其所扶养家属维持生活必需的住房和用品，不在税收保全措施的范围之内。生活必需的住房和用品不包括机动车辆、金银饰品、古玩字画、豪华住宅或者一处以外的住房。 税务机关对单价5 000元以下的其他生活用品，不采取税收保全措施和强制执行措施
金额限定	（1）冻结纳税人的存款不是全部存款，只就相当于纳税人应纳税款的数额。 （2）扣押查封商品、货物或者其他财产的价值，还应当包括滞纳金和扣押、查封、保管、拍卖、变卖的费用

续表

时间	税务机关采取税收保全措施的期限一般不得超过 6 个月；重大案件需要延长的，应当报国家税务总局批准
终止	对实施税收保全措施后，纳税人在规定期限内完税的，税务机关必须立即解除税收保全措施；如果超过限定的期限纳税人仍不缴纳税款的，经税务局局长批准，终止保全措施，转入强制执行措施

（五）税收强制执行措施

税收强制执行措施是指当事人不履行法律、行政法规规定的义务，有关国家机关采用法定的强制手段，强迫当事人履行义务的行为，见表 18 – 6。

表 18 – 6　　　　　　　　税收强制执行措施的相关规定

适用范围	不仅可以适用于从事生产经营的纳税人，而且可以适用于扣缴义务人和纳税担保人
原则	税务机关采取税收强制执行措施时，必须坚持告诫在先的原则
法定程序	审批：县以上税务局（分局）局长 主要采取两种措施： （1）直接扣款——书面通知其开户银行或其他金融机构从其存款中扣缴税款。 （2）扣押、查封、拍卖、变卖——扣押、查封、依法拍卖或变卖其价值相当于应纳税款商品、货物或其他财产，以拍卖或变卖所得抵缴税款
注意事项	（1）实施扣押、查封、拍卖或者变卖等强制执行措施时，必须通知被执行人或者其成年家属到场，否则不得直接采取措施。如果执行人或者家属拒不到场的，不影响执行。但是应当通知有关单位和基层组织，他们作为执行措施的见证人，也是税务机关执行工作的协助人。 （2）采取措施应当以应纳税额和滞纳金为限（必要的生产工具，供养家属的生活必需品不能采取措施，应保留）。 （3）对于不可分割的超过采取措施金额的财产，且在没有其他可供强制执行财产的情况下，可以整体进行拍卖，以抵缴税款、滞纳金、罚款等费用（抵缴后剩余部分应当在 3 日内退还被执行人）。 （4）采取措施时，对有产权证件的动产或者不动产，税务机关可以责令当事人将产权证交税务机关保管。对于查封的商品或财产，税务机关可以指令被执行人负责保管，保管责任由被执行人承担（继续使用不会减少价值的，可以允许被执行人继续使用，但是在使用过程中因为过错造成损失的，被执行人应承担责任）。 （5）应采取措施查封、扣押的商品变价时一般采取拍卖的形式，无法拍卖或不适合拍卖的，可以交由商业企业代为销售，也可以责令纳税人限期处理。如果是国家禁止自由买卖的，应当由有关单位按照规定的价格收购

　　　　税收保全措施和强制执行措施的对比如表 18 – 7 所示。

表 18 – 7 税收保全 VS. 税收强制执行

项目	税收保全措施——预防措施	强制执行措施——补救措施
对象	从事生产经营的纳税人,不包括扣缴义务人和纳税担保人	从事生产经营的纳税人,扣缴义务人,纳税担保人
前提	未提供纳税担保	告诫在先原则——责令限期缴纳,逾期仍未缴纳
审批	县以上税务局(分局)局长	
措施	冻结存款 扣押查封——以应纳税款为限	从存款中扣缴税款 扣押、查封、依法拍卖或变卖权
两者关系	税收强制执行措施与税收保全措施只有可能的连续关系,没有必然的因果连续关系。税收强制执行措施不一定有税收保全措施做铺垫,而税收保全措施的结果也不一定是税收强制执行措施	

(六)税款的退还和追征制度

税款的退还及追征主要制度措施如表 18 – 8 所示。

表 18 – 8 税收的退还及追征

种类	原因	措施
退还	纳税人超过应纳税额缴纳的税款	(1)税务机关发现后应当立即退还; (2)纳税人自结算缴纳税款之日起 3 年内发现的,可以向税务机关要求退还多缴的税款并加算银行同期存款利息
追征	因税务机关责任导致未缴或少缴	税务机关在 3 年内可要求补缴,但是不得加收滞纳金
	因纳税人、扣缴义务人计算失误导致	税务机关在 3 年内可以追征税款、滞纳金;有特殊情况可以延长到 5 年。特殊情况:纳税人或者扣缴义务人因计算错误等失误,未缴或少缴、未扣或少扣、未收或少收税款,累计数额在 10 万元以上的
	偷税、漏税、骗税	不受时间限制

18 –6 欠税清缴制度

第四节 税务检查

税务检查是税收征收管理的一个重要环节。它是指税务机关依法对纳税人履行缴纳税款义务和扣缴义务人履行代扣、代收税款义务的状况所进行的监督检查。纳税人、扣缴义务人必须接受税务机关依法进行的税务检查,如实反映情况,提供有关资料,不得拒绝、隐瞒。税务机关依法进行税务检查时,有关部门和单位应当支持、协助。

通过税务检查,既有利于全面贯彻国家的税收政策,严肃税收法纪,加强纳税监督,查处偷税、漏税和逃骗税等违法行为,确保税收收入足额入库,也有利于帮助纳税人端正经营方向,促使其加强经济核算，提高经济效益。

一、税务检查的形式

1. 重点检查。

重点检查指对公民举报、上级机关交办或有关部门转来的有偷税行为或偷税嫌疑的，纳税申报与实际生产经营情况有明显不符的纳税人及有普遍纳税行为行业的检查。

2. 分类计划检查。

分类计划检查指根据纳税人历来纳税情况、纳税人的纳税规模及税务检查间隔时间的长短等综合因素，按事先确定的纳税人分类、计划检查时间及检查频率而进行的检查。

3. 集中性检查。

集中性检查指税务机关在一定时间、一定范围内，统一安排、统一组织的税务检查，这种检查一般规模比较大，如以前年度的全国范围内的税收、财务大检查就属于这类检查。

4. 临时性检查。

临时性检查指由各级税务机关根据不同的经济形势、偷逃税趋势、税收任务完成情况等综合因素，在正常的检查计划之外安排的检查。如行业性解剖、典型调查性的检查等。

5. 专项检查。

专项检查指税务机关根据税收工作实际，对某一税种或税收征收管理某一环节进行的检查。比如增值税一般纳税专项检查、漏征漏管户专项检查等。

18-7 税务检查的职责

二、税务检查的方法

全查法、抽查法、顺查法、逆查法、现场检查法、调账检查法、比较分析法、控制计算法、审阅法、核对法、观察法、外调法、盘存法、交叉稽核法。

第五节 税收法律责任

一、违反税务管理基本规定行为的处罚

1. 根据《税收征收管理法》第六十条和《税收征收管理法实

施细则》第九十条规定，纳税人有下列行为之一的，由税务机关责令限期改正，可以处 2 000 元以下的罚款；情节严重的，处 2 000 元以上 1 万元以下的罚款。

（1）未按照规定的期限申报办理税务登记、变更或者注销登记的。

（2）未按照规定设置、保管账簿或者保管记账凭证和有关资料的。

（3）未按照规定将财务、会计制度或者财务、会计处理办法和会计核算软件报送税务机关备查的。

（4）未按照规定将其全部银行账号向税务机关报告的。

（5）未按照规定安装、使用税控装置，或者损毁、擅自改动税控装置的。

（6）纳税人未按照规定办理税务登记证件验证或者换证手续的。

2. 纳税人不办理税务登记的，由税务机关责令限期改正；逾期不改正的，由工商行政管理机关吊销其营业执照。

3. 纳税人通过提供虚假的证明资料等手段，骗取税务登记证的，处 2 000 元以下的罚款；情节严重的，处 2 000 元以上 1 万元以下的罚款。纳税人涉嫌其他违法行为的，按有关法律、行政法规的规定处理。

4. 扣缴义务人未按照规定办理扣缴税款登记的，税务机关应当自发现之日起 3 日内责令其限期改正，并可处以 1 000 元以下的罚款。

5. 纳税人未按照规定使用税务登记证件，或者转借、涂改、损毁、买卖、伪造税务登记证件的，处 2 000 元以上 1 万元以下的罚款；情节严重的，处 1 万元以上 5 万元以下的罚款。

二、扣缴义务人违反账簿、凭证管理的处罚

《税收征收管理法》第六十一条规定：扣缴义务人未按照规定设置、保管代扣代缴、代收代缴税款账簿或者保管代扣代缴、代收代缴税款记账凭证及有关资料的，由税务机关责令限期改正，可以处 2 000 元以下的罚款；情节严重的，处 2 000 元以上 5 000 元以下的罚款。

三、纳税人、扣缴义务人未按规定进行纳税申报的法律责任

《税收征收管理法》第六十二条规定：纳税人未按照规定的期限办理纳税申报和报送纳税资料的，或者扣缴义务人未按照规定的期限向税务机关报送代扣代缴、代收代缴税款报告表和有关资料的，由税务机关责令限期改正，可以处 2 000 元以下的罚款；情节严重的，可以处 2 000 元以上 1 万元以下的罚款。

四、对逃避缴纳税款的认定及其法律责任

1.《税收征收管理法》第六十三条规定：纳税人伪造、变造、隐匿、擅自销毁账簿、记账凭证，或者在账簿上多列支出或者不列、少列收入，或者经税务机关通知申报而拒不申报或者进行虚假的纳税申报，不缴或者少缴应纳税款的，是逃避缴纳税款。对纳税人逃避缴纳税款的，由税务机关追缴其不缴或者少缴的税款、滞纳金，并处不缴或者少缴的税款 50% 以上 5 倍以下的罚款；构成犯罪的，依法追究刑事责任。扣缴义务人采取前述所列手段，不缴或者少缴已扣、已收税款，由税务机关追缴其不缴或者少缴的税款、滞纳金，并处不缴或者少缴的税款 50% 以上 5 倍以下的罚款；构成犯罪的，依法追究刑事责任。

2.《中华人民共和国刑法》（以下简称《刑法》）第二百零一条有以下规定：

（1）纳税人采取欺骗、隐瞒手段进行虚假纳税申报或者不申报，逃避缴纳税款数额较大并且占应纳税额 10% 以上的，处 3 年以下有期徒刑或者拘役，并处罚金；数额巨大并且占应纳税额 30% 以上的，处 3 年以上 7 年以下有期徒刑，并处罚金。

（2）扣缴义务人采取上述第（1）项所列手段，不缴或者少缴已扣、已收税款，数额较大的，依照上述规定处罚。

（3）对多次实施上述第（1）~（2）项行为，未经处理的，按照累计数额计算。

（4）有第（1）项行为，经税务机关依法下达追缴通知后，补缴应纳税款、缴纳滞纳金，已受行政处罚的，不予追究刑事责任；但是，5 年内因逃避缴纳税款受过刑事处罚或者被税务机关给予两次以上行政处罚的除外。

五、进行虚假申报或不进行申报行为的法律责任

《税收征收管理法》第六十四条规定：纳税人、扣缴义务人编造虚假计税依据的，由税务机关责令限期改正，并处 5 万元以下的罚款。纳税人不进行纳税申报，不缴或者少缴应纳税款的，由税务机关追缴其不缴或者少缴的税款、滞纳金，并处不缴或者少缴税款 50% 以上 5 倍以下的罚款。

六、逃避追缴欠税的法律责任

《税收征收管理法》第六十五条规定：纳税人欠缴应纳税款，采

取转移或者隐匿财产的手段，妨碍税务机关追缴欠缴的税款的，由税务机关追缴欠缴的税款、滞纳金，并处欠缴税款 50% 以上 5 倍以下的罚款；构成犯罪的，依法追究刑事责任。

《刑法》第二百零三条规定："纳税人欠缴应纳税款，采取转移或者隐匿财产的手段，致使税务机关无法追缴欠缴的税款，数额在 1 万元以上不满 10 万元的，处 3 年以下有期徒刑或者拘役，并处或者单处欠缴税款 1 倍以上 5 倍以下罚金；数额在 10 万元以上的，处 3 年以上 7 年以下有期徒刑，并处欠缴税款1 倍以上 5 倍以下罚金。"

七、骗取出口退税的法律责任

《税收征收管理法》第六十六条规定：以假报出口或者其他欺骗手段，骗取国家出口退税款的，由税务机关追缴其骗取的退税款，并处骗取税款 1 倍以上 5 倍以下的罚款；构成犯罪的，依法追究刑事责任。

对骗取国家出口退税款的，税务机关可以在规定期间内停止为其办理出口退税。

《刑法》第二百零四条规定：以假报出口或者其他欺骗手段，骗取国家出口退税款，数额较大的，处 5 年以下有期徒刑或者拘役，并处骗取税款 1 倍以上 5 倍以下罚金；数额巨大或者有其他严重情节的，处 5 年以上 10 年以下有期徒刑，并处骗取税款 1 倍以上 5 倍以下罚金；数额特别巨大或者有其他特别严重情节的，处 10 年以上有期徒刑或者无期徒刑，并处骗取税款 1 倍以上 5 倍以下罚金或者没收财产。

八、抗税的法律责任

《税收征收管理法》第六十七条规定：以暴力、威胁方法拒不缴纳税款的，是抗税，除由税务机关追缴其拒缴的税款、滞纳金外，依法追究刑事责任。情节轻微，未构成犯罪的，由税务机关追缴其拒缴的税款、滞纳金，并处拒缴税款 1 倍以上 5 倍以下的罚款。

《刑法》第二百零二条规定："以暴力、威胁方法拒不缴纳税款的，处 3 年以下有期徒刑或者拘役，并处拒缴税款 1 倍以上 5 倍以下罚金；情节严重的，处 3 年以上 7 年以下有期徒刑，并处拒缴税款 1 倍以上 5 倍以下罚金。"

18－8　其他违反税法情形的法律责任

【本 章 小 结】

本章深入探讨税收征收管理法的精髓，涵盖税务管理、税款征收、税务检查及法律责任等核心内容。本章强调依法纳税的重要性，

以及税务机关在征收管理中的职责和行为规范，为确保国家税收收入和维护纳税人权益提供法律依据。

【本章重要术语】

税务管理　　税款征收　　税务检查　　法律责任

18 -9　视野拓展

参 考 文 献

[1] 中国注册会计师协会：《税法》，中国财政经济出版社 2023 年版。

[2] 全国税务师执业资格考试教材编写组：《税法Ⅰ》，中国税务出版社 2024 年版。

[3] 全国税务师执业资格考试教材编写组：《税法Ⅱ》，中国税务出版社 2024 年版。

[4] 中国法制出版社法规应用研究中心：《税法一本通》，中国法制出版社 2024 年版。

[5] 张守文：《税法原理》，北京大学出版社 2024 年版。

[6] 杨志勇：《新一轮税制改革：建设中国特色现代税制》，载于《国际税收》2024 年第 3 期。

[7] 马珺、杜爽：《"十四五"时期的税制结构转型》，载于《税务研究》2022 年第 2 期。

[8] 胡怡建：《我国税收改革发展的十大趋势性变化》，载于《税务研究》2015 年第 2 期。